WOLFGANG OEST

Ein dynamisches sektoral disaggregiertes Wirtschaftsmodell für die Bundesrepublik Deutschland zur Abschätzung alternativer Entwicklungsmöglichkeiten

Beiträge zur angewandten Wirtschaftsforschung

Herausgegeben von Lothar Hübl

Band 8

Ein dynamisches sektoral disaggregiertes Wirtschaftsmodell für die Bundesrepublik Deutschland zur Abschätzung alternativer Entwicklungsmöglichkeiten

Von

Dr. Wolfgang Oest

Diplom-Mathematiker

DUNCKER & HUMBLOT / BERLIN

Gedruckt 1979 bei Fotokop W. Weihert, Darmstadt 1
Printed in Germany

ISBN 3 428 04537 8

Dem Andenken meiner Mutter

VORWORT DES HERAUSGEBERS

Die öffentliche Diskussion im ökonomisch-technologischen Bereich wird zur Zeit von der Frage der zukünftigen Wirtschaftsentwicklung geprägt. Schlagworte wie Nullwachstum, Grenzen des Wachstums und erforderliches Wachstum zum Erreichen bestimmter Ziele, z. B. der Vollbeschäftigung stehen einander gegenüber. Zunehmend kollidieren technologisch und ökonomisch durchführbare Konzepte wie z. B. im Energiebereich mit Meinungen und Zielvorstellungen im politischen Bereich. Unterschiedliche Entscheidungen in diesem Bereich führen zu völlig unterschiedlichen Entwicklungen in Wirtschaft und Technik.

In der vorliegenden Arbeit wird ein dynamisches, disaggregiertes Modell entwickelt, welches dazu beitragen soll, Konsequenzen derartiger Entscheidungen abzuschätzen und zu analysieren. Das Modell ist in das „Deutschland-Modell" des Instituts für angewandte Systemforschung und Prognose, Hannover, integriert und zu dessen festem Bestandteil geworden. Erst durch diese Integration kann das Modell seinen vollen Wert erreichen, da so die Auswirkungen unterschiedlicher Entwicklungspfade auch in anderen Bereichen, z. B. dem Arbeitsmarkt, beim Energiebedarf und beim Rohstoffbedarf, verfolgt werden können.

Die Modellentwicklung wurde mit Mitteln des Bundesministeriums für Forschung und Technologie und der Deutschen Forschungsgemeinschaft finanziert. Ohne diese Unterstützung wäre die Arbeit sicher nicht zustande gekommen. Die EDV-Rechnungen wurden am regionalen Rechenzentrum für Niedersachsen durchgeführt.

Hannover, im Sommer 1979 — Lothar Hübl

INHALTSVERZEICHNIS

VERZEICHNIS DER TABELLEN

VERZEICHNIS DER ABBILDUNGEN

1. Einleitung

Etwa seit Beginn der 70-er Jahre kann man eine gewisse methodische Neuorientierung in Modellen zur Erklärung ökonomischer Vorgänge beobachten. Ursache für diese Wandlung ist die Verlagerung der Interessen an Wirtschaftsanalysen und Wirtschaftsprognosen auf langfristige und sektorale Aspekte, möglicherweise ausgelöst durch sich abzeichnende Probleme der Rohstoffversorgung. Während bis dahin unter Benutzung mittelfristiger Modellkonzeptionen der Prognose-und Projektionshorizont bei 5 bis 10 Jahren lag, wurde er nun auf 25 bis 50 Jahre ausgedehnt.

Notwendigerweise einhergehend mit dieser Interessenverlagerung war die Einführung neuer Methoden. Wurden für die mittelfristigen Prognosen vornehmlich statistische Modelle oder sog. iterative Systemprognosen verwendet, so wurden für langfristige Prognosen und Projektionen neben den bekannten auch neue Verfahren verwendet: Das von Forrester entwickelte "System-Dynamics-Verfahren"[1] und die auf Mesarovic, Macko und Takahara zurückgehende Methode der hierarchischen Mehrebenenmodelle[2].

Parallel haben sich mit der Neuorientierung die zugrundeliegenden Fragestellungen gewandelt. Während es bei kurz- und mittelfristigen Prognosen und Projektionen in erster Linie um eine möglichst exakt zutreffende Aussage über einen einzigen zukünftigen Entwicklungspfad geht, rückt die langfristige Prognose - wegen des langen Zeithorizonts - beinahe zwangsläufig von diesem Ziel ab. Es steht eine Abschätzung der Bandbreite möglicher Entwicklungen und die Folgenabschätzung insbesondere sozio-ökonomischer und technischer Entwicklungen im Vordergrund. Es handelt sich also fast ausschließlich um bedingte Prognosen.

---

1) J.W. Forrester: Principles of Systems, Cambridge (Mass.) 1968

2) M.D. Mesarovic, D. Macko, Y. Takahara: Theory of Hierarchical Multilevel Systems, Academic Press, New York 1970

sowie: M.D. Mesarovic, Y. Takahara: General Systems Theory: Mathematical Foundations, Academic Press, New York 1975

Gerade die sog. "Ölkrise" hat deutlich gemacht, wie wichtig es ist, die Folgen möglicher globaler Ereignisse abzuschätzen. Derartige Ereignisse sind mit den herkömmlichen, also insbesondere den statistischen Prognose- und Projektionsverfahren, nur äußerst schwer behandelbar. Zwar können global tangierende Ereignisse auch mit den o.g. neuen Verfahren nur bedingt prognostiziert werden, der entscheidende Vorteil dieser neuen Verfahren liegt aber bei der Folgenabschätzung. Bedingt durch das Ziel der Folgenabschätzung liegt das Hauptanliegen dieser Verfahren in der Analyse des Systemverhaltens der Untersuchungsobjekte.

Neben dieser Entwicklung ist jedoch eine weitere zu beobachten. Der Vernetzungsgrad der einzelnen Volkswirtschaften und deren Interdependenz hat in den letzten drei Jahrzehnten außerordentlich zugenommen. Als Indikator mag der Anstieg des Welthandels dienen. Neben die Arbeitsteilung innerhalb der einzelnen Volkswirtschaften trat in zunehmendem Maße die weltweite Arbeitsteilung. Dies bedingt, daß zu "binnenwirtschaftlichen" in zunehmendem Maße "importierte Probleme" hinzukommen. Man denke im Falle der Bundesrepublik Deutschland nur an den durch die weltwirtschaftliche Entwicklung ausgelösten Strukturwandel.

Der hieraus resultierende Bedarf an strukturellen Untersuchungen hat das Augenmerk auf sektorale Wirtschaftsanalysen und Prognosen gerichtet. Während früher isolierte Aussagen über die Entwicklung einzelner ökonomischer Größen allgemeiner Standard waren, werden nun sog. Systemprognosen, die eine konsistente Prognose einer Vielzahl ökonomischer Größen unter Beachtung der Interdependenz der Systemkomponenten beinhalten, angestrebt. Damit ergibt sich automatisch der Zwang, die Lieferbeziehungen der Wirtschaftssektoren darzustellen.

Die vorliegende Arbeit stellt im Rahmen dieser Entwicklungen die Konzeption und Realisierung eines disaggregierten dynamischen Wirtschaftsmodells für die Bundesrepublik Deutschland dar, welches anstrebt

- langfristige Entwicklungen abzuschätzen
- sozio-ökonomische und technische Folgenabschätzungen zu ermöglichen und
- als Instrument zur Analyse des Systemverhaltens der Volkswirtschaft zu dienen.

Dabei wird die oben angeführte Interdependenz

- auf internationaler Ebene durch Ankopplungsmöglichkeiten an das Mesarovic-Pestel-Weltmodell und auf
- nationaler Ebene durch Aufteilung der Volkswirtschaft in 19 Sektoren unter weitgehender Berücksichtigung der Input-Output-Beziehungen berücksichtigt.

Der erste Teil der Arbeit befaßt sich mit der kritischen Darstellung verschiedener Ansätze von Wirtschaftsmodellen und der Darstellung der Ziele und des Zwecks für das hier vorgelegte Modell. Hieraus ergeben sich anwendungsbezogene und methodische Anforderungen an das Modell.

Aufgrund der Disaggregation in 19 Sektoren wurde für das Modell ein Ansatz gewählt, der sich stark auf die Theorie der Input-Output-Modelle stützt. Diese Theorie wird so weit wie sie benötigt wird im zweiten Teil der Arbeit behandelt. Dadurch ist die eigentliche Modellbeschreibung von unnötigem Ballast befreit. Im dritten Teil kann dann das Modell detailliert ausgearbeitet werden. Der Anhang enthält die Ergebnisse verschiedener Modelläufe, die Darstellung der Eingangsdaten und für den Zeitraum 1962-1975 einen Vergleich zwischen Modellergebnissen und Daten.

Die Entwicklung des Modells wurde durch eine Zuwendung des "Bundesministeriums für Forschung und Technologie" eingeleitet. Mit dieser Zuwendung sollte die "Anpassung des Mesarovic-Pestel-Weltmodells zur Anwendung auf forschungs- und technologierelevante Fragestellungen aus der Sicht der Bundesrepublik Deutschland"[1] erreicht werden.

---

1) vgl. L. Hübl, M. Mesarovic, E. Pestel, u.a.: Anpassung des Mesarovic-Pestel-Weltmodells zur Anwendung auf forschungs- und technologierelevante Fragestellungen aus der Sicht der Bundesrepublik Deutschland, unveröffentlichter Forschungsbericht des Instituts für angewandte Systemforschung und Prognose e.V. an das Bundesministerium für Forschung und Technologie, Hannover/Cleveland 1977

sowie: E. Pestel, .., W. Oest, u.a.: Das Deutschland-Modell, Stuttgart 1978

2. Grundsatzüberlegungen zu Wirtschaftsmodellen

2.1. Das Prognoseproblem

Unser menschliches Handeln wird in weitaus stärkerem Maße durch Prognosen bestimmt als uns im allgemeinen bewußt ist[1]. So ist z.B. jede Art von Vorratshaltung sowohl quantitativ als auch qualitativ von Prognosen abhängig, die wir meist unbewußt anstellen. Auch der Entschluß zum Kauf eines Gutes mit dem Ziel einer späteren Nutzung enthält ein meist unbewußtes prognostisches Element. Der Teilbereich der Wissenschaften, der sich damit beschäftigt, regelmäßige Zusammenhänge aufzudecken, seien sie nun kausaler Natur, also im Idealfall verläßliche Naturgesetze, oder stochastischer Natur, schöpft seine Motivation aus dem Wunsch, eine Prognose aufzustellen[2]. Ein Physiker versucht ein Gesetz nicht um seiner selbst Willen aufzustellen, sondern um auszusagen, daß unter bestimmten Bedingungen bestimmte Ereignisse eintreten. So sehen einige Wissenschaftler in der Prognose sogar das Endziel jeder wissenschaftlichen Bestätigung: "The essence of science is prediction"[3].

---

1) vgl. H. Henschel: Die wichtigsten Verfahren bei Wirtschaftsprognosen, in Wirtschaft und Statistik, Heft 3/1978, S. 110ff: "Bei jeder Tätigkeit machen wir eine Prognose bezüglich des Resultats der Tätigkeit. Wir machen also ständig Prognosen, ohne daß wir uns dieser Tatsache immer bewußt sind".

2) vgl. K.W. Rothschild: Wirtschaftsprognose-Methoden und Probleme, Springer, Berlin 1969, S. 1f

3) R. Ruggels: Long-Range Economic Projection, in: Studies in Income and Wealth, Vol. 16, NBER, Princeton 1954, S. 3: "In recent years it has become popular to say that since the essence of science is prediction, the ultimate objective of economic science should be to predict with accuracy and certainty the course of future economic events".

vgl. auch: E.R. Dewey und E.F. Dakin: "It is the business of science to predict", in: Cycles - The Essence of Prediction, New York 1947

Auch K. Popper: Logik der Forschung, Tübingen 1973, hat sich mit dieser Sicht beschäftigt: "Aus dem System werden (unter Verwendung bereits anerkannter Sätze) empirisch möglichst leicht nachprüfbare bzw. anwendbare singuläre Folgerungen ("Prognosen") deduziert und aus diesen insbesondere jene ausgewählt, die aus bekannten Systemen nicht ableitbar sind, bzw. mit ihnen in Widerspruch stehen", S. 8 .

Das prognostische Problem in genere hat seine Daseinsberechtigung letztlich in der Unkenntnis des Menschen von den systemaren Zusammenhängen und Abläufen der Umwelt, in die er eingebettet ist. Würde man diese in jeder Einzelheit kennen, bräuchte man keine Prognose anzustellen, denn alle Ereignisse der Vergangenheit, Gegenwart und Zukunft wären eindeutig bestimmt[1].

Das Problem der Prognose wird häufig gerade dann akut, wenn die Unkenntnis eines Systems bemerkt wird. Eine entscheidende Rolle spielt dabei die Relevanz der Zusammenhänge zwischen den einzelnen Komponenten dieses Systems. Je höher der Verflechtungsgrad eines Systems ist, d.h. je gravierender sich die Auswirkungen der Interdependenzen auf die Entwicklung und das Verhalten der betrachteten Systemkomponente auswirken können, desto dringender empfinden wir die Notwendigkeit, für diese Komponente eine Prognose zu stellen. Dabei nimmt grundsätzlich die Schwierigkeit der Prognosestellung mit dem Anwachsen des Verflechtungsgrades zu. Es ist insofern nicht verwunderlich, daß man die ersten Versuche quantitativer Wirtschaftsprognosen etwa zu Beginn dieses Jahrhunderts[2] findet; zu einer Zeit also, als die verschiedenen Volkswirtschaften durch die vorangegangene stürmische wirtschaftliche Entwicklung in stark zunehmendem Maße aufeinander einwirkten.

Er lehnt aber eine Betrachtung der abstrakten Theorie als bloßes Instrument zur Voraussage beobachtbarer Erscheinungen wie sie z.B. von Mach, Wittgenstein und Schlick gesehen wird, zu Recht ab, S. 377

1) In der Tat stellte schon vor 2500 Jahren der griechische Philosoph Xenophanes fest: "Nicht von Beginn an enthüllten die Götter den Sterblichen alles. Aber im Laufe der Zeit finden wir suchend das Bess're".

2) Der Artikel: H.L. Moore: The statistical Complement of Pure Economics, in: Quarterly Journal of Economics, (Vol. 22 (1908) stellt einen der ersten Versuche zur quantitativen Wirtschaftsprognose dar. Verschiedene Verfahren wie Trendextrapolation und Regressionsrechnung waren aber schon lange vorher bekannt (C.F. Gauss). Qualitative Wirtschaftsprognosen gehen erheblich weiter zurück, so z.B. auf Marx, Malthus oder gar Thales von Milet, der um 580 v.Chr. eine der ältesten überlieferten Wirtschaftsprognosen aufstellte und ausnutzte.

Diese Beeinflussungen sind in den Anfängen der internationalen Arbeitsteilung, der Zunahme der Handelsbeziehungen und dem verstärkten Gedankenaustausch über die Grenzen der Nationalstaaten hinweg zu sehen. Der Verflechtungsgrad des Systembereichs der verschiedenen Volkswirtschaften hatte sich beträchtlich erhöht.

Auf dem Gebiet der Volkswirtschaft fehlt ein naturgesetzlich unumstößliches Grundgerüst, das als Ausgangsplattform für die Prognoseerstellung angenommen werden kann. "Während man aber in anderen Wissensgebieten auf 'natürliche' Abläufe vertrauen und auch unerklärte 'magische' Konstanzen als für die Zukunft verbindlich annehmen kann, sind auf wirtschaftlichem Sektor plausible Begründungen unerläßlich. Die Geschichte der wirtschaftlichen Prognosen zeigt, daß man mit dem Vertrauen auf unergründete Regelmäßigkeiten meist sehr bald Schiffbruch erleidet"[1]. "Gegner mechanistischer Verfahren haben den sehr treffenden und anschaulichen Begriff 'night-train-analysis' geprägt. Er charakterisiert die Situation des mechanistischen Prognostikers als eines Reisenden im Nachtzug, der vorwärts kommt, ohne etwas von dem zu erkennen, was rechts oder links, unten oder gar vor ihm passiert, der einfach einer unbekannten Technik vertraut"[2].

Bevor nun im nächsten Kapitel verschiedene Ansätze zur Wirtschaftsprognose mit Computermodellen kurz dargestellt werden, soll noch auf die Definition des Prognosebegriffs eingegangen werden, weil hierüber kein allgemeiner Konsens herrscht. Von den vielen Definitionen, die es zu diesem Begriff gibt, werden nur drei wiedergegeben, die den Bereich der verschiedenen Ansichten abstecken.

---

1) Vgl. S. Kuznets: Concept and Assumptions in Long-Term Projections of national product, in: NBER, Long-Range Economic Projection Studies in Income and Wealth, Vol. 16, Princeton 1954, S. 11

2) H. Gerfin: Langfristige Wirtschaftsprognose, Mohr, Tübingen, S. 52

Relativ eng wird der Prognosebegriff von Graff gefaßt: "Prognose ist die quantitative und qualitative Voraussage von Entwicklungen aufgrund erkannter Regel- und Gesetzmäßigkeiten bei Entwicklungen gleicher oder ähnlicher Art in der Vergangenheit ... Prognose ist unbedingte Voraussage. Einschränkende Bedingungen sind nur insoweit zulässig, als sie vom Menschen grundsätzlich nicht vorhersehbare Ereignisse betreffen, Kriege, Naturkatastrophen und andere Ereignisse 'höherer Gewalt' ... Langfristige Prognosen (dagegen) sind immer Trendprognosen"[1].

Demgegenüber faßt Rothschild den Prognosebegriff weiter. "Er soll sich nicht nur auf unbedingte sondern auch bedingte Prognosen beziehen"[2].

H. Giersch schließlich unterscheidet in diesem Zusammenhang die folgenden vier Grundbegriffe:
"Eine echte Vorhersage bzw. Vorhersage in engerem Sinne ist eine Behauptung, die sich auf einen zukünftigen Zeitpunkt bezieht.

Eine bedingte Vorhersage liegt vor, wenn die Behauptung an Aussagen geknüpft ist, die den Aussagegehalt wesentlich einschränken.

Prognosen sind unwesentlich eingeschränkte Vorhersagen mit einer an Sicherheit grenzenden bzw. maximalen Wahrscheinlichkeit des Eintreffens.

Inhaltsvolle Vorhersagen, die eine eingeschränkte Wahrscheinlichkeit haben, heißen Projektionen[3]".

---

1) P. Graff: Die Wirtschaftsprognose, Mohr, Tübingen 1977, S. 138

2) K.W. Rothschild: Wirtschaftsprognose, Methoden und Probleme, Springer, Berlin 1969, S. 3

3) vgl. H. Giersch: Allgemeine Wirtschaftspolitik - Grundlagen, Gabler, Wiesbaden 1961, S. 39f

Wenn im folgenden von Prognosen die Rede ist, so sind damit stets Projektionen gemeint.

Nachfolgend wird die Definition von Giersch verwendet, da sie mit dem Begriff der Projektion den bedingten Vorhersagen, die insbesondere im zweiten Teil dieser Arbeit wesentlicher Bestandteil der Überlegungen sind, bewußt Raum lassen, während Graff sie in den Bereich "wertloser" Tautologien und ceteris-paribus-Aussagen rückt[1].

Darüberhinaus taucht bei Graff ein Problem auf. Der Fall, daß der Trend einer Langfristprognose aufgrund fundierter Erkenntnisse vorhersehbar nicht eintreffen kann, ist offensichtlich nicht vorgesehen. Gerade dieses Problem, das bezüglich der Verfügbarkeit von Energie, Rohstoffen und Arbeitskräften auftreten kann, ist aber eine der entscheidenden Ursachen für eine Fülle prognostischer Überlegungen und Ansätze.

1) vgl. P. Graff: Die Wirtschaftsprognose, a.a.O., S. 138

2.2. Ausgewählte Wirtschaftsmodelle für die Bundesrepublik Deutschland

Es gibt bereits eine ganze Reihe von Simulationsmodellen, die sich mit der wirtschaftlichen Entwicklung der Bundesrepublik beschäftigen. Bevor in den folgenden Kapiteln ein neues Modell vorgestellt wird, werden von den bereits existierenden einige bekannte Modelle kritisch bezüglich ihrer Zielsetzung und ihrer Modellkonzeption dargestellt werden. Damit kann das hier vorgestellte Modell von anderen abgegrenzt werden und der eigenständige methodische Ansatz hervorgehoben werden.
Im einzelnen sollen hier

- das Hudson-Jørgenson-Modell
- das Bonner Modell (auch Krelle-Modell genannt) und
- das Lehmann Modell

behandelt werden.

Dabei steht aus methodischer Sicht

- das Hudson-Jørgenson-Modell und das Bonner Modell als Vertreter ökonometrischer Modelle und
- das Lehmann-Modell als Vertreter von System-Dynamics-Modellen.

"Das Produzentenmodell von Hudson-Jørgenson[1] ist mit dem Ziel auf die Bundesrepublik Deutschland übertragen worden, Wandlungen der Produktionsstruktur als Folge von Preisveränderungen und technischem Fortschritt zu erklären"[2)][3)].

---

1) Eine detaillierte Darstellung des Hudson-Jorgenson-Modells findet sich in: D.W. Jørgenson, H.S. Houthakker: Energy Resources and Economic Growth: Final Report to the Energy Policy Project, Draft, September 1973, Data Resources Inc. Lexington Mass.

sowie: E.A. Hudson, D.W. Jørgenson: U.S. Energy Policy and Economic Growth, 1975-2000, Harvard Institute of Economic Research, Discussion Paper 372, Juni 1974

2) G. Friede hat das Hudson-Jørgenson-Modell für die Belange der Bundesrepublik Deutschland umgestellt, vgl. G. Friede: Substitutionsansatz zur Schätzung alternativer Möglichkeiten der wirtschaftlichen Entwicklung, in: H. Matthöfer (Hrsg.): Argumente in der Energiediskussion - Band 2: Energiebedarf und Energiebedarfsforschung, Villingen 1977, S. 63ff

3) G. Friede, S. 63

Das Modell hat einen Zeithorizont bis zum Jahr 2000 und gliedert sich in

- ein makro-ökonomisches Wachstumsmodell, welches aggregierte Größen liefert, die als Randwerte in die Lösung des ökonometrischen Gleichungssystems für das Input-Output-Modell einfließen, und
- ein Input-Output-Modell, in dem die Wirtschaft in 14 Sektoren aufgeteilt wird.

"Das Makromodell ist ein neoklassisches Wachstumsmodell, dessen endogene Variablen in der Hauptsache Konsum, Investitionen, Exporte, Importe, Arbeits- und Kapitaleinsatz mit den entsprechenden Preisindices sind"[1].

Für die 14 Sektoren werden neoklassische Produktionsfunktionen, die den Einsatz der 14 Sektoren sowie den Einsatz der primären Produktionsfaktoren, Vorleistungsimporte, Arbeit und Kapital enthalten, geschätzt. Dabei wird nicht von fixen Technologiekoeffizienten ausgegangen, sondern es wird eine Preisvariabilität der Input-Output-Koeffizienten unterstellt. Es werden jedoch keine alternativen technologischen Prozesse explizit beschrieben, zwischen denen aufgrund von Preisänderungen gewechselt wird, sondern die Variation der Input-Output-Koeffizienten ergibt sich aus einer Prozedur der simultanen Preis-Mengen-Bestimmung im Input-Output-Flußschema.

Die Preisfunktionen für die 14 Sektoren stellen den "Outputpreis einer Einheit des Gutes j als Funktion der Preise für die Lieferungen der Sektoren i an den Sektor j ... dar"[2]. Kernpunkt ist dabei die Idee von Hudson und Jørgenson, die Produktionsfunktion durch eine Taylorentwicklung in Logarithmen zu approximieren. "Bei Preiserhöhungen eines Produktionsfaktors versucht der Produzent auf andere Produktions-

---

1) J. Seetzen (Hrsg.): Angewandte Systemanalyse, Jahresbericht 1976, Anlagenband V - Systemanalytische Methoden, Köln 1977, S. 128

2) G. Friede, S. 65

faktoren auszuweichen, also andere bekannte Produktionstechniken anzuwenden"[1]. Das bedeutet, daß der Mengenfluß des Sektors i an den Sektor j fällt, wenn der entsprechende Preiskoeffizient steigt.

"Die realen privaten Investitionen I^{pr}, der reale Staatskonsum C^{st}, die realen Staatsinvestitionen I^{st} und die realen Exporte N werden zu festen Teilen auf die einzelnen Produktionssektoren aufgeteilt; der private Verbrauch C^{pr} wird so aufgegliedert, daß die Konsumausgaben für jeden der Sektoren konstant bleiben"[2]. Das bedeutet aber für den privaten Verbrauch, daß sich die nachgefragte Menge bei einer Verdoppelung des Preises halbiert.

Diese Annahmen erscheinen stark idealisiert und spiegeln nur in manchen Fällen die Realität wieder. So haben die Produzenten nur in wenigen Fällen die Möglichkeit die Produktionsstruktur simultan mit sich ändernden Preisen umzustellen, da dies eine Umstellung der Produktionsmittel und damit Investitionen bedingen würde. Darüberhinaus wird die Dynamik, die von Entwicklungen auf dem Weltmarkt auf die inländische Preisentwicklung durchschlägt, nur exogen berücksichtigt, d.h. "die Export- und Importgüterpreise werden vorgegeben"[3]. "Für die fünf Energiesektoren werden zusätzlich nicht-konkurrierende Energieimporte des jeweiligen Energiesektors berücksichtigt, deren Preisindices vorgegeben werden und deren Höhe in jedem Energiesektor in einem festen Verhältnis zu den im Makromodell bestimmten Gesamtimporten stehen"[4].

Für die zukünftige Entwicklung werden Annahmen gemacht "über die Verhältnisse" der drei Preise für Arbeitsleistungen, Kapitalnutzung und Importe zueinander, über die vermutete jährliche Produktivitätssteigerung, also den technischen Fortschritt, und über Struktur und Höhe des volkswirtschaftlichen Endver-

---

1) G. Friede, S. 67
2) J. Seetzen, S. 133f
3) J. Seetzen, S. 129
4) J. Seetzen, S. 133

brauchs"[1]. Die Problematik der Preisentwicklung in den 14 Sektoren ist hierdurch festgelegt, d.h. sie wurde auf die Bestimmung exogener Größen verlagert.

Aus diesen Preisen schließlich werden die Input-Output-Koeffizienten bestimmt, die die Produktionsstruktur festlegen, d.h. daß auch diese Größen letztlich durch die exogenen Annahmen festgelegt werden. Grundsätzlich stellt sich dieses Problem für alle offenen Modelle und sollte den Wert dieses Modells nicht in Frage stellen. Es muß nur klar gesehen werden, daß jegliche Ergebnisse von den exogen gemachten Annahmen über die zukünftige Entwicklung und dem hypothetischen Substitutionsansatz abhängig sind. Wie bei vielen top-down Modellen[2] tritt auch hier die übliche mit einem solchen Ansatz verbundene Problematik zutage.

- Wodurch wird die Aufteilung von Makrogrößen auf sektorale Größen bestimmt. Eine feste Aufteilung auf die einzelnen Sektoren wie hier ist sicher nicht realitätsgerecht.
- Die Wachstumsdynamik beschränkt sich auf das übergeordnete Wachstumsmodell und ist damit weitgehend isoliert von den Strukturveränderungen und Anforderungen im sektoral differenzierten Input-Output-Modell. Sektorale Umstrukturierungen sind damit entweder hinausdefiniert oder ohne Rückwirkungen auf die makro-ökonomischen Relationen.

Das Modell erscheint wegen seiner Fokussierung auf die Preis-Mengenrelationen wenig geeignet, die im nächsten Abschnitt dargestellten Problemfelder, für die Wirtschaftsentwicklung in der Bundesrepublik Deutschland, abgesehen von Einzelaspekten, zu analysieren.

---

1) G. Friede, S. 72

2) Top-down-Modelle sind Modelle, bei denen die Simulation von aggregierten, globalen Größen ausgeht und bei detaillierten, sektoralen Größen endet. Den Gegensatz dazu bilden sog. bottom-up-Modelle.

Die Zielsetzungen des Bonner-Modells[1] liegen in der Prognose von Jahreswerten wichtiger ökonomischer Größen zur Unterstützung der Entscheidungsprozesse in der sektoralen Wirtschafts- und Finanzpolitik der Bundesrepublik Deutschland. Das Analyse- und Prognoseinstrument ist in Gestalt eines ökonometrischen Strukturmodells mit einem Zeithorizont von bis zu 12 Jahren realisiert. Das gesamte Modell gliedert sich in folgende sechs Submodelle:

- Staat
- Unternehmen
- private Haushalte und Organisationen
- Außenhandel
- Arbeitsmarkt
- Preissystem.

Das Modell umfaßt in der Version V. etwa 1700 Definitions- und Verhaltensgleichungen.

"Das Modell verbindet neoklassische und keynesianische Vorstellungen. Die neoklassischen Elemente kommen in den aus einem kostenminimierenden Verhalten der Unternehmen abgeleiteten Faktornachfragefunktionen zum Ausdruck, die im Modell die jeweiligen sektoralen Produktionsfunktionen ersetzen. Der Keynesianische Ansatz wird deutlich in der Grundkonzeption des Modells, welches die gesamtwirtschaftliche Nachfrage in ihren wichtigsten Komponenten, also: Konsum, Investitionen und Exporte, getrennt für die einzelnen Sektoren erklärt"[2].

---

1) Das Modell ist beschrieben in:
W. Krelle, u.a.: Ein Prognosesystem für die wirtschaftliche Entwicklung für die Bundesrepublik Deutschland, Meisenheim 1969

W. Krelle: Erfahrungen mit einem ökonometrischen Prognosemodell für die Bundesrepublik Deutschland, Meisenheim 1974

W. Frerichs: Ein disaggregiertes Prognosesystem für die BRD - 1. Die Staatssektoren, Meisenheim 1975

K. Kübler: Ein disaggregiertes Prognosesystem für die BRD - 2. Die Unternehmenssektoren, Meisenheim 1977

2) K. Kübler, ebenda

Während der Staat und der private Sektor differenziert betrachtet werden, ist die sektorale Untergliederung im Produktionsbereich relativ grob. Strukturverschiebungen und Einflüsse der Weltmarktentwicklungen lassen sich daher nur bedingt mit dem Modellsystem analysieren. Aufgrund des ökonometrischen Ansatzes, der für konjunkturelle Fragestellungen sehr gut geeignet ist, scheint eine Ausdehnung des Prognosehorizontes bis zum Jahre 2000 nicht sinnvoll. Es ist daher auch wenig geeignet, die im nachfolgenden Kapitel beschriebenen Fragestellungen zu bearbeiten.
Im Gegensatz zu den beiden oben behandelten ökonometrischen Modellen verfolgt die Lehmann-Studie[1] mit dem System-Dynamics-Ansatz eine völlig anders geartete Methode. "Kurz zusammengefaßt besteht das Ziel dieser Studie des strukturellen Wandels im Auffinden von Entwicklungspolitiken, mit deren Hilfe sich folgende Gleichgewichtszustände anstreben lassen:

(1) Ausgeglichenheit von Produktionspotential und Güterbedarf

(2) Ausgeglichenheit von Arbeitskräftebedarf und Arbeitskräfteangebot

(3) Ausgeglichenheit von Bildungsanforderungen und Bildungsniveau"[2]

"Durch die Kopplung des ökonomischen Modellteils mit den Modellannahmen über die Veränderung des Arbeitsangebotes soll analysiert werden, wie sich bei vorgegebener Bevölkerungsentwicklung Arbeitszeitverkürzungen, Veränderungen der Erwerbsquote und eine unterschiedliche Bereitschaft der Arbeitnehmer, entweder im Dienstleistungs- oder im Produktionssektor zu arbeiten, auf die gesamtwirtschaftliche Entwicklung auswirken"[3]. Die Simulation beginnt im Jahre 1960 und endet im Jahre 2000.

---

1) G. Lehmann: Wirtschaftswachstum im Gleichgewicht, Stuttgart 1975

2) G. Lehmann, S. 17

3) J. Seetzen, S. 164

Der ökonomische Modellteil arbeitet auf der Basis von drei Sektoren:

- dem als sekundärer Sektor bezeichnetem Bereich, der die produzierenden Branchen incl. Land- und Forstwirtschaft umfaßt
- dem tertiären Sektor, der im wesentlichen aus dem Dienstleistungsgewerbe besteht und
- dem Staat, der als eigener Sektor ausgegliedert wurde.

Die Vorleistungsverflechtung der beiden Sektoren wird durch konstante Koeffizienten beschrieben. Da nur der sekundäre Sektor Investitionsgüter produziert, wird von einem homogenen Investitionsgut ausgegangen. Die Endnachfrage gliedert sich in privaten und staatlichen Konsum, den Außenbeitrag als Saldo von Export und Import und den Investitionen, die sich auf die beiden Sektoren, den Staat und den Wohnungsbau aufteilen. Dabei wurden die einzelnen Komponenten durch vorgegebene Anteile vom Bruttoinlandsprodukt berechnet. Das Bruttoinlandsprodukt ergibt sich aus den sektoralen Kapitalstöcken und Kapitalproduktivitätsentwicklungen. Dabei wird stets eine Vollauslastung der Kapitalstöcke unterstellt. Alle Größen werden in konstanten Preisen berechnet.

Weil das Lehmann-Modell nur 3 Sektoren betrachtet, können sektorale Strukturverschiebungen nur sehr eingeschränkt betrachtet werden. Es ist wenig geeignet die Inlandsauswirkungen von Produktionsverlagerungen in das Ausland zu analysieren. Auch das Lehmann-Modell ist daher kaum geeignet die nachfolgenden Fragestellungen zu behandeln. Es folgt darüberhinaus der System-Dynamics-Philosophie, die so weit wie möglich geschlossene Modelle fordert. Geschlossene Modelle sind aber kaum in der Lage, verschiedene Entwicklungsalternativen zu erarbeiten. Sie haben vielmehr ihren Hauptzweck in der Analyse des Systemverhaltens des Computermodells als Abbildung der Realität.

2.3. Zielsetzungen und methodisches Konzept des hier entwickelten Wirtschaftsmodells

Bereits bei den oben beschriebenen Wirtschaftsmodellen zeigte sich, daß es kein Universalmodell gibt, welches jede denkbare Fragestellung zu behandeln erlaubt. Auch das im folgenden beschriebene Wirtschaftsmodell wird entscheidend geprägt von den Zielsetzungen und Fragestellungen zu deren Analyse und Beantwortung es dienen soll. Zunächst werden daher diese Zielsetzungen und Fragestellungen dargestellt.

In der Einleitung wurde bereits gezeigt, daß sich das Interesse an Wirtschaftsanalysen und Wirtschaftsprognosen in den letzten Jahren zunehmend von mittelfristigen isolierten Betrachtungen und mittelfristigen gesamtwirtschaftlichen Modellen auf langfristige und sektorale Aspekte verlagert hat.

Betrachtet man den Zeitraum der nächsten 25 Jahre, so wird die Wirtschaftsentwicklung in der Bundesrepublik insbesondere durch die folgenden Problemfelder beeinflußt werden:

1. Die Arbeitslosigkeit, die aufgrund der geburtenstarken Jahrgänge zu Beginn der 60-er Jahre etwa 1983 bis 1985 ein Maximum erreichen kann.
2. Die längerfristige Sicherung der Energieversorgung, die eine Neuorientierung in der Energiepolitik erfordert.
3. Das "Nord-Süd-Verhältnis", das bereits in naher Zukunft die Industriestaaten vor schwerwiegende Entscheidungen zwischen außenpolitischen und wirtschaftlichen Konflikten einerseits und innenpolitischen Auseinandersetzungen über Art und Ausmaß der öffentlichen Entwicklungshilfe andererseits stellen wird.
4. Die Verlagerung von Teilen der Produktion in kostengünstigere Länder. Hiervon werden vor allem die Grundstoffproduktion z.B. Stahlerzeugung oder Stickstoff- und Düngemittelproduktion und arbeitsintensive Industriezweige wie z.B. weiterhin Feinmechanik und Optik betroffen sein.

Die erkennbaren Probleme in diesen Bereichen werden sich keinesfalls durch quasi-automatische Regelungen von selbst lösen, sondern erfordern die Entwicklung von Strategien, die diese Probleme meistern helfen. Es ist daher nur ein erster Schritt zur Lösung, wenn mit ausgefeilten Methoden das Ausmaß der Entwicklungen mit größtmöglicher Genauigkeit prognostiziert wird.

In einem zweiten Schritt müssen dagegen alternative Entwicklungen erarbeitet werden. Dazu gehört insbesondere die Abschätzung der Folgen dieser Alternativen und deren Durchführbarkeit. Ein konstruktives Entscheiden und Handeln einer auf die Zukunft ausgerichteten Wirtschaftspolitik hat seinen Ursprung in der Abwägung unterschiedlicher Entwicklungsmöglichkeiten. Das Wirtschaftsmodell soll ein Instrument zur Unterstützung des Entscheidungsprozesses sein. Es soll daher in der Lage sein, die folgenden Fragestellungen zu beantworten:

- "Wie kann eine wirtschaftliche und technologische Entwicklung in den nächsten 20-25 Jahren aussehen, die für die Bundesrepublik Deutschland die wichtigsten Problemfelder in irgendeiner Weise zu lösen vermag?
- Gibt es unter Berücksichtigung der vorhandenen Infrastruktur und des Altersaufbaus von Menschen, Maschinen, Geräten, Anlagen usw. kombinierte Maßnahmen, die gleichzeitig mehrere der angesprochenen Probleme meistern helfen?"[1)]

Besondere Bedeutung hat dabei die Frage, wie die Strukturwandlungen ohne wesentliche Störungen ablaufen können und welche Bedeutung dabei den verschiedenen Wirtschaftssektoren zukommt. Aus diesen Gründen muß für die Behandlung der Fragestellungen die Wirtschaft disaggregiert betrachtet werden. Eine Analyse der Entwicklung der Nachfrage nach Arbeitskräften und nach Rohstoffen erfordert darüberhinaus ebenfalls zwingend eine Disaggregierung in verschiedene Wirtschaftssektoren. Nur so können die Auswirkungen von Verschiebungen in der Produktionsstruktur der Wirtschaftsbereiche sowie Wandlungen der Bedarfsstruktur erkannt und beobachtet werden.

---

1) vgl. E. Pestel, ..., W. Oest, u.a.: Das Deutschland-Modell, Stuttgart 1978, S. 23

Grundsätzlich stellt sich dabei die Frage, wie sich das ökonomische System verhält, wenn die oben genannten Probleme auftreten. Einzelrechnungen können hier nicht zum Ziel führen, da bei diesen die Verkettung der Sektoren, die Investitionsbeeinflussung und der Außenhandel nicht ihrer Bedeutung entsprechend behandelt werden können. Das Modell soll also kein reines Prognosemodell im eigentlichen Sinne sein, sondern eine Vielzahl von Projektionen ermöglichen.

Zusammenfassend ergeben sich die folgenden anwendungsbezogenen Anforderungen an Struktur und Aufbau des Wirtschaftsmodells

- Zeithorizont etwa 25 Jahre
- Aufteilung der Wirtschaft in hinreichend viele Sektoren
- Exogene Eingriffsmöglichkeiten, um alternative Entwicklungspfade betrachten zu können.

Da das Hauptziel die Quantifizierung antizipatorischer Handlungsweisen ist, ergeben sich verschiedene methodische Anforderungen an das Modell, die im folgenden dargestellt werden.

1. Komplexität: Die Volkswirtschaft eines hochentwickelten Industrielandes wie dem unsrigen besitzt als reales System ein enormes Ausmaß an Komplexität. Selbstverständlich kann diese Komplexität auch nicht im entferntesten in ein Computermodell übertragen werden. Dies darf nicht dazu führen, die Flucht nach vorn anzutreten und das System zu simplifizieren, wo es nur geht, sondern dazu, die Komplexität nur soweit zu reduzieren, daß die relevanten Größen und Beziehungen im Modell enthalten sind.

2. Dynamik: Aufgrund seiner Natur neigt der menschliche Geist dazu, Entwicklungen isoliert und linear zu betrachten; er ist wenig dazu geeignet, verkoppelte, dynamische, nichtlineare Beziehungen nachzuvollziehen oder gar in die Zukunft fortzuschreiben. Das Wesen des wirtschaftlichen Systems besitzt aber gerade diese Eigenschaften. Es ist daher unabdingbar gerade diese Eigenschaften in das Modell einzubringen, so weit die theoretischen und wissenschaftlichen Erkenntnisse dieses zulassen.

3. Offenheit des Modells: Selbstverständlich werden funktionale Zusammenhänge, die wissenschaftlich abgesichert sind und über die ein allgemeiner Konsens herrscht, endogen im Modell abgebildet. Man kann nun die Bereiche, für die es keine gesicherten Erkenntnisse gibt, durch mehr oder weniger vage Hypothesen von anderen Modellvariablen abhängig machen und dadurch das Modell geschlossen halten (System-Dynamics-Philosophie); oder man läßt das Modell offen, indem man exogene Variablen bzw. Szenariovariablen einführt. Dadurch werden die unsicheren Bereiche aus dem Modell herausgenommen, und es können unterschiedliche Auffassungen und Hypothesen in Form von Szenarien[1] durchgerechnet und analysiert werden. Benutzer und Anwender des Modells können diese unsicheren Bereiche klar erkennen, sich mit den Szenarios auseinandersetzen und ggf. eigene Vorstellungen einbringen. Bei geschlossenen Modellen dagegen ist diese Trennung nicht vorhanden, so daß dem Benutzer die Ergebnisse mit einer Sicherheit vorkommen, die häufig nicht gerechtfertigt ist, da sie von den Annahmen abhängig ist, die den "Schleifen" im Modell zugrundeliegen[2].

4. Adaptivität: Das Modell muß die Möglichkeit zur Adaption für Fachleute und Interessierte, die nicht zum Bereich der Systemwissenschaftler und Modellfachleute gehören, bieten. Anderenfalls wird das Modell nicht beachtet werden, und damit seinem Zweck, Entscheidungshilfe zu sein, nicht mehr gerecht werden. Das Modell muß also übersichtlich gestaltet sein, sein Betrieb muß ohne umfangreiche EDV-Kenntnisse möglich sein (ideal wäre ein interaktiver, durch entsprechende Software automatisierter Betrieb) und die Eingabemöglichkeiten und Simulationsergebnisse müssen leicht verständlich sein[3].

---

1) Ein Szenario ist eine Folge möglicher Entscheidungen, Maßnahmen und Ereignisse.

2) vgl. H. Bossel (ed.): Concepts and Tools of Computer-assisted Policy Analysis, Vol. 1 - Basic concepts, Basel 1977, S. 140f

3) H. Bossel, S. 142f

5. Orientierungsaspekt: Als Orientierung für Benutzer und Anwender ist ein "Standard-Lauf" unter Verwendung eines "Referenzszenarios" notwendig. Alle anderen Modelläufe sollten mit diesem "Standard-Lauf" verglichen werden. Auf diese Weise kann das Modell seinem Ziel, Orientierungsinstrument für den Benutzer zu sein, besser gerecht werden. Der Orientierungsaspekt wird deutlich, wenn man das Modell mit einem Flugsimulator vergleicht. Bevor man den Piloten ein richtiges Flugzeug fliegen läßt, soll er erst die Eigenschaften des Flugzeuges kennenlernen. Dazu gehört insbesondere das Austesten von kritischen Situationen. Der Benutzer soll ein Gefühl für das dynamische Verhalten des Systems bekommen. Der Standardlauf als Orientierungsmarke sollte die Vergangenheit möglichst genau wiedergeben und für die Zukunft eine Status-Quo-Entwicklung darstellen, in der sich die zu erwartende Entwicklung bei dem gegenwärtigen Stand von politischen und gesellschaftlichen Zielvorstellungen, wirtschaftlichen Randbedingungen und technischen Entwicklungsmöglichkeiten niederschlägt[1].

6. Offenheit des Ansatzes: Jedes Modell ist geprägt durch die begrenzten Kenntnisse seiner Konstrukteure. Die Art und Weise, wie die Komplexität des realen Systems reduziert wird, spiegelt nur allzu oft die persönliche Sicht der Dinge durch die Modellkonstrukteure wieder. Eine andere Sicht der Dinge führt zu anderen Modellen und damit zu anderen Ergebnissen. Das Modell muß daher für Änderungen der Modellstruktur und gegebenenfalls sogar der Methodologie zugänglich sein. Im Bereich der methodologischen Änderungen ist die spätere Einbeziehung nichtnumerischer Modellteile, künstlicher Intelligenz, der Sozialpsychologie, der Konfliktentstehung und Konfliktbeendigung etc. zu berücksichtigen. Dazu ist das Modell modularisiert in Subsysteme mit hoher Komplexität aber möglichst wenigen Verbindungslinien der Subsysteme untereinander zu erstellen.

---

1) H. Bossel, S. 143

3. Input-Output-Modelle

3.1. Der Input-Output-Ansatz

Im Abschnitt 2.1. wurde dargestellt, daß für die Bearbeitung verschiedener Fragestellungen, der zukünftigen Wirtschaftsentwicklung die Volkswirtschaft sektoral disaggregiert dargestellt werden muß. Bevor nun mit der detaillierten Ausarbeitung des Modells begonnen wird, sollen die Probleme die aus dem disaggregierten Ansatz erwachsen, behandelt werden. Es wird dazu ein auf die für das Wirtschaftsmodell wichtigen Punkte bezogener Abriß der Input-Output-Theorie wiedergegeben.

Eine sektoral differenzierte Wirtschaftsanalyse kommt, ob sie nun statischer oder dynamischer Natur ist, nicht umhin, die Lieferbeziehungen der Sektoren darzustellen. Diese teilen sich auf in Vorleistungslieferungen an die verschiedenen Sektoren und Lieferungen zur Befriedigung der Endnachfrage (privater Konsum, Staatskonsum, Investitionen und Exporte). Bei n Sektoren ergeben sich maximal n^2 intersektorale Beziehungen, die einerseits als Lieferungen und andererseits genauso als Bezüge eines Sektors an bzw. von den Sektoren aufgefaßt werden können. Diese Beziehungen lassen sich in einer Matrix mit n Spalten (empfangende Sektoren) und n Zeilen (liefernde Sektoren) darstellen. Das Element in der i-ten Zeile und k-ten Spalte gibt dann an, was der Sektor i an den Sektor k liefert bzw. was der Sektor k vom Sektor i bezieht.

Die Lieferungen der Sektoren zur Befriedigung der Endnachfrage lassen sich entsprechend diesem Konzept als (n+1)-te Spalte an die Matrix anfügen. Die Summe einer Zeile stellt dementsprechend das gesamte bewertete Produktionsergebnis eines Sektors in einer Zeitperiode dar und wird als (n+2)-te Spalte der obigen Matrix zugefügt.

Neben dieser Verwendungsrechnung bietet das Konzept durch einige Erweiterungen auch die Möglichkeit einer Entstehungsrechnung. Die Werte einer Spalte stellen die Bezüge eines Sektors dar. Addiert man diese und fügt die Bruttowertschöpfung bzw. den Nettoproduktionswert des Sektors hinzu, so erhält man den Bruttoproduktionswert des Sektors. Das damit vorliegende Schema stellt die vereinfachte Form einer Input-Output-Tabelle dar. Sie gilt für eine geschlossene Volkswirtschaft.

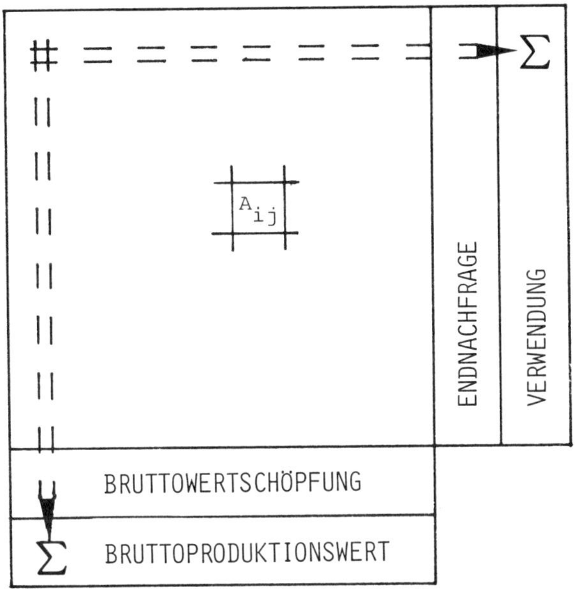

Abbildung 1: Vereinfachtes Schema der Input-Output-Tabelle

Betrachtet man ceteris paribus Wirtschaftssituationen, die sich in der Struktur und der Höhe der Endnachfrage unterscheiden, so wird man unter Umständen völlig verschiedene Input-Output-Tabellen erhalten. Das Verhältnis der verschiedenen Vorleistungsbezüge eines Sektors zueinander wird sich aber nicht oder kaum geändert haben, d.h. die Struktur der ersten n-Spalten bleibt unverändert. Die Spaltenstruktur erhält man, indem man jedes Element jeder der ersten n Spalten der Input-Output-Tabelle durch den Bruttoproduktionswert dieses Spaltensektors dividiert. Die sich ergebenden Koeffizienten

$$a_{ij} = \frac{A_{ij}}{Z_j} \qquad \forall i,j \in \{1,\ldots,n\} \qquad (3.1)$$

heißen vertikale Koeffizienten oder auch Input-Koeffizienten; a_{ij} gibt also an, wieviel der Sektor j vom Sektor i beziehen muß, um eine Einheit Bruttoproduktionswert zu erzielen. Die Matrix $\bar{\bar{A}}=(a_{ij})$ heißt Koeffizienten-Matrix oder A-Matrix.

In den vertikalen Koeffizienten offenbart sich die von der Mischung der produzierten Produkte und den verwendeten Produktionstechnologien abhängige Bezugsstruktur eines Sektors. Es handelt sich also um Mittelwerte von Koeffizienten für die verschiedenen in einer Industrie zusammengefaßten Güter- und Produktionsverfahren, so daß also nicht allein die technischen Produktionsbedingungen sondern auch Produktmischungen ihre Höhe beeinflussen[1]. Sie ist im Gegensatz zu den absoluten Werten weitgehend frei von konjunkturellen Einflüssen.

Mit vorgegebenen Produktionswerten kann durch Multiplikation mit den vertikalen Koeffizienten eine Input-Output-Matrix in absoluten Größen bestimmt werden. Die Richtigkeit dieses Ergebnisses ist für unterschiedliche Bruttoproduktionswerte gewährleistet, solange die angewendeten Technologien und deren Verhältnis zueinander sowie die Produktpalette des Sektors erhalten bleiben.

Neben der oben durchgeführten Normierung mit dem Bruttoproduktionswert (die allgemein üblich ist) ist grundsätzlich auch eine Normierung z.B. mit dem Aufkommen eines Sektors denkbar[2].

Die Input-Output-Tabelle stellt also ein Modell für die Liefer- und Bezugsinterdependenzen einer Wirtschaft dar. Die Vervollständigung des Input-Output-Ansatzes zur Erklärung der wirtschaftlichen Zusammenhänge auf sektorspezifischer Ebene führt grundsätzlich zu folgender Klassifikation:

---

1) vgl. J. Schumann: Input-Output-Analyse, Springer, Berlin 1968 S. 32

sowie: W. Oest u.a.: Vorstudie zur Systemanalyse der Technologieveränderung in der Bundesrepublik Deutschland, Bd. I, ISP, Hannover 1977, unveröffentlichter Bericht an die Stiftung Volkswagenwerk

2) Vgl.: Statistisches Amt der Europäischen Gemeinschaften: Methodologie der Gemeinschaften der Input-Output-Tabellen 1965, Sonderreihe 1 - 1970, S. 200ff.

1. Statische Input-Output-Modelle unterschieden in
   - statisch offen und
   - statisch geschlossen

2. Dynamische Input-Output-Modelle unterschieden in
   - dynamisch offen und
   - dynamisch geschlossen.

3.2. Das statische offene Input-Output-Modell

Statische Input-Output-Modelle beschreiben die dargestellten Wirtschaftszusammenhänge für ein bestimmtes Zeitintervall, d.h. die Zeit wird nicht explizit berücksichtigt, und die Variablen müssen nicht zeitlich indiziert werden. Die Zeit wird nur implizit einbezogen z.B. in den Dimensionen von Stromgrößen. Dementsprechend können bei der Endnachfrage zwar Investitionen berücksichtigt werden, aber ihre Addition zum Kapitalbestand führt nicht zu anderen Produktionskapazitäten und damit zu anderen Modellergebnissen.

Das statische offene Input-Output-Modell wird beschrieben durch

1. die Variablen

   Z_i = Bruttoproduktionswert des Sektors i

   A_{ij} = Lieferungen des Sektors i an den Sektor j

   F_i = Endnachfrage an Gütern des Sektors i

2. die Parameter

   a_{ij} = vertikale Koeffizienten der betrachteten Input-Output-Matrix

und

3. die Gleichungen

$$Z_i = F_i + \sum_{j}^{n} A_{ij} \qquad \forall i \in \{1,\dots n\} \qquad (3.2)$$

mit

$$A_{ij} = a_{ij} Z_j \qquad \forall\, i \in \{1,\ldots,n\} \tag{3.3}$$

Faßt man die beiden Gleichungen in Matrixschreibweise

$$\overline{Z} = \overline{F} + \overline{\overline{A}} * \overline{Z} \tag{3.4}$$

mit

$$\overline{\overline{A}} = (a_{ij}) \tag{3.5}$$

zusammen, so ergibt sich

$$(\overline{\overline{E}} - \overline{\overline{A}}) * \overline{Z} = \overline{F} \tag{3.6}$$

wobei $\overline{\overline{E}}$ die Einheitsmatrix darstellt.

Das Modell ist offen, weil vom nachfrageorientierten Standpunkt aus gesehen die Endnachfrage exogen ist und vom angebotsorientierten Standpunkt aus der Bruttoproduktionswert exogen ist.

Ökonomisch bedeutet (3.4), daß sich das Angebot eines Sektors für die Endnachfrage aus seinem Bruttoproduktionswert vermindert um die Vorleistungen an alle Sektoren ergibt. Aus der ökonomischen Betrachtung ergeben sich als Nebenbedingungen:

- alle Bruttoproduktionswerte und Endnachfragewerte sind positiv oder null, d.h. $\overline{Z} \geqq \overline{O}$, und $\overline{F} \geqq \overline{O}$[1]

- die vertikalen Koeffizienten der A-Matrix sind positiv oder null, d.h. $a_{ij} \geqq 0$, $\forall i,j \in \{1,\ldots,n\}$

Man spricht von einer Lösung des Input-Output-Modells, wenn zu einer vorgegebenen Endnachfrage $\overline{\overline{F}}$ und gegebener Koeffizientenmatrix $\overline{\overline{A}}$ passende Bruttoproduktionswerte und Vorleistungsflüsse berechnet werden. Dabei stellt sich das Problem, ob eine

---

1) $\geqq$ ist definiert durch: $\overline{X} \geqq \overline{Y} \Leftrightarrow \forall i\ \{1,\ldots,n\} : x_i \geqq y_i$
$(R^n, \geqq)$ ist teilweise geordneter Vektorraum. Statt $\overline{F} \geqq \overline{O}$ sagt man auch: $\overline{F}$ ist semipositiv.

Lösung des Modells überhaupt existiert, und wie diese berechnet werden kann. In einem weiteren Schritt kann dann überprüft werden, ob die Produktionsfaktoren zur Realisierung der Lösung vorhanden sind, und wie weit diese ausgelastet werden.

Die Existenzfrage führt auf die Hawkins-Simon Bedingungen: Ist A eine Input-Output-Matrix und $a_{ij} \geqq 0$ für alle $i,j \in \{1,....,n\}$, so sind die folgenden Aussagen äquivalent:

(i) Es gibt einen Bruttoproduktionsvektor $\overline{Z} \geqq \overline{0}$ mit $(\overline{\overline{E}} - \overline{\overline{A}}) * \overline{Z} = \overline{F} > 0$

(ii) Für jede Endnachfrage $F \geqq 0$ gibt es einen Bruttoproduktionsvektor $Z \geqq 0$, mit $(\overline{\overline{E}} - \overline{\overline{A}}) * \overline{Z} = \overline{F}$

(iii) Die Matrix $(\overline{\overline{E}} - \overline{\overline{A}})$ besitzt eine Inverse $(\overline{\overline{E}} - \overline{\overline{A}})^{-1} \geqq \overline{\overline{0}}$

(HS) Hawkins-Simon Bedingungen

$$|1 - a_{11}| > 0, \quad \begin{vmatrix} 1 - a_{11} & a_{12} \\ a_{21} & 1 - a_{22} \end{vmatrix} > 0, \ldots, \quad |\overline{\overline{E}} - \overline{\overline{A}}| > 0$$

Dieser Satz[1] ist für die Anwendung des Input-Output-Konzepts entscheidend: Ist nämlich A eine empirisch ermittelte Input-Output-Matrix, d.h. es gilt die Bedingung (i), so gibt es wegen der Äquivalenz für jeden Endnachfragevektor $\overline{\overline{F}} \geqq 0$ einen Bruttoproduktionsvektor $\overline{Z} \geqq 0$ mit $(\overline{\overline{E}} - \overline{\overline{A}}) * \overline{Z} = \overline{F}$ und $(\overline{\overline{E}} - \overline{\overline{A}})^{-1} \geqq 0$ existiert. Erst hierdurch ist eine weitergehende zweite Anwendung des Konzeptes theoretisch gesichert. Für nicht empirisch ermittelte Input-Output-Matrizen, die z.B. im später beschriebenen Wirtschaftsmodell als Szenario über die A-Matrizen ver-

---

1) Die ökonomische Bedeutung der Hawkins-Simon-Bedingungen ist z.B. in A. Takayama: Mathematical Economics, Hinsdale 1974, S. 361 beschrieben. Ein Beweis der obigen Aussage findet man auf S. 380 ff

wendet werden, muß also wenigstens eine der obigen vier Bedingungen gewährleistet sein, um eine Anwendung in der oben beschriebenen Art zu gestatten. Dabei ist es meist vorteilhaft, die Hawkins-Simon Bedingungen mit Hilfe der Brauer-Solow-Bedingungen nachzuweisen. Diese sind:

(BS 1) $\sum_{j=1}^{n} a_{ij} < 1 \quad \forall i \in \{1,\dots n\}$ (alle Zeilensummen kleiner 1)

(BS 2) $\sum_{i=1}^{n} a_{ij} < 1 \quad \forall j \in \{1,\dots n\}$ (alle Spaltensummen kleiner 1)

Gilt (BS 1) oder (BS 2) so gelten die Bedingungen (i), (ii), (iii) und (HS). (BS 1) und (BS 2) sind also lediglich hinreichend für die Lösbarkeit des zugehörigen Input-Output-Modells. (Beweis: wähle (1,1,1....1) als Produktionsvektor, dann folgt aus (BS 1), Aussage (i); aus (BS 2) folgt ebenso, daß für die transponierte A-Matrix (i) gilt, daraus folgt aber, daß die transponierte A-Matrix (HS) erfüllt. Erfüllt aber die transponierte A-Matrix (HS), so auch die normale).

Wie erhält man nun aber die Lösung? Geht man davon aus, daß die Existenzfrage positiv geklärt ist, so bietet die Bedingung (iii) direkt die Lösung an:

$$\bar{Z} = (\bar{\bar{E}} - \bar{\bar{A}})^{-1} * \bar{F} \qquad (3.7)$$

Für die praktische Berechnung der inversen Matrix $(\bar{\bar{E}} - \bar{\bar{A}})^{-1}$ gibt es eine ganze Reihe von Verfahren. Unter den exakten Verfahren seien hier der Gaußsche Algorithmus (grundlegend), das Verfahren von Banachiewicz, das Jordansche Verfahren und das Orthogonalisierungsverfahren genannt[1].

---

1) Die Verfahren (bis auf Banachiewicz) sind z.B. in N. Gastinel: Lineare numerische Analysis, DVW, Berlin 1972, beschrieben, dort finden sich auch Algol-Programme für diese Verfahren und Ansätze zur Abschätzung der Rechenzeit, S. 85ff

Vgl. F.V. Waugh: Inversion of the Leontief Matrix by Power Series, Econometrica 4 (1950), S. 142-154, dort wird das Problem der Reihenentwicklung ausführlich behandelt.

Bezüglich der Rechenzeit und der Genauigkeit sind aber fast immer Iterationsverfahren erheblich besser. Geht man von der Gleichung

$$(\bar{\bar{E}} - \bar{\bar{A}}) * (\bar{\bar{E}} + \bar{\bar{A}} + \bar{\bar{A}}^2 + \ldots \bar{\bar{A}}^m) = \bar{\bar{E}} - \bar{\bar{A}}^{m+1} \qquad (3.8)$$

aus, so folgt

$$(\bar{\bar{E}} - \bar{\bar{A}}) * (\bar{\bar{E}} + \bar{\bar{A}} + \bar{\bar{A}}^2 + \ldots) = \bar{\bar{E}}, \text{ d.h.} \qquad (3.9)$$

$$(\bar{\bar{E}} - \bar{\bar{A}})^{-1} = \bar{\bar{E}} + \bar{\bar{A}} + \bar{\bar{A}}^2 + \ldots$$

genau dann, wenn für die Norm von $\|\bar{\bar{A}}\|$ definiert durch

$$\|\bar{\bar{A}}\| = \max\left\{ \sum_{i=1}^{n} a_{ij} \;\middle|\; j \in \{1,\ldots,n\} \right\} \quad \text{(Spaltensummennorm)} \qquad (3.10)$$

gilt:

$$\|\bar{\bar{A}}\| < 1 \qquad (3.11)$$

Diese Bedingung ist aber erfüllt, wenn die Brauer-Solow Bedingung (BS 2) erfüllt ist. Damit zeigt sich, daß die Brauer-Solow-Bedingung (BS 2) nicht nur für die Existenz der Lösung sondern auch für deren Berechnung von Bedeutung ist.

Für das später beschriebene Wirtschaftsmodell werden die inversen Matrizen stets nach der Reihenentwicklung berechnet. Bricht man die Reihenentwicklung nach etwa 15 Gliedern ab, so erhält man bereits recht genaue Ergebnisse.

Mit mathematischen Hilfsmitteln konnten also eine Reihe von Problemen des statischen offenen Input-Output-Modells gelöst werden. Das statische offene Input-Output-Modell hat insbesondere für praktische Anwendungen, die bis zu wirtschaftspolitischen Entscheidungsvorbereitungen gehen, erheblichen Wert. Es ermöglicht

- in vielen Fällen die Beantwortung dynamischer Probleme durch Rückführung auf eine statische Betrachtung eines bestimmten Zeitintervalls
- die Auswirkung einer unterschiedlichen Zusammensetzung der Endnachfrage in deren Höhe und Struktur auf alle anderen Sektoren zu betrachten.

Es wurde zuerst in den Vereinigten Staaten für Entscheidungen eingesetzt, um während des zweiten Weltkrieges Roosevelts Forderung nach 50.000 Flugzeugen zu erfüllen[1]. Morishima untersuchte die Effektivität fiskalischer Entscheidungen in England für das Jahr 1954 und analysierte in Japan die Probleme "versteckter Arbeitslosigkeit zwischen 1951 und 1965"[2]. In der Bundesrepublik wurden z.B. vom DIW die Auswirkungen des Baus von Steinkohle- und Kernkraftwerken auf die Produktion und Erwerbstätigenzahl analysiert[3].

Trotz dieser Anwendungsmöglichkeiten gibt es jedoch noch einige für wirtschaftspolitische Fragen entscheidende Unzulänglichkeiten, die einer weitergehenden praktischen Anwendung entgegenstehen:

- Die Dynamik der Wirtschaft, die sich besonders im Investitionsniveau äußert, wird nicht abgebildet und kann allenfalls mit Hilfe von Szenarien analysiert werden.
- Das bisher beschriebene Modell beschreibt eine geschlossene Volkswirtschaft. Exporte und Importe bleiben unberücksichtigt.
- Die staatlichen Aktivitäten bleiben unberücksichtigt.

---

1) W. Leontief: Input-Output-Economics, New York 1966, S. 157

2) M. Morishima u.a.: The Working of Econometric Models, Cambridge 1972, S. 73ff und S. 243ff

3) DIW-Wochenbericht 48/76: Auswirkungen des Baus und des Betriebs eines Steinkohlekraftwerks auf Produktion und Erwerbstätigenzahl, Berlin 2. Dezember 1976, S. 443ff

sowie: DIW-Wochenbericht 26-27/76: Auswirkungen des Baus eines Kernkraftwerks auf Produktion und Erwerbstätigenzahl, Berlin 1. Juli 1976, S. 256ff

- Preise können zwar über ein System von Schattenpreisen einbezogen werden, jedoch so schreibt Schumann: "Schattenpreise sind kaum dazu geeignet, die wirtschaftliche Wirklichkeit selbst zu erklären"[1]. Auch von einer Reihe anderer Autoren wird die Einbeziehung der Preisbildung nachdrücklich eingeschränkt[2].
- Die Analyse verschiedener Endnachfragevektoren mit dem statisch offenen Input-Output-Modell liefert noch keinerlei Aussage über die Art und Weise, wie der Übergang von einer Endnachfragesituation zu einer anderen vonstatten geht und ob dieser Prozeß nicht die statischen Parameter des Modells beeinflußt.
- Es stellt sich ferner die Frage, ob die mit unterschiedlichen Endnachfragevektoren berechneten wirtschaftlichen Angebot-Nachfrage-Gleichgewichte stabil sind.

1) Vgl. J. Schumann: Input-Output-Analyse,a.a.O., S. 62ff

2) vgl. W. Krelle: Volkswirtschaftliche Gesamtrechnung einschließlich Input-Output-Analyse mit Zahlen für die Bundesrepublik Deutschland, Berlin 1959, S. 117f

sowie: W.D. Evans, M. Hoffenberg: The nature and uses of interindustry-relations data and methods, in: NBER, Vol. 18, Princeton 1955, S. 98ff

sowie: H.B. Chenery, P.G. Clark: Interindustry economics, New York 1959, S. 60

2.3. Das statische geschlossene Input-Output-Modell

Das statisch offene Input-Output-Modell wird zu einem statisch geschlossenen Modell, wenn die Endnachfrage endogen bestimmt wird. Ein Beispiel für die endogene Bestimmung der Endnachfrage findet sich bereits bei Leontief[1]. Dabei wird die Endnachfrage als Sektor n+1 betrachtet. Die Lieferungen der Sektoren 1 bis n an die Endnachfrage sind dabei die Vorleistungsbezüge dieses Sektors n+1. Seine "Lieferungen" an die anderen Sektoren - mithin die Zeile n+1 der Input-Output-Matrix - sind die Arbeits- und Kapitalleistungen. Aus der Sicht der anderen Sektoren können sie als deren "Wertschöpfung" aufgefaßt werden. Zusätzlich wird angenommen, daß der Sektor Endnachfrage sich nicht selbst beliefert, d.h. daß in diesem Sektor keine Wertschöpfung entsteht[2].

Mit der Endnachfrage als Sektor n+1 läßt sich das geschlossene Input-Output-Modell darstellen durch:

$$Z_i = \sum_{j=1}^{n+1} A_{ij} \qquad \forall i \in \{1,...,n+1\} \qquad (3.12)$$

und

$$A_{ij} = a_{ij} * Z_j \qquad \forall i,j \in \{1,...,n+1\} \qquad (3.14)$$

---

1) W.W. Leontief: Interrelations of Prices, Output, Savings and Investment. Review of Economics and Statistics (1937), S. 109-132

2) Gegenüber dieser Interpretation, die z.B. Schumann (J. Schumann: Input-Output-Analyse, S. 69), das DIW und das Statistische Bundesamt vertreten, wird von Leontief und einigen anderen Autoren die Endnachfrage nur als Konsum und die Lieferungen des Sektors Endnachfrage als Arbeitsleistungen interpretiert. Vgl. hierzu z.B.: R. Dorfman, P. Samuelson, R. Solow: Linear Programming and Economic Analysis, Tokio 1958, S. 245f : "In it we become Malthusian and speak of the consumption by people (eg., of food) as really being much like the consumption by machines or horses. Just as fertilizer is needed to produce corn, silk shirts are thought of as being needed to 'produce' the labor of households".

Die Erweiterungen gegenüber dem statischen offenen Input-Output-Modell sind:

$A_{i,n+1} = F_i$ = Endnachfrage an Gütern des Sektors i (3.15)

$A_{n+1,j} = V_j$ = Wertschöpfung des Sektors j (Lieferungen des Sekors "Endnachfrage" an den Sektor j) (3.16)

dabei $A_{n+1,n+1} = 0$

Der Bruttoproduktionswert oder gesamte Output des Sektors "Endnachfrage" ist also die gesamtwirtschaftliche Wertschöpfung, mithin das Bruttoinlandsprodukt. Mit Matrizen wird das geschlossene statische Input-Output-Modell durch

$$(\bar{\bar{E}} - \bar{\bar{A}}) * \bar{Z} = \bar{O} \qquad (3.17)$$

beschrieben.

Die ökonomische Bedeutung dieses linearen homogenen Gleichungssystems im Vergleich zum offenen statischen Modell liegt darin, daß nun der Endnachfragesektor die Lieferungen im festen Verhältnis zu seinen eigenen Lieferungen bezieht. Die Frage nach der Lösung des Modells kann deswegen nicht so ökonomisch zufriedenstellend beantwortet werden wie bei statischen offenen Modellen. Trivial aber ökonomisch uninteressant ist die Lösung $\bar{Z} = \bar{O}$. Eine nichttriviale Lösung hat das System genau dann, wenn die Determinante

$$|\bar{\bar{E}} - \bar{\bar{A}}|$$

den Wert Null hat.

Diese Bedingung ist aber stets erfüllt, denn nach Definition der a_{ij} und weil es keine weiteren primären Inputs gibt (Normierung der Matrix mit dem Bruttoproduktionswerten!) sind alle Spaltensummen gleich 1, so daß

$$a_{1j} = 1 - \sum_{i=2}^{n} a_{ij} \qquad \forall\, j \in \{1, \ldots n\} \qquad (3.18)$$

gilt. Damit sind die Zeilen der Matrix $\bar{\bar{E}} - \bar{\bar{A}}$ linear abhängig mithin die Determinante Null. Für den Endnachfragesektor "bedeutet eine Spaltensumme von 1, daß gerade die gesamte Wertschöpfung für Investitions- und Konsumzwecke verwendet wird. Das Kriterium für die Lösbarkeit des "geschlossenen Modells" schließt also eine der üblichen Bedingungen für Gleichgewicht der globalen makroökonomischen Größen ein[1]. Mit der Existenz einer nichttrivialen Lösung ist aber nicht viel gewonnen, denn ist $\bar{Z}$ eine Lösung so auch jedes beliebig Vielfache von $\bar{Z}$, z.B. auch $-\bar{Z}$. Es gibt also nicht einen einzigartigen Bruttoproduktionsvektor. Eindeutig bestimmt ist lediglich seine Struktur also das Verhältnis der verschiedenen Bruttoproduktionswerte zueinander.

Die Tatsache, daß die Endnachfragestruktur festliegt und nicht mehr variiert werden kann, ist gleichzeitig ein weiterer Nachteil des geschlossenen Modells neben den bereits beim statisch offenen Modell erwähnten Nachteilen.

1) vgl. Schumann: Input-Output-Analyse, a.a.O., S. 71

3.4. Das dynamische offene Input-Output-Modell

Das dynamische offene Input-Output-Modell geht auf Leontief, Hawkins und Holley[1)] zurück. Während wir bei den statischen Input-Output-Modellen nur ein bestimmtes Zeitintervall betrachtet haben, werden im dynamischen Input-Output-Modell die Variablen in Abhängigkeit von der Zeit betrachtet. Grundsätzlich kann dies durch Einführung einer Folge (gleicher) Zeitintervalle, was bei der Lösung zu Differenzengleichungen führt, oder durch Einführung der Zeit als kontinuierliche Variable erfolgen, so daß man Differentialgleichungen erhält[2)]. Da im vierten Teil der Arbeit bei der Beschreibung des Simulationsmodells die Zeit ohnehin diskretisiert betrachtet wird, wird hier der ersten Methode gefolgt. Kennzeichnend für die meisten dynamischen Input-Output-Modelle ist, daß die Investitionen als Teil der Endnachfrage explizit betrachtet und den sektoralen Kapitalstöcken zugeschlagen werden. Kapital ist damit kein primärer Produktionsfaktor mehr und die Investitionen werden endogen bestimmt[3)].

Für die nachfolgende Diskussion wird weiterhin von einer vereinfachten Betrachtungsweise, d.h. von einer geschlossenen Volkswirtschaft ohne staatliche Aktivitäten, ausgegangen. Die Endnachfrage teilt sich gegenüber den bisherigen Überlegungen jedoch in Konsumnachfrage, die auch weiterhin exogen vorgegeben

---

1) W. Leontief: Dynamic analysis, in : W. Leontief u.a.: Studies in the Structure of the American Economy, New York 1953,S.53ff

sowie: D. Hawkins: Some conditions of macroeconomic stability, Econometrica 16 (1948), S. 309ff

sowie: J.L. Holley: A dynamic Model, Econometrica 20 (1952), S. 616-642 sowie Econometrica 21 (1953), S. 298ff

2) Die zweite Methode wurde ursprünglich von Leontief (ebenda) verwendet. Heute wird jedoch überwiegend von Differenzengleichungen, die für Lösungen mit EDV-Hilfsmitteln prädestiniert sind, ausgegangen.

3) Andere Überlegungen, die zu dynamischen Input-Output-Modellen führen, beschreibt z.B. A. Chiang: Fundamental Methods of Mathematical Economics, Tokyo 1974, S. 612ff

wird, und Investitionen auf. Hier stehen jedoch nicht wie sonst üblich[1)] die Fragen der Stabilität des Modells und des (positiven) proportionalen Produktionswachstums der Sektoren im Vordergrund, sondern Möglichkeiten der Einbettung der Investitionsfunktion. Dieses insbesondere, weil das spätere Simulationsmodell vornehmlich als normatives Entscheidungs- und Analysemodell konzipiert ist und dementsprechend der deskriptive Anspruch nicht das Hauptziel der Untersuchungen ist.

Die Investitionsnachfrage nach Gütern des Sektors i teilt sich auf die n betrachteten Sektoren auf. Ist I_{ij} die Investitionsnachfrage des Sektors j vom Sektor i, so ist

$$I_i^o = \sum_{j=1}^{n} I_{ij} \qquad \text{bzw.} \qquad \overline{I}^o = \overline{\overline{I}} * \overline{1} \qquad (3.19)$$

die gesamte durch den Sektor i zu deckende Investitionsnachfrage (investment by origin) und

$$I_j^d = \sum_{i=1}^{n} I_{ij} \qquad \text{bzw.} \qquad \overline{I}^d = \overline{1} * \overline{\overline{I}} \qquad (3.20)$$

sind die gesamten Investitionen, die dem Kapitalstock des Sektors j zufließen (investment by destination). Die Matrix I_{ij} heißt Investitionsflußmatrix. Damit läßt sich (3.2) bzw. (3.12) für den dynamischen Fall wie folgt formulieren.

$$Z_i(t) = \sum_{j=1}^{n} A_{ij} + (t) + \sum_{j=1}^{n} I_{ij}(t) + C_i(t)$$

$$\forall\, i \in \{1,\ldots,n\} \qquad (3.21)$$

bzw. in Matrixschreibweise:

$$(\overline{\overline{E}} - \overline{\overline{A(t)}}) * \overline{Z(t)} = \overline{\overline{I(t)}} * \overline{1} + \overline{C(t)} \qquad (3.22)$$

mit

$$A_{ij}(t) = a_{ij}(t) * Z_j(t) \qquad (3.23)$$

1) vgl. J. Schumann: Input-Output-Analyse, a.a.O., S. 167ff sowie: P. Dorfman, P. Samuelson, R. Solow: Linear Programming... a.a.O., S. 295f

Da hier die Zeit als unabhängige Variable eingeht, muß auch an die Produktionszeit der Güter gedacht werden. Es wird daher vereinfachend davon ausgegangen, daß bei allen Produktionsverfahren die eingesetzten Vorleistungen innerhalb eines Zeitschrittes zu Endprodukten verarbeitet werden.

Eine weitere Vereinfachung kann erreicht werden, wenn man die Konsumnachfrage konstant läßt[1]. Vorbereitend auf das später beschriebene Simulationsmodell wird jedoch die Konsumnachfrage als zeitabhängig betrachtet, was entschieden realitätsnäher ist[2]. Durch die exogene Vorgabe der Konsumnachfrage pro Kopf der Bevölkerung und Ankopplung an ein Bevölkerungsmodell können dann später der Einfluß der Bevölkerungsdynamik einerseits und alternative Szenarien über die Entwicklung der Konsumnachfrage andererseits ausgewertet werden.

Während die Güter, die für die Konsumnachfrage produziert werden, nach ihrer Fertigstellung im Modell nicht mehr berücksichtigt werden, müssen die Investitionen den sektoralen Kapitalstöcken K_{ij} (t) zugeschlagen werden. K_{ij} (t) bezeichnet den Kapitalstock des Sektors j an Gütern des Sektors i zum Zeitpunkt t.

Berücksichtigt man die Kapitalabgänge bzw. Verschrottungen D_{ij} (t) der Kapitalgüter aufgrund ihres Alters, so gilt:

$$\Delta K_{ij}(t) = K_{ij}(t+1) - K_{ij}(t) = I_{ij}(t) - D_{ij}(t)$$

$$\forall \quad i,j \in \{1,\ldots,n\} \qquad (3.24)$$

---

1) Diese Annahmen treffen z.B. H.J. Jaksch: Beiträge zur Theorie der Wirtschaftsplanung, Dissertation, Frankfurt/M. 1958, S. 65ff

M. Morishima: Prices, Interest and Profits in a dynamic Leontief System, Econometrica 26 (1958) S. 375 und

R.M. Solow: On the Structure of Linear Models, Econometrica 20, (1952), S. 34f

2) vgl. auch J. Schumann: Input-Output-Analyse, a.a.O., S. 167f

Es wird nun die Hypothese, daß eine Erhöhung der Produktion nur durch vorherige Erhöhung des Produktionskapitals möglich ist, daß die Abschreibungen stets ersetzt werden und daß das Produktionskapital stets voll ausgelastet wird[1], angenommen. Unter der Vollauslastungshypothese können Kapitalkoeffizienten als Proportionalitätsfaktoren zwischen Produktion und Kapitalstock eingeführt werden[2].

$$Z_j\ (t) = \frac{1}{q_{ij}\ (t)} * K_{ij}\ (t) \tag{3.25}$$

Entsprechend dem technologischen Wandel und Veränderungen der Produktpalette des betreffenden Sektors sind die q_{ij} natürlich zeitabhängig[3].

Da der Veränderung der Produktion die Veränderung der Produktionskapazitäten vorausgehen soll, muß der Kapitalstock bereits im Zeitintervall t so verändert werden, daß in der Periode t+1 die Produktion Z_i (t+1) mit den Kapitalkoeffizienten q_{ij} (t+1) erzeugt werden kann. Es soll also:

---

1) Diese Hypothese wurde ursprünglich behandelt von:
D. Hawkins: Some Conditions ..., a.a.O., S. 309ff
I.L. Holley: A dynamic Model, a.a.O., S. 616ff und S. 298ff
R.M. Solow: Competitive Valuation in a dynamic Input-Output-System, Econometrica 27 (1959), S. 30ff
M. Morishima: Equilibrium, Stability and Growth, Oxford 1964, S. 54 sowie in abgewandelter Form von
H.J. Jaksch: Eine Typisierung dynamischer Input-Output-Modelle, Zeitschrift für Nationalökonomie 24 (1964), S. 404f.
Sie wird darüberhinaus von J. Schumann: Input-Output-Analyse, a.a.O., S. 168 diskutiert.

2) Im später beschriebenen Simulationsmodell werden Proportionalitäten zwischen Bruttowertschöpfung und Kapitalstock verwendet. Diese Abwandlung ist aber auf gleiche Weise wie die obige Einführung von Kapitalkoeffizienten gerechtfertigt.

3) J. Schumann: Input-Output-Analyse, a.a.O., S. 168f, geht im Gegensatz hierzu von konstanten Kapitalkoeffizienten aus. Dies ist sicher bei kurzen Zeiträumen vertretbar, nicht jedoch bei Betrachtungen die sich über mehr als z.B. 10 Jahre erstrecken.

$$q_{ij}(t+1) * Z_j(t+1) = K_{ij}(t+1) \quad \forall\, i,j \in \{1,\dots,n\} \tag{3.26}$$

gelten. Zusammen mit (3.24) wird daraus:

$$q_{ij}(t+1) * Z_j(t+1) - q_{ij}(t) * Z_j(t) =$$

$$K_{ij}(t+1) - K_{ij}(t) = I_{ij}(t) - D_{ij}(t) \tag{3.27}$$

Setzt man weiter:

$$\Delta q_{ij}(t) = q_{ij}(t+1) - q_{ij}(t) \tag{3.28}$$

so erhält man die Investitionsfunktion zu:

$$\begin{aligned} I_{ij}(t) = D_{ij}(t) + q_{ij}(t) * (Z_j(t+1) - Z_j(t)) \\ + \Delta q_{ij}(t) * Z_j(t+1) \end{aligned} \tag{3.29}$$

Mit (3.21), (3.23) und (3.29) ist das dynamische Input-Output-Modell beschrieben. Setzt man (3.29) in (3.21) ein, so erhält man ein Differenzengleichungssystem für die n Produktionsentwicklungen. In Matrixschreibweise gilt:

$$\begin{aligned} \overline{\overline{Q(t+1)}} * \overline{Z(t+1)} = (\overline{\overline{E}} - \overline{\overline{A(t)}} + \overline{\overline{Q(t)}}) * \overline{Z(t)} \\ - \overline{\overline{D(t)}} * \overline{1} - \overline{C(t)} \end{aligned} \tag{3.30}$$

Sind die Abschreibungen in den laufenden Inputs enthalten und vernachlässigt man die Zeitabhängigkeit der vertikalen Koeffizienten und der Kapitalkoeffizienten, so erhält man ein vereinfachtes System, das als Leontiefsches dynamisches Input-Output-Mengenmodell bekannt ist[1].

---

1) vgl. z.B.: Erstveröffentlichung: W. Leontief: Dynamic Analysis, a.a.O., S.53ff
sowie: A. Chiang: Fundamental Methods ... a.a.O., S. 617f
J. Schumann: Input-Output-Analyse, a.a.O., S. 168f

Dieser Ansatz des dynamischen Input-Output-Modells liefert bei theoretischer Behandlung zufriedenstellende Ergebnisse, so einen Pfad proportionalen Produktionswachstums aller Sektoren mit konstanter Wachstumsrate (balanced growth) unter Vollauslastung des Kapitalstocks. Kritik und Zweifel beruhen aber darauf, daß "ein solcher 'Leontiefscher Wachstumspfad' sich in allen empirischen Anwendungsversuchen jedoch als instabil erwies mit der Konsequenz, daß ökonomisch unzulässige Entwicklungspfade zu negativen Produktionsmengen resultieren"[1].

Im Grunde liegt dies an der Vollauslastungs- bzw. Gleichgewichtshypothese und der Einsetzung von (3.29) in (3.21). Die Gleichung (3.29) stellt nämlich keine eigentliche Investitionsfunktion dar, sondern erfüllt gewissermaßen eine Residualfunktion. Der Rest der nicht konsumierten Güter wird investiert. Die Produktion der nächsten Periode entspricht dann der erfolgten Kapazitätserweiterung. Anders ausgedrückt: (3.29) dient dazu, denjenigen Produktionsvektor $\overline{Z(t+1)}$ zu bestimmen, für dessen Realisierung gerade diejenigen Investitionen gebraucht werden, die in der Periode t zusammen mit den laufenden Inputs und dem Konsumanteil genau zu einer Vollauslastung der Produktionskapazitäten führen[2].

Abhängig von den Startwerten $\overline{(Z(t))}$ und den Nebenbedingungen $\overline{(C(t)}$, $\overline{\overline{Q(t)}}$, $\overline{\overline{A(t)}}$, $\overline{\overline{D(t))}}$ neigt das Gleichungssystem dann zu exponentiellem Produktionswachstum oder -Rückgang[3].

---

1) U. Meyer, J. Schumann: Ansätze zur Weiterentwicklung des dynamischen Input-Output-Modells, Diskussionspapier zur Arbeitstagung 1977 des Vereins für Sozialpolitik, S. 1

2) vgl. ebenda, S. 5

3) Die allgemeine Lösung des vereinfachten Systems ist dementsprechend eine Exponentialfunktion, vgl. ebenda, S. 5

Der theoretisch mögliche Pfad proportionalen Gleichgewichtswachstums kann als ein Wachstum 'auf des Messers Schneide' bezeichnet werden: "Jede Abweichung vom Gleichgewichtspfad führt immer weiter weg vom Gleichgewichtspfad und sogar zu negativen Produktionsmengen"[1]. Man kann dieses Verhalten auch als Folge des im Modell enthaltenen Akzeleratorprinzips interpretieren, denn die zur Investition verwendete Produktion ermöglicht in der Folgeperiode eine höhere Gesamtproduktion, so daß bei dieser erhöhten Produktion ggf. ein darin enthaltener Investitionszuwachs bereitgestellt wird.

Nach einer anderen Hypothese zur Erklärung der Investitionen wird keine Vollauslastung unterstellt, sondern angenommen,daß durch zeitweise Überauslastung der Kapitalbestände eine höhere Produktion erzielt werden kann. Die Anpassung der Produktionskapazitäten erfolgt dann parallel bzw. erst nach einer Steigerung der Nachfrage[2].

Dorfman, Samuelson und Solow kritisieren am Leontiefschen Ansatz die Konstanz der Produktionskoeffizienten bzw. die Vollauslastungshypothese, weil dadurch alle Optimierungsprobleme vermieden werden[3] und weiterhin die strikte Gleichheit von Angebot und Nachfrage bei der Produktion, die zu einer kausalen Unbestimmtheit und Unvollständigkeit führt[4]. Sie schlagen da-

1) ebenda S. 7

2) Diese Hypothese wird behandelt von:
J. Schumann: Input-Output-Analyse, a.a.O., S. 170f

Z. Wurtele: A note on some stability properties in Leontief's dynamic models, Econometrica 27 (1959), S. 672

W. Krelle: Volkswirtschaftliche Gesamtrechnung einschließlich Input-Output-Analyse mit Zahlen für die Bundesrepublik Deutschland, Berlin 1959, S. 126ff

A.P. Carter in T. Barna (Hrsg.): Structural interdependence and economic development. Proceedings of an International Conference on Input-Output-Analysis, (Genf 1961),London 1963, S. 277

sowie in ähnlicher Form von H.J. Jaksch: Eine Typisierung ...., a.a.O., S. 407f

3) R. Dorfman, P. Samuelson, R. Solow: Linear Programming .... a.a.O., S. 286 und S. 297ff

4) ebenda S. 298

her vor, (3.21) als Ungleichung aufzufassen und die Kapitalstöcke lediglich zur Beschränkung der Produktion nach oben hin zu verwenden. So können negative Produktionsmengen, die in einem Zahlenbeispiel des Leontiefschen Ansatzes auftreten, vermieden werden[1].

In dem nachfolgend beschriebenen Simulationsmodell wird einem anderen Weg gefolgt. Zunächst gilt wieder (3.21). Für das Startjahr werden die Investitionen vorgegeben. Grundsätzlich wird mit Normalauslastung produziert. Eine zusätzliche Produktion durch Kapitalüberauslastung, wie in der zweiten Hypothese wird zugelassen. Weiterhin werden zwei Integrale eingeführt, die als Lager interpretiert werden können. Eines dient zur Akkumulation von Produktionsüberschüssen und eines für Nachfrageüberhänge[2]. Die Produktion beginnt dann im Startjahr unter Normalauslastung. Etwa auftretende Angebotsüberschüsse oder Nachfrageüberhänge werden in die Integrale abgeschoben. Die Investitionen des nächsten Zeitschrittes bestehen dann aus

- den Reininvestitionen, $D_{ij}(t)$ (vgl. 3.29)
- den Investitionen in Zusammenhang mit Änderungen der Kapitalkoeffizienten (vgl. 3.29)
- den Investitionen aufgrund von Nachfrageüberhängen der Vorperioden und
- den Desinvestitionen aufgrund von Angebotsüberschüssen der Vorperioden.

Die Kapitalbestände werden dabei so angepaßt, daß im nächsten Zeitschritt möglichst keine Nachfrageüberhänge bzw. Angebotsüberschüsse auftreten[3]. Eine detaillierte Beschreibung dieses Ansatzes für die Investitionsfunktion wird bei der Beschreibung des Simulationsmodells gegeben.

---

1) ebenda, S. 298

2) Die bei der Lagerung von Dienstleistungen auftretenden Probleme werden gesondert behandelt. Die Unmöglichkeit der Lagerung im Leontiefschen Modell kritisiert H.J. Jaksch: Eine Typisierung ...., a.a.O., S. 408 und S. 411

3) Vergleicht man die vorherigen Ansätze mit diesen, so könnte man sie mit einem Fahrzeug vergleichen, welches in unserem Fall einen Frontantrieb und bei den vorherigen Ansätzen einen Heckantrieb besitzt.

4. Realisierung der theoretischen Überlegungen - Konstruktion eines Wirtschaftsmodells

4.1. Konkretisierung der Bedingungen für das Wirtschaftsmodell

In 2.3 wurde bereits beschrieben, daß der Bereich der nächsten 25 Jahre für die Anwendung eines Modells von besonderem Interesse ist und daß ein offenes disaggregiertes Modell geeignet ist die dort formulierten Ziele und Aufgaben zu bearbeiten. Nachdem die Theorie der Input-Output-Modelle aufgearbeitet wiedergegeben wurde, kann nun das Modell weiter konkretisiert und dann bis ins Detail realisiert werden. Zunächst wird festgelegt:

- End- und Startzeitpunkt der Simulation
- Grad und Art der Disaggregierung
- treibende Faktoren des Modells ("Philosophie" des Modells)
- Rechnung in realen oder nominalen Größen

Als Endzeitpunkt der Simulation wird das Jahr 2000 festgesetzt. Der Projektionszeitraum beträgt damit zwar nur 22 Jahre wird aber variabel gehalten, so daß spätere Verlängerungen möglich sind, falls sich die in 2.3 genannten Problemkreise in diesem Zeitraum noch nicht genügend behandeln lassen.

Bezüglich des Startzeitpunktes bieten sich grundsätzlich zwei Vorgehensweisen an:

- Eine Möglichkeit besteht darin, das Modell an einem Zeitraum der Vergangenheit zu testen und dann für den Projektionszeitraum etwa im Jahre 1975, wenn für diesen Zeitpunkt alle benötigten Startwerte aus den amtlichen Erhebungen vorhanden sind, neu zu starten.
- Andererseits ist es möglich, zu einem Zeitpunkt der Vergangenheit zu starten und dann die Simulation über die Gegenwart hinweg direkt bis zum Jahr 2000 laufen zu lassen.

Der erste Weg hat den Vorteil, nicht bei jeder Simulation die Vergangenheit mitschleppen zu müssen und damit einer erheblichen Rechenzeitverkürzung mit all ihren positiven Konsequenzen. Wir wählen dennoch den zweiten, denn erfahrungsgemäß zeigen hochgradig dynamische Modelle meist für die ersten Simulationszeitschritte ein modellbedingtes Anfangsverhalten, welches seine Ursachen darin hat, daß z.B. 2. Differenzen nur geschätzt als Startwerte eingegeben werden oder daß Integralwerte erst aufgebaut werden müssen. Dieses Anfangsverhalten kann bei einem Startzeitpunkt nahe der Gegenwart nicht kontrolliert werden, weil die Daten für einen Vergleich mit der Realität fehlen. Ein weiteres Problem liegt darin, daß wichtige Anfangsdaten wie z.B. Input-Output-Tabellen für einen gegenwärtigen Zeitpunkt fehlen und daher ein Start unter konsistenten Bedingungen nicht gewährleistet ist. Ein Nachteil des zweiten Weges ist allerdings, daß der Gegenwartszeitpunkt bereits mit dem kumulierten Fehler der Vergangenheitssimulation behaftet ist. Da aber bei einem ausgesprochenen Langfristmodell die wesentliche Aussage der Ergebnisse im qualitativen Verlauf und nicht in der exakten absoluten Höhe liegt, wird dieser Fehler hingenommen[1)].

Für den Startzeitpunkt wird das Jahr 1962 gewählt, denn einerseits gibt es für diesen Zeitpunkt nahezu alle benötigten Daten, insbesondere die Input-Output-Tabellen, und andererseits sind die Anpassungsprobleme der Nachkriegszeit wie niedrige Kapazitätsauslastung der Industrie und Aufbau überwunden. Ferner ergibt sich mit etwa 15 Jahren ein ausreichender Zeitraum für den Test des Modells durch Vergleich der Ergebnisse mit den Daten[2)].

Die zweite Konkretisierung betrifft die Disaggregierung des Modells. In der Feinheit sind hier zunächst durch das vorhandene Datenmaterial Grenzen gesetzt.

---

1) Wie an vielen Stellen der Prognose gilt auch hier: It is better to be vaguely right than to be precisely wrong, zitiert nach H. Giersch: Allgemeine ..., a.a.O., S. 40

2) Aus ähnlichen Gründen hat G. Lehmann für sein SD-Modell den Zeitraum 1960-2000 als Simulationszeitraum gewählt, G. Lehmann: Wirtschaftswachstum ..., a.a.O., S. 27f

Einer Feingliederung in 56 Sektoren, die aufgrund der dafür vorhandenen Input-Output-Matrixen möglich wäre, stehen praxisbedingte Nachteile entgegen:

- Alle Szenariowerte müssen ebenfalls für die 56 Sektoren ermittelt werden. Dies bereitet insbesondere in relativ kleinen Sektoren, in denen es nur wenige Unternehmen gibt wie z.B. "Kali- und Steinsalzbergbau", Schwierigkeiten.
- Der Unterschied zwischen großen und kleinen Sektoren wird zu groß. Z.B. ist der Bruttoproduktionswert des Sektors "Staat" im Jahre 1966 knapp 500-fach größer als der des Sektors "restlicher Bergbau". Derartige Unterschiede würden bei einer Simulation unter Umständen zu unplausiblen Ergebnissen bei den kleinen Sektoren führen. (Das "Rauschen" der großen Sektoren führt zu enormen Fehlern bei den kleinen Sektoren)
- Die Rechenzeit für die Simulation steigt überproportional mit der Zahl der Sektoren, so daß man aus diesem Grunde so wenig Sektoren wie möglich fordern sollte.

Um wie bereits erwähnt die Strukturwandlungen in ihren Auswirkungen z.B. auf die Arbeitsnachfrage untersuchen zu können, ist jedoch eine Gliederung, die über die klassischen vier Sektoren erheblich hinausgeht, vonnöten. Obwohl sie einige Schwächen zeigt, wird die in Tabelle 1 beschriebene Einteilung in 19 Sektoren gewählt[1].

Neben der Festlegung des Simulationszeitraums und Beschaffenheit der verschiedenen Wirtschaftssektoren muß die Grundstruktur, d.h. die "Philosophie" des Modells bestimmt werden. Je nachdem, ob man das Schwergewicht der dominierenden Faktoren auf das zukünftige Angebot oder die zukünftige Nachfrage

1) Trotz der Aggregation sind die Sektoren "Bergbau" sowie "Steine & Erden" noch erheblich kleiner als die großen Sektoren. Der Sektor "Maschinenbau" ist als Aggregat der DIW-Sektoren "Maschinenbau", "Elektrotechnik" und "optische Industrie" relativ inhomogen.

Nr. d. Sektors	Bezeichnung	DIW-Sektoren	Nr. der NACE-CLIO Systematik
1	Landwirtschaft	1	010,030
2	Energie	2,3,4,7,15	161,162,163,110,120,130,140
3	Bergbau	5,6,8	211. T.a. 230,212, T.a. 230
4	Steine & Erden	9,28,29	241,242,247
5	Nahrungsmittel	38,39,40,41,42,43	416,411,420,424,429,412,413,414,421,422,423
6	Textilindustrie	36	431,432
7	Bekleidungsindustrie	35,37	441,442,451, T.a. 672,436,453, T.a. 490
8	Holz,Papier,Druck	17,18,30,31,32,33	461,471,467, T.a. 490, T.a. 672,472,473
9	Chemie	14,16,34	252,253,254,257,481,483
10	Metallerzeugung	10,11,12,13	221,222, T.a. 312,311,224,
11	Metallverarbeitung	19,26,27	T.a. 312,362, T.a. 320
12	Fahrzeugbau	21,22,23	350,363, T.a. 490,671,364,361
13	Maschinenbau	20,24,25	T.a. 320,330, T.a. 672,340,370
14	Baugewerbe	45	501,502, T.a. 620
15	Handel	46,47	T.a. 620,640
16	Transport	48,49,50,51	710,730,740,760,720,750,790
17	Wohnungen	53	850
18	Staat	55	930A,940A,950A,960A
19	sonst. Dienstl.	52,54,56	810,820,660,840,930B,930C,940B,940C,950B,950C, 960B,960C,990D

Tabelle 1: Sektoren des Wirtschaftsmodells
(T.a. = Teilweise aus)

legt, ergeben sich unterschiedliche Modellkonzeptionen. Ein Grenzfall in diesem Spektrum möglicher Modelle ist das reine Angebotsmodell, in dem sich die Produktion aus der Verfügbarkeit der Produktionsfaktoren ergibt und bei dem unterstellt wird, daß die Nachfrage die Produktion absorbiert.

Der andere Grenzfall ist ein rein nachfrageorientiertes Modell, in dem die Nachfrage exogen aus sozio-ökonomischen Größen, wie Bevölkerungsentwicklung, Versorgungsgraden und Einkommensstrukturen, vorgegeben wird. Dabei wird unterstellt, daß die für die Nachfragebefriedigung erforderliche Produktion mit den verfügbaren Produktionsfaktoren bereitgestellt werden kann.

In dem hier vorgelegten Wirtschaftsmodell wird ein Mittelweg zwischen diesen beiden extremen Alternativen eingeschlagen. Das Modell wird weitgehend von der Nachfrage nach Sachgütern und Dienstleistungen "angetrieben". Die jährlichen Wachstumsimpulse ergeben sich aus der Vergrößerung der Nachfragekomponenten. Dazu werden Szenarien über die Entwicklung der Nachfragekomponenten privater Konsum, Staatskonsum und Exporte erarbeitet. Die Investitionsnachfrage wird dagegen endogen im Modell berechnet. Die Importe schließlich werden auf zweierlei Art berechnet. Soweit es sich um Vorleistungsimporte handelt, werden sie durch die Vorleistungsbezüge der einzelnen Sektoren bestimmt. Importe zur Befriedigung der Endnachfrage werden als Anteil der Endnachfragekomponenten teilendogenisiert berechnet.

Dieser die Nachfrageentwicklung betonende Ansatz wurde aus mehreren Gründen gewählt. Seit einigen Jahren beobachtet man, daß die Produktion mühelos ein größeres Angebot an Gütern auf den Markt bringen könnte, dieses aber von der Nachfrage nicht mehr abgenommen wird. Außer konjunkturellen Gründen tragen auch einige langfristige Ursachen zu dieser Entwicklung bei:

- Im Inland geht die Bevölkerung zurück.
- Der Ausstattungsgrad der privaten Haushalte mit langlebigen Konsumgütern hat in einigen Fällen ein Niveau erreicht, bei

dem die Nachfrage nicht mehr wie in der Vergangenheit steigt.

- Die Zunahme der Auslandsnachfrage ist durch die ständigen Aufwertungen der DM gebremst.

Aus diesen Gründen spricht manches dafür, daß die wachstumsbegrenzenden Faktoren künftig eher auf der Nachfrageseite des Bruttosozialprodukts zu finden sein werden, so daß der hier gewählte Ansatz gerechtfertigt ist. Darüberhinaus können durch die Wahl von Szenarios für verschiedene Endnachfragekomponenten die Auswirkungen von Sättigungstendenzen bei der inländischen Nachfrage erfaßt werden. Weiterhin lassen sich Veränderungen bei der Export- und Importentwicklung, die z.B. durch veränderte Wettbewerbsfähigkeit auf dem Weltmarkt oder durch gezielten Technologietransfer ausgelöst werden, beobachten.

Bei der Frage nach der Grundstruktur des Modells muß auch das Problem der Berücksichtigung von Preisveränderungen behandelt werden. Eine Simulation der Preisveränderungen setzt das Vorhandensein einer Preistheorie voraus, die für den gesamten Simulationszeitraum (38 Jahre) zutrifft. Darüberhinaus würde ein solcher Versuch die Simulation des gesamten monetären Sektors mit seiner ihm eigenen Dynamik und den Wechselkursrelationen erfordern. Ferner müßten die Eingriffsmöglichkeiten des Staates und der Bundesbank berücksichtigt werden. Selbst wenn es eine geeignete Theorie gäbe, würden hierdurch derartig viele neue exogene Parameter und damit auch Freiheitsgrade in das Modell kommen, daß sich das Problem größtenteils auf die Festlegung dieser neuen exogenen Parameter verlagert.

Aus diesen Gründen schien es am geeignetsten, das Modell als ein Realmodell zu konzipieren. Es wird in konstanten Preisen von 1962 gerechnet.

Der Entschluß, in konstanten Preisen zu rechnen, hat daneben einen immensen Vorteil. Preisänderungen lassen nämlich die echten Mengenflüsse von Faktoreinsätzen durch die Wirtschaft nicht mehr erkennen. Bei konstanten Preisen dagegen besteht die Möglichkeit, durch ein nachgeschaltetes Modell die in Geldwerten gemessenen Flüsse in physikalische Mengeneinheiten umzurechnen. So kann die Entwicklung des Bedarfs an den verschiedenen Primärenergieträgern und den verschiedenen Rohstoffen bis zum Jahre 2000 in Abhängigkeit von den verschiedenen simulierten Wirtschaftsentwicklungen berechnet werden.

Der Einwand liegt nahe, daß unterschiedliche Preissteigerungsraten in den verschiedenen Sektoren zu Veränderungen der Nachfragestruktur führen und daß diese Änderungen in einem Realmodell nicht abgebildet werden können. Da jedoch in konstanten Preisen gerechnet wird, sind Änderungen der nominalen Nachfragestruktur nicht ausgeschlossen. Das Problem reduziert sich also auf die Frage, ob sich durch Änderungen der relativen Preise eine mengenmäßige Verschiebung der Nachfrage von einem in einen anderen Sektor ergibt. Derartige Verschiebungen werden aus den folgenden Gründen als gering angesehen:

Zum einen sind die Sektoren genügend hoch aggregiert, daß sich die Substitutionsvorgänge weitgehend in den Sektoren abspielen. Betrachtet man z.B. den privaten Konsum, der die entscheidende Nachfragegröße ist, "so sind vermutlich kaum Substitutionsbeziehungen zwischen Nahrungsmittel- und Bekleidungsindustrie oder Möbel- (hier Sektor Holz, Papier, Druck, Anm. d. Verf.) und Maschinenbauindustrie anzunehmen, wohl aber zwischen einzelnen Nahrungsmitteln, Bekleidungsgütern usw."[1]. Ähnliches gilt für industrielle Vorleistungsbezüge. Da die verschiedenen Energieträger im Sektor Energie zusammengefaßt sind, haben mögliche zukünftige Änderungen in den Preisrelationen der verschiedenen Energieträger, die wohl am ehesten zu Substitutionsänderungen führen könnten,

---

1) E. Görgens: Wandlungen der industriellen Produktionsstruktur im wirtschaftlichen Wachstum, Bern 1975, S. 77

keine Auswirkungen auf die Wachstumsstruktur der verwendeten 19 Sektoren. Darüberhinaus sind viele andere Substitutionsvorgänge wie z.B. Stahl durch Kunststoff, stark technologieabhängig (insbesondere Fertigungstechnologie).

Der andere Grund liegt darin, daß die Preisveränderungen allenfalls eine und nicht einmal die entscheidende Erklärung für Änderungen der Nachfragestruktur sind. So geht Friedman in der "permanent income hypothesis" davon aus, daß das langfristig als dauerhaft erwartete Einkommen den dauerhaft geplanten Konsum bestimmt; dabei sind kurzfristig Abweichungen konjunkturell, psychologisch oder anderweitig bedingt möglich[1]. Duesenberry's "relative income hypothesis" betont dagegen die Ausrichtung des privaten Konsums an demjenigen anderer sozialer Gruppen[2]. Görgens schließlich kommt bei seinen Untersuchungen über Einkommens- und Preiselastizitäten der privaten Konsumnachfrage nach Gütern verschiedener Sektoren zu dem Ergebnis, daß eine Parallelität zwischen Einkommens- und Preiselastizität der Nachfrage besteht und relative Preisänderungen die einkommensabhängigen Nachfrageänderungen verstärken und in gewissen Fällen modifizieren können. "Langfristig vermögen sie jedoch nicht, diese zu kompensieren oder sogar ihre Richtung zu verändern"[3].

Nachdem nun die Grundzüge des Wirtschaftsmodells festgelegt sind, kann mit einer Ausarbeitung der Details begonnen werden. Zunächst wird eine grobe Übersicht über die Modellstruktur gegeben.

---

1) M. Friedman: A Theory of Consumption Function, Princeton 1957

2) J.S. Duesenberry: Income, Saving and the Theory of Consumer Behavior, Cambridge (Mass.) 1949

3) E. Görgens: Wandlungen .... a.a.O., S. 83

4.2. Übersicht über die Struktur des Wirtschaftsmodells

Das Wirtschaftsmodell läßt sich grob in drei Bereiche untergliedern:

- Angebotsermittlung
- Nachfrageermittlung
- Ausgleichsmechanismus

Insgesamt besteht es aus 13 Submodellen, deren Verkopplung in Abbildung 2 dargestellt ist. Die Beschreibung des Modells erfolgt zunächst anhand einiger weniger ausgewählter Variablen, die entsprechend dem Modellaufbau in der Abbildung aufgeführt sind. Jeder einzelne Wirtschaftssektor hat Güter für die Endnachfrage FDD und für Vorleistungen an andere Sektoren bereitzustellen. Um diese Nachfrage befriedigen zu können, muß jeder Sektor einen bestimmten Bruttoproduktionswert Z erstellen. Damit ist gleichzeitig nach Abzug der Vorleistungsbezüge dieses Sektors von den anderen Sektoren die von diesem Sektor zu erbringende Wertschöpfung V bestimmt. Die Produktionsmöglichkeiten jedes Sektors sind durch den zur Verfügung stehenden Kapitalstock SK und die verfügbaren Arbeitskräfte begrenzt. Angebot FDS und Nachfrage werden in der Regel nicht übereinstimmen, so daß eine Lücke ("Gap") entsteht, die ausgeglichen werden muß.

Der Ausgleich von Angebot und Nachfrage erfolgt mittelfristig über eine Steuerung der Investitionen durch die aktuelle Marktsituation. Die jeweilige Marktlage gibt dem Investor die Zielrichtung für sein Investitionsverhalten in der Folgeperiode an. Übertrifft die Nachfrage das Angebot, muß er mehr investieren, im umgekehrten Fall, wird er seine Investitionen einschränken oder ganz einstellen. Da die investierenden Sektoren im Normalfall Investitionsgüter nicht selbst produzieren, müssen die Investitionspläne der investierenden Sektoren über eine Investitionsflußstrukturmatrix in Investitionen nach lieferndem Sektor IO umgerechnet werden. Die zur völligen Schließung einer vorhandenen Lücke notwendigen Investitionen können unter Umständen nicht in einem Jahr geleistet werden, d.h. die Investoren können gegebenenfalls nur einen Schritt in die "richtige" Richtung tun.

In jedem Zeitschritt beginnt die Simulation im Kapitalstockmodell. Die getätigten Investitionen DI erhöhen den Kapitalstock, dessen aktuelle Höhe sich aus dem Kapitalstock des Vorjahres, aus den Investitionen und aus den Abgängen AB vom vorhandenen Produktionspotential ergibt.

Mit dem aktuellen Kapitalstock wird eine erste Berechnung des Angebotes mit einer Leontief-Walrasschen-Produktionsfunktion durchgeführt. Die für diese Produktion benötigten Vorleistungsimporte DEL werden im Vorleistungsimportmodell aus den Bruttoproduktionswerten Z berechnet. Da die erste Berechnung des Angebotes von einer Normalauslastung des Kapitalstocks ausgeht, kann im nachgeschalteten Kapitalüberauslastungsmodell ein zusätzliches Angebot berechnet werden, welches durch eine Überauslastung des Kapitalstocks erzeugt werden kann. Inwieweit dieses zusätzliche Angebot später wirklich benötigt wird, entscheidet sich erst im Modell Ausgleich Angebot-Nachfrage. Damit ist die Angebotsermittlung abgeschlossen.

Die Nachfrageermittlung beginnt mit der Aufstellung der sektoralen Exportnachfrage, des Staatskonsums und der privaten Konsumnachfrage in absoluten Werten. Ein Teil des Staatskonsums und der privaten Konsumnachfrage wird durch Endnachfrageimporte abgedeckt. Die Investitionsnachfrage schließlich wird im Investitionsnachfragemodell ermittelt. Sie wird für das Startjahr der Simulation fest vorgegeben. Für die nachfolgenden Simulationsschritte wird die Investitionachfrage u. a. durch das Gap-Modell bestimmt. Nach Umrechnung der Investitionen nach investierenden Sektor in Investitionen nach Herkunftssektor wird auch hier ein Teil der Nachfrage durch Endnachfrageimporte abgedeckt. Die Addition der sektoralen Werte der Endnachfragekomponenten ergibt nun nach Abzug der Endnachfrageimporte die gesamte auf inländische Produktionsmittel gerichtete Nachfrage FDD. Diese Gesamtnachfrage (domestic) wird nun im Ausgleichsmechanismus dem aus der Angebotsermittlung stammenden Angebot gegenüber-

ABB. 2 : **Wirtschaftsmodell-Übersicht**

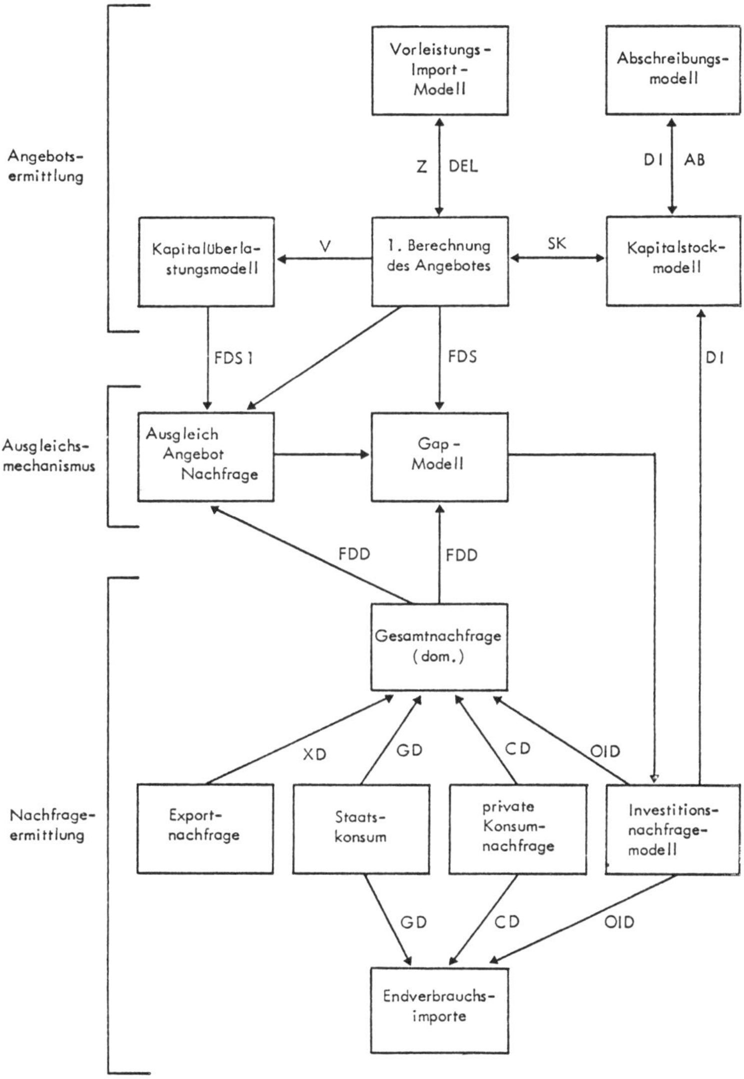

gestellt. Im Gap-Modell werden die sich im Normalfall ergebenden Lücken zwischen Angebot und Nachfrage für die Bestimmung der Investitionen ausgewertet. Im Submodell Ausgleich-Angebot-Nachfrage wird versucht, Angebot und Nachfrage aufeinander abzustimmen. Der Ausgleich erfolgt unter Aufbau und Abbau von Lagerbeständen und unter Hinzuziehung des im Kapitalüberauslastungsmodell ermittelten möglichen zusätzlichen Angebotes.

4.3. Die Berechnung der sektoralen Kapitalstöcke

4.3.1. Kapitalbegriff und Schätzmethode

Unter Kapital wird das Sachkapital, d.h. die Summe derjenigen irgendwann früher investierten Güter, welche zum betrachteten Zeitpunkt noch im produktiven Einsatz sind, verstanden. "Es umfaßt damit alle dauerhaften reproduzierbaren Produktionsmittel, mit Ausnahme dauerhafter militärischer Güter und dauerhafter Güter der privaten Haushalte.

Wohngebäude zählen auch dann zum Anlagevermögen, wenn sie sich im Eigentum von privaten Haushalten befinden. Als dauerhaft gelten diejenigen Produktionsmittel, deren Nutzungsdauer mehr als ein Jahr beträgt"[1].

Aus dieser Definition folgt, daß unter der Lebensdauer einer Investition die technische Lebensdauer zu verstehen ist und nicht diejenige, die sich aus der bilanzmäßigen Abschreibung unter steuerlichen und anderen Gesichtspunkten ergibt.

Für die Schätzung des sektoralen Kapitalstocks wird die perpetual-inventory-method verwendet. Es wird also die Hypothese zugrunde gelegt, daß der sektorale Kapitalstock durch eine Akkumulierung der sektoralen Investitionen[2] und eine Berechnung der Kapitalabgänge mit einer approximierten quasi-logistischen Überlebensfunktion geschätzt werden kann. Dieses Verfahren wurde 1951 erstmalig von Goldsmith[3] für die makroökonomi-

---

1) H. Lützel: Das reproduzierbare Anlagevermögen in Preisen von 1962, Wirtschaft und Statistik 1971 (10), S. 593

2) Wenn hier und im folgenden von Investitionen gesprochen wird, sind stets Bruttoanlageinvestitionen gemeint.

3) R.W. Goldsmith: A Perpetual Inventory of National Wealth, in: Studies in Income and Wealth, Vol. 14, New York 1951

Goldsmith führt daneben noch die folgenden Erhebungsmethoden an:

sche empirische Forschung angewendet; später folgten Hoffmann[1], das DIW[2] und das Statistische Bundesamt[3].

Der sektorale Kapitalstock zum Zeitpunkt t ist gleich der Summe der vorangegangenen Investitionen vermindert um die Summe derjenigen Investitionen, die aufgrund ihrer Lebensdauer nicht mehr im produktiven Einsatz sind. Mathematisch bedeutet dies:

$$K_i(t) = \int_{-\infty}^{t} I_i(\tau) - D_i(\tau)\, d\tau \qquad i \in \{1, \ldots, 19\} \qquad (4.1)$$

mit $K_i(t)$ = sektoraler Kapitalstock des Sektors i zum Zeitpunkt t

$I_i(\tau)$ = sektorale Investition des (investierenden) Sektors i in der Periode τ

$D_i(\tau)$ = Abgänge vom Kapitalstock des Sektors i in der Periode τ

Für die Zeitpunkte t und t-1 ergibt sich bei Aufspaltung des Integrals:

$$K_i(t) = \int_{-\infty}^{t-1} I_i(\tau) - D_i(\tau)\, d\tau + \int_{t-1}^{t} I_i(\tau) - D_i(\tau)\, d\tau$$

$$= K_i(t-1) + \int_{t-1}^{t} I_i(\tau)\, d\tau - \int_{t-1}^{t} D_i(\tau)\, d\tau \qquad (4.2)$$

Die Simulation läuft zeitlich diskret und nicht kontinuierlich ab, wobei ein Zeitschritt jeweils einem Jahr entspricht. Das Investitionsintegral wird damit zu den Investitionen des betreffenden Sektors in dem betreffenden Jahr $I_{i,t-1}$

---

1. amtlicher Zensus für alle vorhandenen Kapitalgüter
2. Hochrechnung von Bilanzwerten oder Teilerhebungen
3. Mengenindex der Leistungsfähigkeit der Kapitalgüter
4. Kumulation der Nettoersparnis

1) W.G. Hoffmann: Das Wachstum der deutschen Wirtschaft seit der Mitte des 19. Jahrhunderts, Springer-Verlag, Berlin 1965

2) F. Franzmeyer: Die aggregative Ermittlung des industriellen Anlagevermögens, DIW-Sonderheft 86, Berlin 1970

3) H. Lützel: ebenda

schlechthin; analog wird aus dem Integral der Kapitalabgänge der sektorale Kapitalabgang $D_{i,t-1}$ des Jahres t. Geht man auch beim Kapitalstock zur diskreten Schreibweise über, so ergibt sich aus (4.2) die Rekursionsformel für die Berechnung des sektoralen Kapitalstocks im Modell:

$$K_{i,t} = K_{i,t-1} + I_{i,t-1} - D_{i,t-1} \qquad (4.3)$$

Damit ist die Fortschreibung des Kapitalstocks in formal exakter Weise während der Simulation gesichert.

Bei Verwendung dieser Rekursionsformel im Simulationsmodell müssen die Anfangswerte für den sektoralen Kapitalstock und die sektoralen Investitionen bestimmt werden. Ferner werden Angaben über das zukünftige Ausscheiden der im Startkapitalstock enthaltenen Güter benötigt.

4.3.2. Erste Schätzung des sektoralen Kapitalstocks

Wenn die Startkapitalstöcke nach der perpetual-inventory-method mit der Rekursionsformel berechnet werden sollen, benötigt man

- lange Zeitreihen über die getätigten sektoralen Investitionen und
- Angaben über die Aufenthaltsdauer der Investitionsgüter im Kapitalstock, d.h. man braucht eine Überlebensfunktion für die Investitionen.

Um die Zeitreihen für die sektoralen Investitionen zu erhalten, wurde für den Zeitraum 1950-1975 zunächst für jedes Jahr eine sektorale Struktur der Investitionen nach investierendem Sektor berechnet. Diese sektorale Struktur wurde dann mit den gesamtwirtschaftlichen Anlageinvestitionen multipliziert.

Die gesamtwirtschaftlichen Investitionen wurden aus "Lange Reihen zur Wirtschaftsentwicklung 1974, Statistisches Bundesamt Wiesbaden, 1974, S. 152f" sowie entsprechend aus dem Band für 1976 entnommen. Für die Zeit 1950-1959 sind die Daten nur für das Bundesgebiet ohne Saarland und Berlin vorhanden. Sie wurden daher für das Bundesgebiet einschließlich Saarland und Berlin extrapoliert. Die Werte sind in der Summenspalte der Tabelle 2 wiedergegeben.

Die Berechnung der sektoralen Strukturen erfolgte zwischen den Stützstellen 1950,1954,1958,1962,1966 und 1972 durch Interpolation und anschließende Normierung auf 100%. Nach 1972 wurde die Struktur von 1972 konstant gelassen. Die Stützstellen ergaben sich aus folgendem Datenmaterial:

1. Für 1950,1954 und 1958:
   D. Mertens, W. Kirner: Input-Output-Rechnung: Investitionsverflechtung in der Bundesrepublik Deutschland 1950-1970 DIW Heft 1/1967. Die Input-Output-Tabellen in Preisen von 1962 aus dem Matrizenanhang wurden entsprechend dem Aggregationsschema von Tabelle 1 zusammengefaßt. Weiterhin wurde die Übersicht 5: Bruttoanlageinvestitionen nach investierenden Wirtschaftsbereichen 1960 bis 1966 bei der Interpolation zwischen 1958 und 1966 berücksichtigt.

2. Für 1962 und 1966:
   E.R. Baumgart: Revidierte Investitionsmatrizen für die Bundesrepublik Deutschland 1962 und 1966, in DIW Vierteljahresheft 1/1974. Für 1962 und 1966 wie unter 1. Die Matrix für 1966 war nur in nominalen Preisen vorhanden. Da aber nur die sektorale Struktur verwendet wird, kann der hierdurch entstandene Fehler vernachlässigt werden.

3. Für 1972:
   E. R. Baumgart: Investitionsmatrix für die Bundesrepublik Deutschland 1972 in DIW Vierteljahresheft 4/1976. Für 1972 wie unter 1. und 2., da die Tabelle ebenfalls nur in nominalen Preisen vorhanden war.

Mit diesem Material sind also für jeden der 19 Sektoren die Investitionen nach investierendem Sektor von 1950 bis 1975 in Preisen von 1962 vorhanden. Für diese Daten wurde der lineare und exponentielle Trend geschätzt. Aufgrund kausaler Überlegungen wurde für jeden Sektor der exponentielle Trend für eine rückwirkende Extrapolation der sektoralen Investitionen ausgewählt. Das Datenmaterial und die Trendparameter sind in den Tabellen 2 und 3 wiedergegeben.

Das zweite Problem betrifft die Überlebensfunktion. Die gebräuchlichsten Überlebensfunktionen sind:

- Die Rechteckfunktion: Ein Investitionsgut bleibt L Jahre in voller Höhe im Kapitalstock und scheidet dann aus.
- Die exponentielle Überlebensfunktion: Jedes Jahr scheidet der gleiche Prozentsatz bezogen auf die Ausgangsinvestition aus.
- Die lineare Überlebensfunktion: Jedes Jahr scheidet der gleiche Prozentsatz bezogen auf die Ausgangsinvestition aus.
- Die quasi-logistische Überlebensfunktion, vgl. Abb. 3.
- Die approximierte quasi-logistische Überlebensfunktion, vgl. Abb. 3[1].

Grundsätzlich wird den Überlegungen des DIW[2] und Statistischen Bundesamtes[3], die zur Wahl einer quasi-logistischen Überlebensfunktion führen, gefolgt. Für die Berechnungen werden jedoch approximierte quasi-logistische Überlebensfunktionen aus Gründen der Rechenzeiteinsparung und besseren Handhabung verwendet[4].

______

1) Eine ausführliche Diskussion der Überlebensfunktionen findet sich in W. Kirner: Zeitreihen für das Anlagevermögen der Wirtschaftsbereiche in der Bundesrepublik Deutschland, DIW-Beiträge zur Strukturforschung, Heft 5/1968, S. 19ff

sowie in W. Ströbele: Das Wachstum der Weltwirtschaft, Duncker & Humblot, Berlin 1976, S. 51f

2) W. Kirner: ebenda

3) vgl. H. Lützel: Das reproduzierbare ..., a.a.O., S. 595ff

4) vgl. W. Ströbele: ebenda, S. 53

JAHR	1	2	3	4	5	6	7	8	9	10	11
1950	2.51	3.18	.12	.44	1.09	.67	.23	.77	.79	.77	.35
1951	2.52	3.51	.12	.45	1.02	.62	.20	.76	.88	1.00	.41
1952	2.59	3.99	.13	.49	1.03	.59	.17	.77	1.02	1.30	.48
1953	2.87	4.87	.14	.58	1.07	.58	.14	.84	1.26	1.76	.60
1954	3.05	5.72	.15	.66	1.06	.53	.10	.87	1.50	2.23	.73
1955	3.79	6.61	.18	.76	1.28	.66	.15	1.03	1.85	2.57	.93
1956	4.24	6.88	.19	.79	1.39	.73	.20	1.09	2.06	2.63	1.05
1957	4.36	6.56	.19	.75	1.38	.75	.23	1.07	2.09	2.46	1.09
1958	4.66	6.51	.19	.74	1.44	.80	.27	1.08	2.23	2.39	1.19
1959	5.18	7.07	.21	.86	1.59	.93	.32	1.20	2.52	2.68	1.34
1960	5.75	7.69	.23	1.00	1.74	1.09	.38	1.34	2.84	3.01	1.51
1961	6.31	8.57	.25	1.11	1.96	1.20	.43	1.47	3.13	3.32	1.66
1962	5.99	9.24	.25	.96	2.05	1.06	.38	1.44	3.17	3.45	1.82
1963	5.76	9.48	.26	1.09	2.04	1.09	.39	1.48	3.26	3.55	1.90
1964	6.51	10.23	.28	1.17	2.18	1.17	.43	1.60	3.51	3.83	2.13
1965	7.35	11.07	.28	1.13	2.16	1.36	.45	1.70	3.85	4.08	2.27
1966	7.59	11.50	.29	1.29	2.23	1.40	.59	1.87	3.98	4.21	2.34
1967	6.90	10.58	.28	1.15	2.01	1.25	.51	1.69	3.71	3.84	2.16
1968	7.39	11.48	.31	1.23	2.11	1.30	.54	1.80	4.06	4.14	2.33
1969	8.22	12.93	.35	1.35	2.32	1.41	.58	1.99	4.62	4.62	2.63
1970	9.07	14.47	.40	1.47	2.53	1.53	.61	2.18	5.22	5.14	2.95
1971	9.41	15.18	.43	1.52	2.59	1.53	.62	2.26	5.54	5.35	3.09
1972	9.58	15.67	.46	1.52	2.59	1.52	.61	2.28	5.78	5.48	3.19
1973	9.64	15.76	.45	1.53	2.60	1.53	.61	2.30	5.82	5.51	3.21
1974	8.85	14.48	.42	1.41	2.39	1.41	.56	2.11	5.34	5.06	2.95
1975	8.43	13.79	.40	1.34	2.28	1.34	.54	2.01	5.09	4.82	2.81

JAHR	12	13	14	15	16	17	18	19	SUMME
1950	.31	1.34	.47	1.93	3.20	9.04	3.25	1.68	32.13
1951	.34	1.37	.53	1.91	3.34	9.65	3.51	1.68	33.82
1952	.38	1.44	.61	1.94	3.61	10.60	3.92	1.72	36.76
1953	.45	1.63	.76	2.11	4.20	12.55	4.71	1.90	43.02
1954	.52	1.77	.90	2.19	4.71	14.29	5.45	2.01	48.43
1955	.62	2.15	1.18	3.03	5.68	16.65	6.71	2.67	58.51
1956	.66	2.34	1.40	3.72	6.17	17.43	7.43	3.16	63.55
1957	.66	2.35	1.50	4.13	6.16	16.75	7.57	3.43	63.48
1958	.67	2.45	1.68	4.75	6.42	16.77	8.04	3.85	66.14
1959	.76	2.74	2.22	5.43	6.64	18.36	9.43	4.45	73.93
1960	.84	3.05	2.88	6.21	6.75	18.43	11.03	5.13	80.87
1961	.92	3.35	3.33	6.21	7.76	20.14	12.25	5.51	88.88
1962	.96	3.50	3.81	6.89	7.91	20.86	14.14	5.88	93.77
1963	.99	3.59	3.78	6.33	7.99	20.93	15.54	6.60	96.04
1964	1.06	3.87	4.30	7.17	8.18	23.64	17.74	8.37	107.36
1965	1.13	4.12	4.22	7.70	7.42	24.33	18.13	9.57	112.33
1966	1.17	4.25	3.79	7.86	6.97	24.29	17.92	9.79	113.36
1967	1.07	3.88	3.56	7.19	6.32	22.03	16.66	9.06	103.84
1968	1.15	4.17	3.94	7.75	6.74	23.56	18.24	9.86	112.10
1969	1.28	4.65	4.52	8.68	7.48	26.16	20.74	11.16	125.70
1970	1.43	5.16	5.15	9.66	8.26	28.89	23.46	12.54	140.12
1971	1.49	5.36	5.51	10.09	8.53	29.91	24.84	13.22	146.47
1972	1.52	5.48	5.78	10.34	8.67	30.42	25.86	13.69	150.43
1973	1.53	5.51	5.82	10.41	8.72	30.61	26.02	13.77	151.35
1974	1.41	5.06	5.34	9.56	8.01	28.12	23.90	12.65	139.05
1975	1.34	4.82	5.09	9.10	7.63	26.77	22.75	12.05	132.38

Tabelle 2: Sektorale Investitionen für die 19 Sektoren (Spalte 1-19) und gesamte Investitionen (SUMME) in Mrd.DM zu Preisen von 1962 für die Jahre 1950-1975 (vor 1960 Berlin und Saarland eingerechnet)

Nr.	Sektor	mittl. jährl. Wachstumsrate (geschätzt) in v.H.	Korrelations-koeffizient R^2	angenommene mittlere Lebensdauer in Jahren
1	Landwirtschaft	0.0576	0.9245	30
2	Energie	0.0610	0.9332	30
3	Bergbau	0.0565	0.9685	24
4	Steine&Erden	0.0492	0.9017	24
5	Nahrungsmittel	0.0411	0.8915	30
6	Textilind.	0.0445	0.8693	30
7	Bekleidungsind.	0.0664	0.7985	30
8	Holz,Papier,Druck	0.0486	0.9514	30
9	Chemie	0.0777	0.9208	30
10	Metallerzeugung	0.0645	0.8410	30
11	Metallverarbeitg.	0.0867	0.9048	30
12	Fahrzeugbau	0.0622	0.9165	30
13	Maschinenbau	0.0597	0.9339	24
14	Baugewerbe	0.1044	0.8745	12
15	Handel	0.0746	0.8861	30
16	Transport	0.0328	0.6937	24
17	Wohnungen	0.0444	0.8918	80
18	Staat	0.0882	0.9346	40
19	Sonst. Dienstl.	0.0997	0.9500	30

Tabelle 3: Schätzung des exponentiellen Trends und angenommene mittlere Lebensdauer für Investitionen nach investierendem Sektor

Für jeden Sektor wird also eine mittlere Lebensdauer L_i der Kapitalgüter, die er einsetzt, geschätzt (s. Tabelle 4). Aus dieser Lebensdauer ergibt sich dann, wie aus Abb. 3 hervorgeht, die approximierte quasi-logistische Überlebensfunktion, die für jeden Zeitpunkt angibt, welcher Teil der Investitionen noch im Kapitalstock enthalten ist.

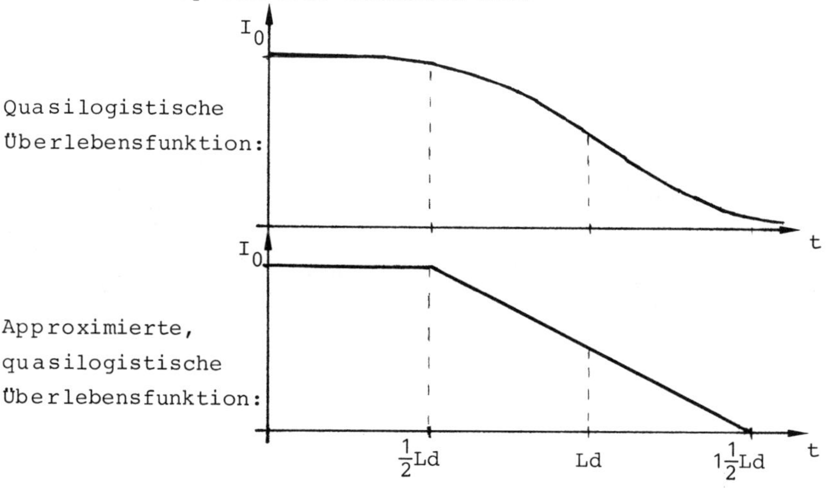

Abb.3: Quasilogistische Überlebensfunktion und Approximation.

Ist L_i die Lebensdauer der Investitionsgüter des Sektors i und tätigt dieser zum Zeitpunkt t_0 Investitionen der Höhe I_0, so wird beginnend im Jahr t_1 mit

$$t_1 = t_0 + 1 + \frac{1}{2} L_i \qquad (4.4)$$

bis zum Jahr

$$t_2 = t_0 + \frac{3}{2} L_i \qquad (4.5)$$

in jedem Jahr der Anteil $\frac{1}{L_i}$ der Investitionen I_0 "abgeschrieben".

Ist z.B. die durchschnittliche Lebensdauer der Anlagegüter des Sektors Wohnungsnutzung 80 Jahre und werden im Jahre 1830 Investitionen der Höhe 80 Mill. getätigt, so bleiben diese Investitionen bis zum Jahre 1880 in voller Höhe im Kapitalstock dieses Sektors und werden dann linear bis zum Jahre 1950 (incl.) mit 1 Mill. p.a. vollständig abgeschrieben.

Der Zeitpunkt $t_{0,\ 1950}$ mit

$$t_{0,1950} = 1950 - \frac{3}{2} \cdot \max\ L_i \qquad i \in \{1,...,19\} \tag{4.6}$$

wird als Startzeitpunkt für die akkumulative Bestimmung des sektoralen Kapitalstocks im Jahr 1950 für alle Sektoren gesetzt, wenn die Berechnung nach der obigen Rekursionsformel durchgeführt wird. Die dabei benötigten Investitionen werden bis zu diesem Startzeitpunkt interpoliert, während sich die Kapitalabflüsse aus den approximierten Lebensdauerfunktionen ergeben. Setzt man den Kapitalstock für alle Sektoren im Jahr $t_{0,1950} - 1$ gleich Null, so verschwindet der Fehler, den man dadurch begeht, bis zum Jahre 1950, denn jeglicher zu diesem Zeitpunkt existierende Kapitalbestand ist bis 1950 aus dem Kapitalstock schon wieder ausgeschieden.

Da bei unseren 19 Sektoren die maximale Lebensdauer 80 Jahre beträgt, ist $t_{0,1950} = 1830$. (Vgl. obiges Beispiel).

Die rekursive Berechnung des sektoralen Kapitalstocks beginnt also mit

$$K_{i,t_{0,1950}} = K_{i,1830} = I_{i,1830} \tag{4.7}$$

$$K_{i,1831} = K_{i,1830} + I_{i,1831} \tag{4.8}$$

Vom Zeitpunkt

$$t_{1,1950} = t_{0,1950} + 1 + \frac{1}{2} \cdot \min\ L_i \quad i \in \{1,...,19\} \tag{4.9}$$
$$= 1837$$

an treten die ersten Abschreibungen auf, also gilt:

$$K_{i,1837} = K_{i,1836} + I_{i,1837} + D_{i,1837} \qquad (4.10)$$

Von 1950 bis 1972 werden dann soweit vorhanden die echten sektoralen Investitionsdaten verwendet.

Es mag absurd erscheinen, die Investitionen für einen derartig langen Zeitraum zurückzuschätzen und man wird zunächst einen großen Fehler gegenüber der Realität erwarten. Dem sind aber zwei gewichtige Gründe entgegenzuhalten:

- Der Fehler, der in der Extrapolation liegt, verschwindet etwa nach 1960 sehr schnell, weil dann die extrapolierten Investitionen sehr rasch aus dem Kapitalstock ausscheiden und weil dann der zumindest teilweise durch "echte" Daten belegte Anteil des Kapitalstocks dominiert[1).
- Es braucht kein geschätzter Anfangskapitalstock festgelegt zu werden, da durch das Verfahren der Fehler des Startwertes nach einer bestimmten Zeit verschwindet.

Die Tabelle 4 zeigt die Ergebnisse der Schätzung für die Jahre 1950 bis 1975.

---

1) vgl. W. Ströbele: Das Wachstum ....., a.a.O., S. 54f

SEKTORALE KAPITALLEBENSDAUER				30	30	24	24	30	30	30	30
JAHR	SUMME	BWS	Q	1	2	3	4	5	6	7	8
1950	629.61	152.42	4.13	53.10	53.07	2.05	7.00	17.38	9.23	1.89	11.55
1951	653.54	168.34	3.88	54.39	55.47	2.11	7.27	18.14	9.73	2.09	12.12
1952	678.79	183.31	3.70	55.64	58.15	2.16	7.53	18.81	10.18	2.26	12.67
1953	706.59	198.38	3.56	56.94	61.26	2.22	7.82	19.47	10.58	2.39	13.22
1954	740.24	213.13	3.47	58.48	65.20	2.29	8.20	20.16	10.96	2.50	13.83
1955	778.88	238.71	3.26	60.16	69.92	2.36	8.64	20.81	11.29	2.57	14.45
1956	827.13	256.12	3.23	62.54	75.48	2.46	9.18	21.68	11.74	2.68	15.23
1957	879.96	270.66	3.25	65.32	81.23	2.57	9.73	22.63	12.25	2.84	16.05
1958	932.23	280.74	3.32	68.18	86.59	2.67	10.23	23.56	12.77	3.03	16.83
1959	986.63	301.23	3.28	71.30	91.83	2.78	10.70	24.54	13.33	3.26	17.62
1960	1048.27	328.40	3.19	74.90	97.55	2.91	11.29	25.63	14.01	3.53	18.51
1961	1116.25	346.20	3.22	79.01	103.81	3.05	12.00	26.86	14.83	3.86	19.51
1962	1191.60	360.10	3.31	83.64	110.85	3.21	12.80	28.29	15.74	4.24	20.64
1963	1271.20	372.50	3.41	87.90	118.47	3.36	13.45	29.79	16.51	4.57	21.72
1964	1352.39	397.30	3.40	91.88	126.22	3.53	14.21	31.26	17.29	4.90	22.82
1965	1444.18	419.50	3.44	96.56	134.62	3.71	15.04	32.84	18.14	5.26	24.02
1966	1540.19	431.70	3.57	102.04	143.77	3.89	15.82	34.37	19.16	5.64	25.30
1967	1635.39	430.80	3.80	107.71	153.26	4.08	16.73	35.96	20.21	6.15	26.73
1968	1722.11	462.30	3.73	112.64	161.73	4.26	17.48	37.29	21.10	6.58	27.96
1969	1814.94	500.40	3.63	118.01	170.95	4.45	18.29	38.71	22.02	7.03	29.29
1970	1920.18	529.40	3.63	124.15	181.46	4.70	19.20	40.31	23.04	7.52	30.78
1971	2038.46	545.20	3.74	131.07	193.32	4.98	20.20	42.09	24.16	8.04	32.43
1972	2161.63	563.50	3.84	138.22	205.70	5.28	21.23	43.89	25.27	8.57	34.14
1973	2287.29	592.40	3.86	145.45	213.38	5.61	22.23	45.66	26.34	9.07	35.83
1974	2412.33	595.00	4.05	152.53	230.97	5.93	23.21	47.41	27.41	9.57	37.52
1975	2523.39	574.80	4.39	158.91	242.09	6.21	24.03	48.92	28.34	10.01	38.99

	30	30	30	30	24	12	30	24	80	40	30
JAHR	9	10	11	12	13	14	15	16	17	18	19
1950	11.99	17.51	5.33	2.91	18.10	4.39	24.67	67.72	240.63	42.35	38.73
1951	12.64	18.03	5.62	3.21	19.03	4.63	26.30	68.88	249.13	45.39	39.37
1952	13.37	18.77	5.97	3.52	19.97	4.91	27.88	70.11	258.21	48.69	39.98
1953	14.22	19.79	6.39	3.88	20.96	5.24	29.47	71.53	268.21	52.37	40.63
1954	15.30	21.25	6.92	4.30	22.10	5.68	31.20	73.48	280.14	56.82	41.43
1955	16.62	23.17	7.57	4.79	23.36	6.24	32.99	75.86	293.79	61.98	42.32
1956	18.27	25.40	8.42	5.38	24.96	7.04	35.59	79.13	309.76	68.37	43.65
1957	20.10	27.67	9.38	6.00	26.72	8.03	38.84	82.81	326.48	75.46	45.85
1958	21.95	29.75	10.37	6.62	28.45	9.10	42.47	86.41	342.49	82.65	48.10
1959	23.92	31.73	11.45	7.25	30.25	10.31	46.67	90.17	358.48	90.28	50.76
1960	26.16	33.98	12.67	7.95	32.29	12.03	51.52	94.07	376.04	99.25	53.98
1961	28.70	36.52	14.05	8.73	34.60	14.36	57.09	97.99	393.61	109.80	57.87
1962	31.50	39.34	15.57	9.56	37.18	17.07	62.62	102.82	412.87	121.52	62.12
1963	34.32	42.26	17.24	10.46	39.86	20.17	68.78	107.75	432.80	135.08	66.71
1964	37.19	45.25	18.96	11.36	42.58	23.16	74.32	112.70	452.76	149.98	72.01
1965	40.29	48.47	20.91	12.33	45.55	26.55	80.64	117.79	475.40	167.02	79.05
1966	43.71	51.93	22.98	13.35	48.71	29.74	87.43	122.02	498.67	184.40	87.27
1967	47.22	55.49	25.11	14.40	51.95	32.30	94.33	125.71	521.85	201.49	95.69
1968	50.44	58.65	27.05	15.34	54.74	34.40	100.51	128.61	542.73	217.25	103.35
1969	53.97	62.05	29.15	16.34	57.75	36.61	107.18	131.77	565.08	234.50	111.78
1970	58.01	65.87	31.52	17.46	61.17	39.12	114.72	135.52	589.98	254.17	121.48
1971	62.61	70.13	34.19	18.70	65.02	41.96	123.15	139.88	617.55	276.46	132.52
1972	67.46	74.53	36.95	19.98	68.98	44.87	131.90	144.34	646.08	300.06	144.17
1973	72.48	78.98	39.79	21.28	72.96	47.81	140.78	148.78	675.06	324.58	156.21
1974	77.47	83.39	42.61	22.56	76.86	50.59	149.58	153.06	704.16	349.14	168.25
1975	81.92	87.28	45.12	23.70	80.20	52.68	157.36	156.43	730.70	371.46	179.05

Tabelle 4: Gesamter Kapitalstock SUMME, gesamte Bruttowertschöpfung BWS, gesamtwirtschaftlicher Kapitalkoeffizient Q sowie sektorale Kapitalstöcke für die 19 Sektoren von 1950-1975. Angaben in Mrd.DM zu Preisen von 1962, Q in $\frac{1}{\text{Jahren}}$. Die oberste Zeile gibt die für die Berechnung angenommene mittlere Kapitallebensdauer des betreffenden Sektors an (Berechnet nach der perpetual inventory method, Abschreibungen nach investierendem Sektor)

4.3.3. Verbesserung der Schätzung durch Abschreibung der Investitionen nach Herkunftssektor

Die Schätzwerte können für die Zeit nach 1950 noch verbessert werden. Die mittlere Lebensdauer bezog sich bisher stets auf alle Güter, die ein Sektor in einem Jahr investiert. Diese Investitionen können aber sehr heterogen sein, z.B. Bauten, Maschinen und Fahrzeuge mit relativ unterschiedlicher Lebensdauer. Eine Lebensdauer für Investitionen nach investierendem Sektor muß daher ein Mittelwert für alle denkbaren Güter sein, die dieser Sektor investiert. Die Lebensdauer für Investitionen aus einem Sektor - nach Herkunft also - ist dagegen nur ein Mittelwert für diejenigen Güter, die dieser Sektor produziert (z.B. Bauten, Maschinen, Fahrzeuge) und an den investierenden Sektor liefert. Die Lebensdauer für Investitionen nach Herkunft läßt sich wegen der größeren Homogenität der Güter für jeden der investierenden Sektoren besser schätzen als die Lebensdauer für Investitionen nach investierendem Sektor. Ein Nachteil ist, daß bei n Sektoren n^2 Lebensdauern geschätzt werden müssen, da prinzipiell jeder Sektor von allen Sektoren Investitionsgüter beziehen kann.

Die Umrechnung der Investitionen nach investierendem Sektor in Investitionen nach Herkunft kann mit Hilfe einer Investitionsflußstrukturmatrix durchgeführt werden. Die Investitionsflußmatrix $\bar{\bar{B}}$ gibt für jeden Sektor die Investitionen an, die dieser an die verschiedenen Sektoren liefert. Dabei stellen die Zeilen die Investitionslieferungen und die Spalten die Investitionsbezüge dar. Die Zeilensummen ergeben also die gesamten Investitionen nach Herkunft und die Spaltensummen die Investitionen nach investierenden Sektoren. Dividiert man jedes Spaltenelement durch die zugehörige Spaltensumme, so erhält man die vertikale Struktur der Investitionsflußmatrix. Setzt man voraus, daß die Zusammensetzung der Investitionen, die eine Branche tätigt, unabhängig von der Höhe der Investitionen ist, so kann selbst bei verschieden hohen Investitionen (nach investierendem Sektor) berechnet werden, welche Sektoren diese Investitionen liefern müssen. Dies geschieht dadurch, daß die Spalten der in der o.g. Art normierten Matrix mit den Investitionen nach investierendem Sektor multipliziert werden, so daß man eine Investitionsflußmatrix in absoluten Größen (Mrd. DM) erhält. Die oben genannte Matrix der Lebensdauern gibt nun für jedes Element der Investitionsflußmatrix die zugehörige mittlere Lebensdauer an. Es wird dabei unterstellt, daß die Investitionsflußstrukturmatrix in Grenzen unabhängig von der Höhe der Investitionen nach investierendem Sektor ist.

Diese Umrechnung kann ab 1950 durchgeführt werden, weil für die Jahre 1950,1954,1958,1962 und 1972 Investitionsflußmatrizen vorhanden sind. Diese Investitionsflußmatrizen werden also auf obige 19 Sektoren aggregiert und in der oben beschriebenen Art normiert. Die damit erhaltenen Investitionsflußstrukturmatrizen werden für den Zeitraum 1950 bis 1972 interpoliert, so daß für diesen Zeitraum für jedes Jahr eine Matrix bereitgestellt wird.

Im Jahr 1950 kann daher von der Methode der Abschreibungen[1)] nach "Zielinvestitionen" zur Methode der Abschreibungen nach "Herkunftsinvestitionen" übergegangen werden. Hierzu wird im Jahr 1950 eine Abschreibungsmatrix erstellt. Die Zeilen dieser Matrix entsprechen den Jahren 1950 bis 2030, während die Spalten den einzelnen Sektoren zugeordnet sind. In dieser Matrix werden die Abschreibungen, die aus den noch im Kapitalstock befindlichen Investitionen nach investierendem Sektor im Zeitraum 1950 bis 2030 anfallen, eingetragen. Die Spaltensumme dieser Matrix ist also für alle diejenigen Sektoren, bei denen die maximale Lebensdauer kleiner als 80 Jahre ist, gleich dem sektoralen Kapitalstock.

Die Berechnung der sektoralen Kapitalstöcke von 1950 bis 1962 kann nun nach der zweiten Methode der Abschreibungen berechnet werden. Tätigt dabei z.B. der Sektor i zum Zeitpunkt t_x eine

---

1) Wenn hier von Abschreibungen gesprochen wird, so sind damit die Abgänge vom Kapitalstock, also Verschrottungen gemeint und nicht Abschreibungen im steuerlichen Sinn.

Investition in Höhe I_0, so wird diese Investition sofort mit der aktuellen Investitionsflußstrukturmatrix in Investitionen nach Herkunftssektor umgerechnet. Den damit erhaltenen Investitionen nach Herkunftssektor werden die herkunftssektorspezifischen mittleren Lebensdauern zugeordnet. Aus beiden Größen ergibt sich der Zeitraum der Abschreibung und die Höhe des Abschreibungsbetrages. Diese Abschreibungen werden nun in der Abschreibungsmatrix in der Spalte des Sektors i für die betreffenden Jahre (Zeilen) zu den bereits vorhandenen Abschreibungswerten addiert. Dies geschieht für jeden der Herkunftssektoren der Investition I_0. Die in der Rekursionsformel (4.3) benötigten Abschreibungen können nun für den jeweils aktuellen Zeitpunkt direkt als Zeile aus der Abschreibungsmatrix abgerufen werden[1].

Die sich bei dieser zweiten Methode der Abschreibungen nach Herkunftsinvestitionen ergebenden sektoralen Kapitalstöcke für die Zeit von 1950 bis 1972 und die zugehörige Lebensdauermatrix sind in den Tabellen 5 und 6 dargestellt. Sie weichen geringfügig von den in der ersten Tabelle angegebenen sektoralen Kapitalstöcken ab, was auf den Methodenwechsel zurückzuführen ist.

Damit ist das Startwertproblem für das Modell bezüglich der Variablen sektoraler Kapitalstock und Kapitalabgänge gelöst. Dem Simulationsmodell werden für den Startzeitpunkt die sektoralen Kapitalstöcke und die Abschreibungsmatrix mit den Zeilen, die dem Simulationszeitraum entsprechen, bereitgestellt. Im Simulationsmodell werden dann Kapitalstock und Abschreibungen mit der Rekursionsformel bzw. nach der Methode der Abschreibungen nach Herkunftssektor fortgeschrieben. Es wird hier jedoch für jeden Herkunftssektor eine einheitliche Lebensdauer vorgegeben. Auf diese Weise ist ein bruchloser Übergang in den Simulationsteil gewährleistet.

Neben der besseren Abschätzung der mittleren Lebensdauer bietet die Methode der Abschreibungen nach Herkunftsinvestitionen einen weiteren Vorteil. Konsequenzen von Forschungs- und Techno-

---

1) Eine knappe formelmäßige Beschreibung befindet sich im Anhang

JAHR	1	2	3	4	5	6	7	8	9	10
1950	53.4	53.9	2.1	7.1	17.7	9.5	2.0	11.8	12.2	17.3
1951	53.9	55.1	2.1	7.2	18.0	9.7	2.2	12.1	12.6	17.5
1952	54.5	57.0	2.2	7.4	18.4	9.9	2.3	12.4	13.1	18.0
1953	55.6	59.9	2.2	7.7	18.8	10.2	2.4	12.8	13.9	19.0
1954	56.9	63.7	2.3	8.1	19.3	10.4	2.4	13.2	15.0	20.5
1955	59.0	68.5	2.4	8.6	20.0	10.7	2.5	13.9	16.4	22.4
1956	61.7	73.7	2.5	9.1	20.9	11.2	2.6	14.6	18.1	24.3
1957	64.5	78.6	2.6	9.6	21.7	11.6	2.8	15.3	19.8	26.2
1958	67.6	83.5	2.8	10.1	22.6	12.1	3.0	16.0	21.6	28.0
1959	71.1	88.8	2.9	10.7	23.6	12.7	3.3	16.8	23.7	30.0
1960	75.1	94.6	3.1	11.4	24.7	13.5	3.6	17.7	26.1	32.3
1961	79.6	101.2	3.2	12.2	26.0	14.3	3.9	18.7	28.8	34.9
1962	83.6	108.2	3.4	12.9	27.3	15.0	4.2	19.7	31.4	37.6
1963	87.3	115.2	3.6	13.6	28.6	15.7	4.5	20.6	34.0	40.2
1964	91.5	122.6	3.8	14.4	30.0	16.4	4.8	21.6	36.8	43.0
1965	96.4	130.6	3.9	15.0	31.3	17.3	5.2	22.7	39.8	45.9
1966	101.3	138.7	4.1	15.9	32.6	18.2	5.6	23.9	42.9	48.8
1967	105.4	145.7	4.3	16.5	33.6	18.9	6.0	24.8	45.5	51.2
1968	109.7	153.2	4.5	17.2	34.6	19.6	6.4	25.9	48.4	53.8
1969	114.7	161.8	4.7	17.9	35.8	20.4	6.8	27.0	51.7	56.7
1970	120.2	171.6	5.0	18.8	37.1	21.3	7.3	28.3	55.5	60.0
1971	125.9	181.8	5.3	19.6	38.5	22.1	7.7	29.6	59.5	63.4
1972	131.6	192.0	5.5	20.4	39.7	22.9	8.1	30.9	63.6	66.7
1973	137.1	201.8	5.8	21.1	40.9	23.6	8.5	32.2	67.5	69.8
1974	141.5	210.0	6.1	21.7	41.8	24.1	8.8	33.1	70.8	72.4

JAHR	11	12	13	14	15	16	17	18	19	20
1950	5.4	3.1	18.6	4.6	25.7	67.9	246.2	45.0	39.3	642.8
1951	5.6	3.3	19.1	4.9	26.8	68.5	252.4	47.9	39.9	658.7
1952	5.9	3.6	19.8	5.3	27.9	69.5	259.7	51.2	40.6	678.5
1953	6.3	3.9	20.8	5.8	29.2	71.2	268.9	55.3	41.5	705.3
1954	6.9	4.3	21.9	6.6	30.7	73.6	280.0	60.2	42.5	738.4
1955	7.6	4.8	23.4	7.6	33.1	77.1	293.6	66.3	44.3	782.2
1956	8.5	5.4	25.1	8.8	36.1	81.1	307.8	73.2	46.6	831.3
1957	9.4	6.0	26.9	10.1	39.5	85.2	321.4	80.2	49.1	880.4
1958	10.4	6.5	28.7	11.6	43.5	89.5	334.9	87.6	52.0	931.9
1959	11.6	7.2	30.8	13.6	48.1	93.9	349.9	96.4	55.6	990.5
1960	12.9	7.9	33.1	16.2	53.4	98.4	364.8	106.7	59.7	1055.2
1961	14.3	8.7	35.6	19.2	58.5	103.6	381.3	118.1	64.2	1126.5
1962	15.8	9.4	38.3	22.6	64.3	108.8	398.3	131.4	69.0	1201.3
1963	17.4	10.2	40.9	25.9	69.3	113.9	415.2	145.0	74.5	1276.6
1964	19.2	11.1	43.6	29.6	74.9	118.9	434.7	162.7	81.6	1361.2
1965	21.0	11.9	46.5	33.2	80.9	122.8	454.6	179.7	89.8	1448.6
1966	22.3	12.8	49.5	36.1	86.8	126.0	474.4	196.4	98.1	1535.0
1967	24.4	13.5	51.9	38.7	91.8	128.3	491.8	211.7	105.6	1609.7
1968	26.1	14.3	54.4	41.5	97.1	130.7	510.6	228.4	113.8	1690.3
1969	28.0	15.2	57.4	44.6	103.1	133.6	531.8	247.5	123.1	1782.1
1970	30.2	16.1	60.7	48.2	109.9	137.0	555.7	269.2	133.6	1885.7
1971	32.4	17.1	64.0	51.9	116.8	140.4	580.5	292.1	144.6	1993.1
1972	34.6	18.1	67.3	55.6	123.7	143.8	605.7	315.8	155.8	2101.3
1973	36.8	19.0	70.4	59.1	130.5	147.0	631.0	339.5	166.9	2208.7
1974	38.6	19.8	73.0	62.0	135.2	149.4	653.7	360.9	176.7	2300.6

Tabelle 5: Sektorale Kapitalstöcke für die 19 Sektoren (Spalte 1-19) und für die gesamte Wirtschaft (Spalte 20) von 1950-1974.
Angaben in Mrd.DM zu Preisen von 1962
(Berechnet nach der perpetual inventory method, Abschreibungen nach Herkunftssektor)

Matrix der angenommenen Lebensdauer (Angaben in Jahren)

Sektor	1	2	3	4	5	6	7	8	9	10	11	12	13	14	15	16	17	18	19
1	10	10	10	10	10	10	10	10	10	10	10	10	10	10	10	10	10	10	10
2	10	10	10	10	10	10	10	10	10	10	10	10	10	10	10	10	10	10	10
3	10	10	10	10	10	10	10	10	10	10	10	10	10	10	10	10	10	10	10
4	10	10	10	10	10	10	10	10	10	10	10	10	10	10	10	10	10	10	10
5	10	10	10	10	10	10	10	10	10	10	10	10	10	10	10	10	10	10	10
6	10	10	10	10	10	10	10	10	10	10	10	10	10	10	10	10	10	10	10
7	10	10	10	10	10	10	10	10	10	10	10	10	10	10	10	10	10	10	10
8	10	10	10	10	10	10	10	10	10	10	10	10	10	10	10	10	10	10	10
9	10	10	10	10	10	10	10	10	10	10	10	10	10	10	10	10	10	10	10
10	20	20	20	20	20	20	20	20	20	20	20	20	20	20	20	20	20	20	20
11	20	20	20	20	20	20	20	20	20	20	20	20	20	20	20	20	20	20	20
12	12	12	12	12	12	12	12	12	12	12	12	12	12	12	12	12	12	12	12
13	16	16	16	16	16	16	16	16	16	16	16	16	16	16	16	16	16	16	16
14	50	50	50	50	50	50	50	50	50	50	50	50	50	50	50	50	80	80	50
15	10	10	10	10	10	10	10	10	10	10	10	10	10	10	10	10	10	10	10
16	10	10	10	10	10	10	10	10	10	10	10	10	10	10	10	10	10	10	10
17	10	10	10	10	10	10	10	10	10	10	10	10	10	10	10	10	10	10	10
18	10	10	10	10	10	10	10	10	10	10	10	10	10	10	10	10	10	10	10
19	10	10	10	10	10	10	10	10	10	10	10	10	10	10	10	10	10	10	10

Tabelle 6: Matrix der angenommenen Lebensdauer der Investitionen nach Herkunftssektor (Zeile) und investierendem Sektor (Spalte)

logiemaßnahmen, die die Lebensdauer von Gütern eines Sektors verlängern, z.B. Langzeitauto, können in ihren Auswirkungen auf Kapitalstock und auf die Kapitalabgänge aller Sektoren geschätzt werden. Die Lebensdauer für die Herkunftsinvestitionen wird für jeden Liefersektor per Szenario vorgegeben. Sie beträgt z.B. für Güter des Sektors Fahrzeugbau 12 Jahre und für den Sektor Baugewerbe 65 Jahre[1].

4.3.4. Behandlung der Kapitalstöcke und Kapitalabgänge im Simulationsmodell

Die Abbildung 4 gibt eine Übersicht über das Kapitalstockmodell als Submodell des Simulationsmodells. Die Startwerte für den sektoralen Kapitalstock $\overline{SKT}$ und die Investitionen nach investierendem Sektor $\overline{DIT}$ sind auf der linken Seite als Szenarioeingaben dargestellt[2].

Die Vektorgleichung

$$\overline{SK} = \overline{SKT} + \overline{DIT} - \overline{D}$$

entspricht der Rekursionsformel (4.3), wobei $\overline{SKT}$ jeweils der Vektor der Kapitalstöcke des Vorjahres ist.

---

1) Die Berechnung der Startwerte geschieht mit dem Hilfsprogramm MIKRO außerhalb des Simulationsmodells. Es besteht die Möglichkeit, mit nur geringfügigen Änderungen den Startzeitpunkt des Simulationsmodells zwischen 1950 und 1972 zu variieren. Eine formelmäßige Beschreibung befindet sich im Anhang F.

2) Die Variablenbenennung, die bisher in der allgemein üblichen Weise vollzogen wurde, folgt in den Modellübersichten den technischen Bedingungen der Computersprache. Dies geschieht, damit ein Verständnis des Computerquellenprogrammes, welches im Anhang wiedergegeben ist, möglich ist. Eine Variablenbeschreibung ist im Anhang wiedergegeben. In den Abbildungen sind Szenarioeingaben durch Parallelogramme und andere Submodelle durch doppelte Seitenstriche gekennzeichnet.

ABB. 4 : **Kapitalstockmodell**

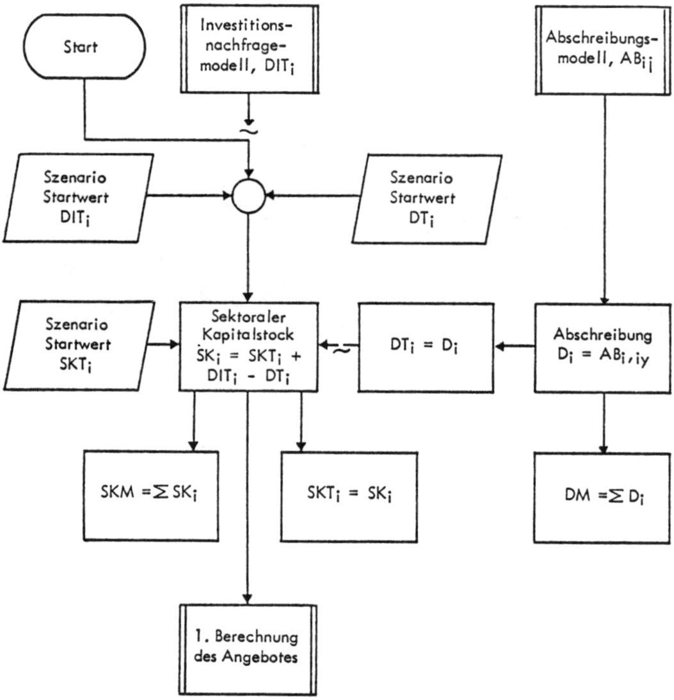

Die Kapitalabgänge werden als Zeile $AB_{iy,i}$ der Abschreibungsmatrix AB vom Abschreibungsmodell übergeben, wobei iy das jeweilige Jahr angibt. Der gesamtwirtschaftliche Kapitalstock ergibt sich als Summe der sektoralen Kapitalstöcke zu SKM, die gesamten Kapitalabgänge analog zu DM. Nach der ersten Berechnung des Angebots mit dem Kapitalstock, erhält $\overline{SKT}$ den Wert der aktuellen Kapitalstöcke, so daß im nächsten Simulationszeitschritt der neue Kapitalstock mit $\overline{SKT}$ errechnet werden kann. Analog erhält $\overline{DT}$ den Wert der aktuellen Abschreibungen.

Im Investitionsgüternachfragemodell werden die Investitionen nach investierendem Sektor berechnet und an das Abschreibungsmodell weitergegeben. Hier werden die Investitionen zunächst in Investitionen nach Herkunftssektor umgerechnet (vgl. 4.3.3.). Die dabei benötigte Investitionsflußstrukturmatrix $\bar{\bar{B}}$ wird bis zum Jahr 1972 dem Satz der interpolierten Matrizen entnommen und danach konstant gelassen. Einen Überblick gibt Abb.5.

Obwohl die theoretischen Ansätze, die eine Konstanz der vertikalen Koeffizienten der Input-Output-Matrizen beinhalten, analog auch zur Begründung der Konstanz der Investitionsflußstrukturmatrizen verwendet werden können, erscheint dieses Vorgehen bedenklich, denn die Analyse der Vergangenheit hat gezeigt, daß die Strukturmatrizen selbst bei dem relativ hohen Aggregationsniveau unserer 19 Sektoren zeitlich variant sind. Trotz dieses Problems sprechen die folgenden Gründe (vgl. 4.3.3.) dafür, dennoch dieses Verfahren zu wählen:

- Eine alternative Möglichkeit ist, die Abschreibungen nach investierendem Sektor zu berechnen, die dann ohne Investitionsflußstrukturmatrizen auskommt. Eine konstante Investitionsflußmatrix und konstante Lebensdauer der Investitionen nach Herkunftssektoren läßt sich aber in eine konstante Lebensdauer für Investitionen nach investierendem Sektor umrechnen, so daß diese Alternative in dem hier gewählten Ansatz enthalten ist.

ABB. 5 : **Abschreibungsmodell**

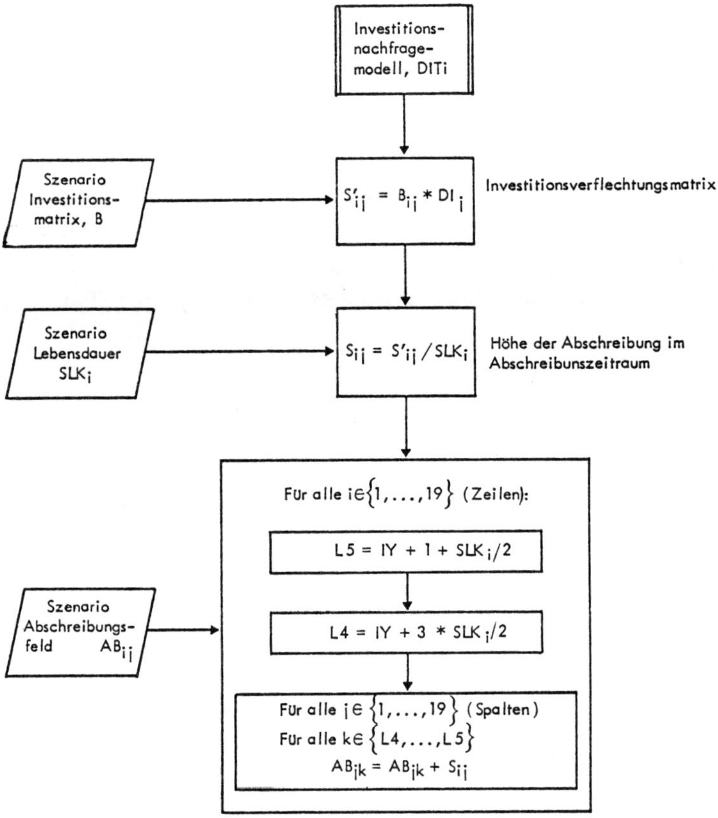

- Die Vergangenheitsanalyse hat gezeigt, daß die Veränderungen der Investitionsflußmatrix bei den Sektoren am stärksten ausgeprägt sind, die den geringsten Beitrag an den Investitionslieferungen haben. Bei den entscheidenden Liefersektoren wie Baugewerbe, Maschinenbau und Fahrzeugbau sind die Änderungen vergleichsweise gering.
- Die Konstanz der Matrix ist nicht bindend. Da sie eine Szenariogröße ist, kann sie jederzeit durch eine andere Entwicklung ersetzt werden. Dadurch erhält man die Möglichkeit, gezielt die Auswirkungen abzuschätzen, die eine Veränderung der Investitionsverflechtung auslösen kann, so z.B. ein Nachlassen des Bautenanteils an den industriellen Investitionen[1].
- Durch Forschung und technologische Entwicklungen induzierte Veränderungen, die eine Änderung der Lebensdauer bestimmter Güter beinhalten (z.B. Langzeitauto), können bezüglich ihrer Auswirkungen erheblich besser abgeschätzt werden, wenn mit der Lebensdauer für Investitionen nach Herkunftssektor gearbeitet wird.
- Die Lebensdauer für Investitionen nach Herkunftssektor kann wegen größerer Homogenität besser geschätzt werden als die Lebensdauer für Investitionen nach investierendem Sektor.

Im Abschreibungsmodell ergibt sich also nach

$$S'_{ij} = B_{ij} * DI_i \qquad \forall i,j \in \{1, \ldots, 19\} \qquad (4.12)$$

eine Investitionsverflechtungsmatrix in absoluten Werten (Mrd. DM zu Preisen von 1962). Die Höhe der jährlichen Abschreibungen im Abschreibungszeitraum ist der Anteil $\frac{1}{SLK_i}$ der Investitionen, wobei SLK_i die herkunftssektorspezifische Lebensdauer ist. Man erhält daher die Matrix der Abschreibungsanteile S_{ij}, indem man die Investitionsflußmatrix S'_{ij} zeilenweise durch diese Lebensdauer dividiert (vgl. 4.2.2.).

---

1) Man beobachtet seit einiger Zeit, daß in der Industrie relativ alte Bauten allenfalls umgebaut werden, aber die bei Erstellung der Bauten eingebauten Maschinen herausgenommen und durch hochtechnologische, weitaus produktivere Maschinen ersetzt werden.

$$S_{ij} = S'_{ij}/SLK_i \qquad \forall ij \in \{1, \ldots, 19\}^{1)} \qquad (4.13)$$

Die Lebensdauer ist also jeweils für alle Investitionen einer Zeile der Investitionsflußmatrix gleich (herkunftssektorspezifisch entspricht zeilenspezifisch). Daher kann jeder Zeile der Matrix der Abschreibungsanteile der lebensdauerspezifische Abschreibungszeitraum zugeordnet werden. Ist IY wieder das aktuelle Simulationsjahr, so beginnt die Abschreibungszeit mit

$$L5 = IY + 1 + SLK_i/2 \qquad (\text{vgl. } (4.4)) \qquad (4.14)$$

und endet im Jahr

$$L4 = IY + 3 * SLK_i/2 \qquad (\text{vgl. } (4.5)) \qquad (4.15)$$

Zu den Zeilen der Abschreibungsmatrix $\bar{\bar{AB}}$, die den Jahren L5 bis L4 entsprechen, wird nun jeweils die Zeile i der Matrix der Abschreibungsanteile addiert. Dies geschieht mit allen Zeilen der Abschreibungsmatrix, so daß die vollständige Abschreibung der ursprünglichen Investitionen nach investierendem Sektor gesichert ist.

---

1) Die Schreibweise mit einem ' als Index wird im folgenden des öfteren verwendet. Der ' deutet an, daß es sich jeweils um den Wert der Variable handelt, den sie bis zum aktuellen Schritt im Simulationsmodell hat. Diese Schreibweise wurde gewählt um mathematisch korrekt zu bleiben, bzw. um ein spezielles Zeichen für die EDV-üblichen Zuweisungsgleichungen zu vermeiden, denn diese würden EDV-unverständige Leser verwirren.

4.4. Die Angebotsermittlung

4.4.1. Produktionsfunktion und Input-Output-Ansatz

Zentrale Bedeutung bei der Angebotsermittlung haben die Produktionsfunktion und die nachfolgende Berechnung des Angebots nach der Input-Output-Rechnung.

Grundsätzlich werden die Produktionsmöglichkeiten eines Sektors durch die folgenden Größen bestimmt:

1. Sektoraler Kapitalstock unterschiedlichen Alters
2. Verfügbarer Arbeitseinsatz unterschiedlicher Qualifikationsstufen
3. Vorleistungslieferungen von allen Sektoren aus dem Inland und aus dem Ausland

Es bietet sich daher an, die beiden ersten Punkte in einer Produktionsfunktion zu behandeln und die Vorleistungslieferungen mit einem Input-Output-Ansatz zu berechnen. Als Produktionsfunktion liegt es nahe, z.B. eine Cobb-Douglas-Funktion

$$V_i = q_i * K_i^{\alpha} * L_i^{1-\alpha} \qquad (4.16)$$

mit

V_i = sektorale Bruttowertschöpfung
K_i = sektoraler Kapitalstock
L_i = sektoraler Arbeitseinsatz
α = Schätzparameter, sog. Produktionselastizität des Kapitalstocks
q = Schätzparameter (technologieabhängig), sog. Niveauparameter

für jeden Sektor i zu verwenden. In dieser Gleichung bleiben allerdings unterschiedliche Qualifikationsstufen beim Produktionsfaktor Arbeit unberücksichtigt, weil dafür keine Zeitreihen vorhanden sind.

Bei Schätzungen der Parameter haben sich bei der Cobb-Douglas--Funktion statistische Probleme ergeben, da die Einflußfaktoren linear abhängig sind (Multikollinearitätsproblem). Sie können zwar durch Einbeziehung der Einkommensverteilung zwischen Lohn- und Kapitaleinkommen (Interpretation des Koeffizienten $1-\alpha$ als Lohnquote) behoben werden, führen dann aber zu schwerwiegenden methodischen Problemen (bekannt unter dem Namen "Cambridge Controversy"), die an anderen Stellen[1] hinreichend beschrieben sind und deren Diskussion hier nicht erneut aufgegriffen werden soll.

Neben Cobb-Douglas-Funktionen sind Produktionsfunktionen vom Typ Walras-Leontief allgemeiner Standard[2]. Sie werden von Leontief[3] sowie an mehreren Stellen bei Dorfman, Samuelson, und Solow[4] im Zusammenhang mit Input-Output-Modellen diskutiert und werden im Modell in der folgenden leicht abgewandelten Form verwendet. Zunächst wird nach

$$V_i = \frac{K_i}{q_i} \quad \text{mit } q_i = \text{sektoraler Kapitalkoeffizient} \qquad (4.17)$$

1) Z.B. Teil I in: M. Brown, K. Sato, P. Zarembka (Hrsg.): Essays in modern Capital Theory, North-Holland, Amsterdam 1976

dort insbesondere: P. Samuelson: Interest rate determinations and oversimplifying parables: a summing up, S. 3 ff.

sowie G.C. Harcourt: Some Cambridge Controversies in the Theory of Capital, Journal of Economic Literature, 7, 1969, S. 369ff

2) vgl. z.B.: A. Paulsen: Allgemeine Volkswirtschaftslehre, Bd. III, Berlin 1969, S. 17ff

T.F. Dernburg, D.M. Mc Dougall: Lehrbuch der makroökonomischen Theorie, Stuttgart 1972, S. 203f

J. Schumann: Input-Output-Analyse, a.a.O., S. 52f

3) W. Leontief: Input-Output-Economics, New York 1966

4) R. Dorfman, P. Samuelson, R. Solow: Linear Programming ..., a.a.O., S. 230f

die sektorale Wertschöpfung berechnet. In einem späteren Schritt wird geprüft, ob das gesamtwirtschaftliche Arbeitsangebot ausreicht, d.h. ob gilt[1]:

$$\sum_{i=1}^{n} V_i \leq \frac{L}{r} \qquad (4.18)$$

mit L = gesamtwirtschaftliches Arbeitsangebot

r = gesamtwirtschaftlicher Arbeitskoeffizient (Kehrwert der Arbeitsproduktivität)

Die bei diesem Ansatz benötigten Kapitalkoeffizienten wurden für den Zeitraum 1950-1975 aus den sektoralen Kapitalstöcken (vgl. 4.3.3) und Daten über die sektorale Bruttowertschöpfung berechnet. Die Ergebnisse sind in Tabelle 7 wiedergegeben. Für den Zeitraum bis 2000 werden sie dann als Szenariogröße vorgegeben. Die Diskussion über Bestimmung und Einsatz des Kapitalkoeffizienten soll hier nicht ausgeführt werden. Dazu wird auf Helmstädter und Ströbele[2] verwiesen.

Aus der sektoralen Bruttowertschöpfung kann nun zunächst der sektorale Bruttoproduktionswert und dann das sektorale Angebot zur Befriedigung der Endnachfrage mit einem Input-Output-Modell berechnet werden. Der Bruttoproduktionswert Z_j wurde im Abschnitt 3.1 zu

$$Z_j = V_j + \sum_{i=1}^{n} A_{ij} \qquad (4.19)$$

definiert. Unter Verwendung der vertikalen Koeffizienten der Input-Output-Matrix in der von hier gewählten Normierung mit den Bruttoproduktionswerten (vgl. 3.1) ergibt sich

---

1) Die Gleichung ist im Computerprogramm nicht explizit enthalten, da aufgrund der Bevölkerungsentwicklung die Restriktion unter der Nebenbedingung erneuter, allerdings geringer Gastarbeiterzuwanderungen am Ende der 90-er Jahre im Simulationszeitraum stets erfüllt ist.

2) E. Helmstädter: Der Kapitalkoeffizient, Stuttgart 1969, S.
W. Ströbele: Das Wachstum ...., a.a.O., S. 56ff

JAHR	1	2	3	4	5	6	7	8	9	10	11
1950	3.39	5.43	1.88	2.33	1.62	2.25	.54	1.96	2.28	4.39	1.13
1951	3.05	5.02	1.75	1.96	1.48	2.36	.50	1.93	2.16	3.09	1.39
1952	3.10	4.88	1.93	1.89	1.42	1.88	.52	1.84	1.92	3.01	1.28
1953	3.15	4.97	2.74	1.73	1.24	1.74	.48	1.67	1.77	3.25	1.21
1954	3.19	4.82	2.78	1.64	1.24	1.74	.49	1.55	1.72	2.96	1.10
1955	3.06	4.72	3.24	1.48	1.19	1.66	.46	1.53	1.71	2.93	1.13
1956	3.20	4.66	2.42	1.53	1.19	1.67	.47	1.50	1.75	2.86	.74
1957	3.30	4.84	2.08	1.61	1.23	1.59	.47	1.54	1.77	3.40	.91
1958	3.36	5.08	1.91	1.63	1.23	1.72	.48	1.55	1.90	2.59	1.35
1959	3.48	5.33	1.75	1.52	1.20	1.81	.51	1.47	1.84	3.21	.99
1960	3.56	5.32	1.53	1.47	1.24	1.75	.50	1.42	1.85	2.67	1.23
1961	4.24	5.70	1.69	1.54	1.18	2.02	.52	1.44	1.89	2.74	1.23
1962	4.64	5.79	2.04	1.56	1.18	2.05	.54	1.45	1.91	2.95	1.31
1963	4.64	5.76	2.47	1.63	1.20	2.16	.58	1.53	1.89	3.25	1.43
1964	4.51	5.71	2.73	1.54	1.20	2.15	.60	1.49	1.81	2.99	1.42
1965	5.35	5.79	2.90	1.56	1.20	2.11	.59	1.46	1.73	3.23	1.48
1966	5.51	5.85	3.17	1.60	1.23	2.21	.64	1.54	1.73	3.49	1.58
1967	5.20	6.40	3.74	1.76	1.26	2.53	.76	1.60	1.84	3.56	1.73
1968	5.27	6.30	3.95	1.70	1.25	2.37	.77	1.57	1.63	3.20	1.63
1969	5.73	6.20	4.62	1.62	1.26	2.28	.77	1.47	1.47	2.70	1.45
1970	5.97	5.97	4.87	1.56	1.29	2.40	.84	1.51	1.48	2.65	1.44
1971	6.19	6.15	5.01	1.58	1.31	2.46	.89	1.55	1.55	2.86	1.62
1972	6.39	6.30	5.15	1.59	1.33	2.49	.94	1.59	1.61	3.59	1.86
1973	6.39	6.36	5.20	1.59	1.31	2.47	.95	1.58	1.65	3.62	1.91
1974	6.68	6.70	5.48	1.65	1.36	2.56	.99	1.65	1.75	3.81	2.04
1975	7.20	7.27	5.94	1.77	1.45	2.74	1.08	1.78	1.92	4.13	2.23

JAHR	12	13	14	15	16	17	18	19	Q-GES
1950	1.14	1.70	.52	1.13	6.13	57.70	3.04	3.23	4.13
1951	1.02	1.49	.50	1.14	5.70	58.23	3.17	3.03	3.88
1952	.89	1.35	.47	1.13	5.55	56.13	3.23	2.77	3.70
1953	.88	1.32	.42	1.11	5.45	54.75	3.41	2.56	3.56
1954	.79	1.28	.43	1.10	5.31	54.57	3.55	2.41	3.47
1955	.69	1.10	.41	1.06	4.66	52.60	3.54	2.10	3.26
1956	.74	1.32	.42	1.05	4.53	51.64	3.64	1.95	3.23
1957	.79	1.15	.48	1.05	4.56	49.48	3.66	1.90	3.25
1958	.75	1.23	.51	1.11	4.50	47.97	3.81	1.87	3.32
1959	.75	1.27	.50	1.14	4.46	46.83	4.04	1.78	3.28
1960	.69	1.12	.52	1.17	4.27	43.34	4.07	1.74	3.19
1961	.70	1.06	.55	1.18	4.73	40.52	4.17	1.79	3.22
1962	.73	1.12	.60	1.24	4.81	40.27	4.38	1.86	3.31
1963	.72	1.20	.70	1.33	4.87	40.24	4.67	1.91	3.41
1964	.71	1.20	.72	1.38	4.88	39.94	5.05	1.99	3.40
1965	.74	1.12	.80	1.40	4.89	39.46	5.38	2.07	3.44
1966	.75	1.23	.85	1.49	4.96	39.00	5.69	2.19	3.57
1967	.92	1.39	.95	1.60	5.14	38.39	6.03	2.34	3.80
1968	.81	1.37	.98	1.64	4.86	37.47	6.27	2.47	3.73
1969	.78	1.34	.99	1.62	4.57	37.27	6.58	2.55	3.63
1970	.74	1.35	.99	1.64	4.41	37.30	6.79	2.60	3.63
1971	.77	1.33	1.03	1.71	4.43	37.70	7.07	2.74	3.74
1972	.80	1.20	1.06	1.78	4.45	37.93	7.47	2.87	3.84
1973	.81	1.21	1.08	1.81	4.36	37.70	7.69	2.95	3.86
1974	.85	1.27	1.14	1.91	4.46	39.15	8.23	3.17	4.05
1975	.93	1.37	1.23	2.08	4.72	42.06	9.07	3.49	4.39

Tabelle 7: Sektorale Kapitalkoeffizienten für die 19 Sektoren (Spalte 1-19) und die gesamte Wirtschaft (Spalte 20) von 1950-1975 Angaben in $\frac{1}{\text{Jahren}}$

$$Z_j = V_j + Z_j * \sum_{i=1}^{n} a_{ij} \tag{4.20}$$

bzw. nach Auflösung

$$Z_j = \frac{V_j}{1 - \sum_{i=1}^{n} a_{ij}} \tag{4.21}$$

Bei dieser Vorgehensweise ergeben sich jedoch Probleme bezüglich

- des Datenmaterials,
- der Zeitabhängigkeit und
- der Einbeziehung der Vorleistungsimporte,

die im folgenden vorab geklärt werden sollen.

4.4.2. Das Input-Output-Material

Da das Modell ein lauffähiges und nicht nur ein hypothetisches Denkmodell ist, kommt der Frage nach dem Datenmaterial besondere Bedeutung zu. Das Input-Output-Datenmaterial des DIW ist am besten für das Modell geeignet, weil es

- sowohl zeitlich als auch in den verschiedenen Matrizenarten konsistent ist,
- die meisten und günstigsten Zeitpunkte umfaßt (1962,1966,1972),
- neben den eigentlichen Input-Output-Tabellen auch Importmatrizen und Investitionsflußmatrizen umfaßt und
- weil es in preisbereinigter Form vorhanden ist.

Die Tabellen von SAEG, IFO und Statistischen Bundesamt sind weniger umfangreich, haben unterschiedliche sektorale Abgrenzung für die einzelnen Erhebungszeitpunkte oder passen zeitlich weniger gut.

Ein Problem bei der Aggregation auf die 19 Sektoren des Simulationsmodells, stellt die Behandlung des Sektors Handwerk dar. Der Sektor Handwerk wurde daher auf die anderen Sektoren aufgeteilt. Die Aufteilungskoeffizienten wurden dabei aus der Umsatzstatistik des Handwerks[1] gewonnen[2].

Ein weiterer Vorteil der Input-Output-Tabellen des DIW ist, daß in einem Gutachten für die Jahre 1980 und 1985 ausgehend von der Input-Output-Tabelle 1972 weitere Tabellen auf der Basis von 23 Produktionssektoren projiziert worden sind[3].

---

1) Statistisches Bundesamt: Statistisches Jahrbuch, Jahrgänge 1964,1968,1972, jeweils: Beschäftigte und Umsatz im Handwerk.

2) Eine knappe mathematische Beschreibung des Aufteilungsverfahrens befindet sich im Anhang.

3) J.P. Weiß: Projektion von Input-Output-Tabellen für die Bundesrepublik Deutschland für die Jahre 1980 und 1985, DIW, Berlin 1976

4.4.3. Zur Zeitabhängigkeit der Input-Output-Tabellen

Im Simulationsmodell wird aus der sektoralen Bruttowertschöpfung mit den vertikalen Koeffizienten der Input-Output-Matrizen der sektorale Bruttoproduktionswert berechnet und anschließend die Input-Output-Matrix in absoluten Größen erstellt. Es wird dabei die Hypothese zugrundegelegt, daß die vertikale Struktur der Input-Output-Matrix, die Ausdruck eines bestimmten Technologie- und Produktmixes des jeweiligen Sektors ist, in relativ engen Grenzen zeitlich invariant bleibt und in Grenzen unabhängig vom Vektor der Bruttoproduktionswerte ist.

Beides ist zumindest für kurze Zeiträume gewährleistet. Betrachtet man die Input-Output-Tabellen zu verschiedenen Zeitpunkten, so stellt man zwar starke Veränderungen der absoluten Größen fest, aber eine vergleichsweise hohe Konstanz der vertikalen Koeffizienten.

Langfristig zeichnen sich dagegen bei einigen Koeffizienten eindeutige Trends, bei anderen Schwankungen um einen Mittelwert ab[1]. Es ist daher sicherlich nicht zulässig, in dem Simulationsmodell mit einer festen Input-Output-Matrix für den gesamten Zeitraum zu rechnen. Im Modell wird daher die Input-Output-Matrix als Szenariogröße betrachtet und wie folgt vorgegangen:

Ausgehend von den Datenstützstellen 1962,1966 und 1972 sowie zwei geschätzten Matrizen für die Jahre 1985 und 2000 werden vertikale Koeffizientenmatrizen durch Interpolation für die fehlenden Jahre bestimmt. Die beiden geschätzten Matrizen wurden dabei durch Trendextrapolation der historischen Matrizen von 1954-1972 gewonnen und anschließend durch eine Berücksichtigung der vom DIW projizierten Tabellen für 1980 und 1985

---

1) vgl. W. Oest u.a.: Vorstudie zur Systemanalyse ... a.a.O., S. 37 und Anhang B

sowie: R. Stäglin, H. Wessels u.a.: Input-Outputrechnung... a.a.O., S. 24f leicht modifiziert. Da das Modell als Langfristmodell konzipiert wurde, steht der konjunkturelle Verlauf nicht im Mittelpunkt. Es wurde daher darauf verzichtet, die konjunkturellen Entwicklungen bei der Interpolation der fehlenden Matrizen für den Zeitraum 1962 bis etwa 1975 zu berücksichtigen.

Durch diese Vorgehensweise ist es möglich, verschiedene zukünftige Koeffizientenstrukturen, die sich aus unterschiedlichen technologischen und wirtschaftlichen Entwicklungspfaden ergeben könnten, mit dem Simulationsmodell zu verarbeiten. Damit können sektorale und globale Strukturverschiebungen untersucht werden. Zum Beispiel würde die weitgehende Verwendung von Karosserieteilen aus Kunststoff im Gegensatz zu Blech den Koeffizienten "Lieferungen des Sektors Chemie am Sektor Kraftfahrzeugbau" stark ansteigen lassen und den Koeffizienten "Lieferungen Metallverarbeitung an Fahrzeugbau" absinken lassen. In zweiter Konsequenz ergäbe sich ein Wachstumsimpuls für die Chemieindustrie und ein Stagnationsimpuls für den Sektor Metallverarbeitung. Weil Kunststoff im wesentlichen aus Mineralöl und Energie erzeugt wird und Blech aus Eisenerz und Energie, ergäbe sich als Folge eine Veränderung der sektoralen Vorleistungsimporte.

4.4.4. Die Vorleistungsimporte im Input-Output-Modell

Bei der grundsätzlichen Diskussion der Input-Output-Modelle wurde stets von einer geschlossenen Volkswirtschaft ausgegangen. Hier handelt es sich aber um ein Modell, welches möglichst realitätsnah sein soll, so daß berücksichtigt werden muß, daß die Sektoren ihre Produktion im allgemeinen nicht nur durch inländische Vorleistungslieferungen sondern auch durch importierte Vorleistungen erbringen. Die Vorleistungsimporte werden im Simulationsmodell getrennt von den Importen zur direkten Deckung der Endnachfrage betrachtet.

Es gibt drei Möglichkeiten, die Vorleistungsimporte in die Input-Output-Rechnung einzubeziehen:

- Im einfachsten Fall werden die gesamten Vorleistungsimporte jedes einzelnen Sektors in einer zusätzlichen Zeile der Input-Output-Tabelle eingetragen, was ihrer Eigenschaft als primäre Inputgröße entspricht. (In dieser Form liegen die Input-Output-Tabellen des DIW vor).
- Bei der sog. Total-Matrix werden im ersten Quadranten der Tabelle (das ist die Lieferverflechtung der Sektoren) nicht nur die inländischen Flüsse, sondern die gesamten Flüsse, also inländische Lieferungen zuzüglich Lieferungen des Auslands, dargestellt. (Input-Output-Tabellen des Statistischen Amtes der EG)
- Die Vorleistungsimporte werden analog den inländischen Vorleistungslieferungen in einer (Vorleistungs-) Importmatrix dargestellt.

Das dritte Konzept ist zwar das aufwendigste, beinhaltet jedoch die beiden anderen Möglichkeiten. Die Spaltensummen stellen die Zeile der importierten Primärinputs bei der ersten Möglichkeit dar. Addiert man die Importmatrix zu der einfachen Verflechtungsmatrix, so erhält man die Total-Matrix.

Bisher wurde nur die vereinfachte Input-Output-Tabelle (ohne Vorleistungsimporte) betrachtet. Durch die Einbeziehung der Vorleistungsimporte liegt die vollständige Input-Output-Tabelle vor. Von entscheidender Bedeutung für die weiteren Überlegungen ist dabei, daß für jeden Sektor das Aufkommen gleich dem gesamten Produktionsergebnis (Verwendung) ist. Das Aufkommen P_j ist die Summe der Vorleistungsbezüge aus dem Inland A_{ij}, der Vorleistungsbezüge aus dem Ausland M_j^v und der Bruttowertschöpfung V_j:

$$P_j = \sum_{i=1}^{n} A_{ij} + M_j^v + V_j \qquad (4.22)$$

Das gesamte Produktionsergebnis des Sektors j teilt sich auf in seine Vorleistungslieferungen an die inländischen Sektoren A_{jk} und die Lieferungen zur Befriedigung der Endnachfrage. Letztere ergeben sich aus der privaten Konsumnachfrage C_j, dem Staatskonsum G_j und der Exportnachfrage X_j abzüglich der Fertigwarenimporte M_j^f:

$$P_j = \sum_{k=1}^{n} A_{jk} + C_j + G_j + X_j - M_j^f \qquad (4.23)$$

Faßt man die Lieferungen zur Befriedigung der Endnachfrage zu F_j^{ds} (final demand supply) zusammen, so vereinfacht sich (4.23) zu

$$P_j = \sum_{k=1}^{n} A_{jk} + F_j^{ds} \qquad (4.24)$$

Da der Bruttoproduktionswert Z_j als Summe von Vorleistungsbezügen und Bruttowertschöpfung definiert worden war, wird aus (4.22)

$$P_j = Z_j + M_j^v \qquad (4.25)$$

Aus (4.24) und (4.25) folgt:

$$F_j^{ds} = Z_j + M_j^v - \sum_{k=1}^{n} A_{jk} \qquad (4.26)$$

Mit dieser Gleichung wird im Simulationsmodell aus Bruttoproduktionswert, Vorleistungsimporten und Vorleistungslieferungen das "erste Angebot" zur Befriedigung der Endnachfrage berechnet.

4.4.5. Die erste Berechnung des Angebotes im Simulationsmodell

Die erste Berechnung des Angebotes im Simulationsmodell ist in der Abbildung 6 dargestellt. Sie beginnt mit dem ersten Teil der Produktionsfunktion. Die sektorale Bruttowertschöpfung V_i ergibt sich aus

$$V_i = SK_i \,/\, Q_i \qquad \forall i \in \{1, \ldots, 19\} \qquad (4.27)$$

also den im Kapitalstockmodell berechneten sektoralen Kapitalstöcken SK_i und per Szenario eingegebenen sektoralen Kapitalkoeffizienten Q_i.

Die Szenarien über die Entwicklung der Kapitalkoeffizienten sind technologisch begründet und beinhalten nicht die Auslastungen des Kapitalstocks. Die hier berechnete sektorale Bruttowertschöpfung stellt daher einen Normalwert (etwa 90 %-Auslastung[1]) dar, der in der Realität wegen einer Kapazitätsüber- oder Unterauslastung nicht in genau dieser Höhe eintreffen muß. Diese Vorgehensweise ist möglich, weil auf die Abbildung konjunktureller Aspekte im Simulationsmodell weitgehend verzichtet wird und das Interesse mehr auf langfristigen Analysen liegt. Die grundsätzliche Technologiebezogenheit der Kapitalkoeffizienten läßt sich bei diesem Ansatz besser

1) vgl. R. Krengel, u.a.: Produktionsvolumen und -potential. Produktionsfaktoren der Industrie im Gebiet der Bundesrepublik Deutschland, DIW, Berlin 1967, S. 103

übersehen als bei einer Einbeziehung des Auslastungsgrades.

Die prinzipielle, aber nicht konjunkturell zu interpretierende Möglichkeit, durch Überauslastung die Produktion zu erhöhen, findet im Kapitalüberauslastungsmodell ihren Niederschlag. Eine Unterauslastung kann an der Entwicklung des Auslastungskoeffizienten, der formell errechnet wird, beobachtet werden.

Durch Summation der sektoralen Kapitalstöcke und der sektoralen Bruttowertschöpfung und anschließender Division ergeben sich der gesamtwirtschaftliche Kapitalstock, das Bruttoinlandsprodukt und der gesamtwirtschaftliche Kapitalkoeffizient (oben rechts im Modellplan). Da sich Bruttoinlandsprodukt und Bruttosozialprodukt nur durch den Saldo der Grenzgängereinkommen unterscheiden und die Grenzgängereinkommen im Modell nicht berechnet werden, wird das hier berechnete Bruttoinlandsprodukt als Bruttosozialprodukt betrachtet.

Die nun folgenden Berechnungen der Bruttoproduktionswerte, Vorleistungen VOR_j und Vorleistungsimporte DEL_i geschieht in zwei Durchläufen. Zunächst wird dem Modell für jeden Zeitschritt eine A-Matrix (vertikale Koeffizienten der Input-Output-Matrix) $A1_{ij}$ aus dem Szenario über die vertikalen Koeffizientenmatrizen gemeldet. Damit kann die Hilfsgröße AC_j berechnet werden:

$$AC_j = \frac{1}{1 - \sum_{i=1}^{19} A1_{ij}} \qquad (4.28)$$

Der Bruttoproduktionswert Z_j ergibt sich nun aus (4.21) zu:

$$Z_j = AC_j * V_j \qquad (4.29)$$

Im nächsten Schritt erhält man die gesamten Vorleistungslieferungen des Sektors i an alle 19 Sektoren des Inlandes VLI_i in Abhängigkeit von allen Bruttoproduktionswerten und den vertikalen Koeffizienten zu:

ABB. 6 : **1. Berechnung des Angebots**

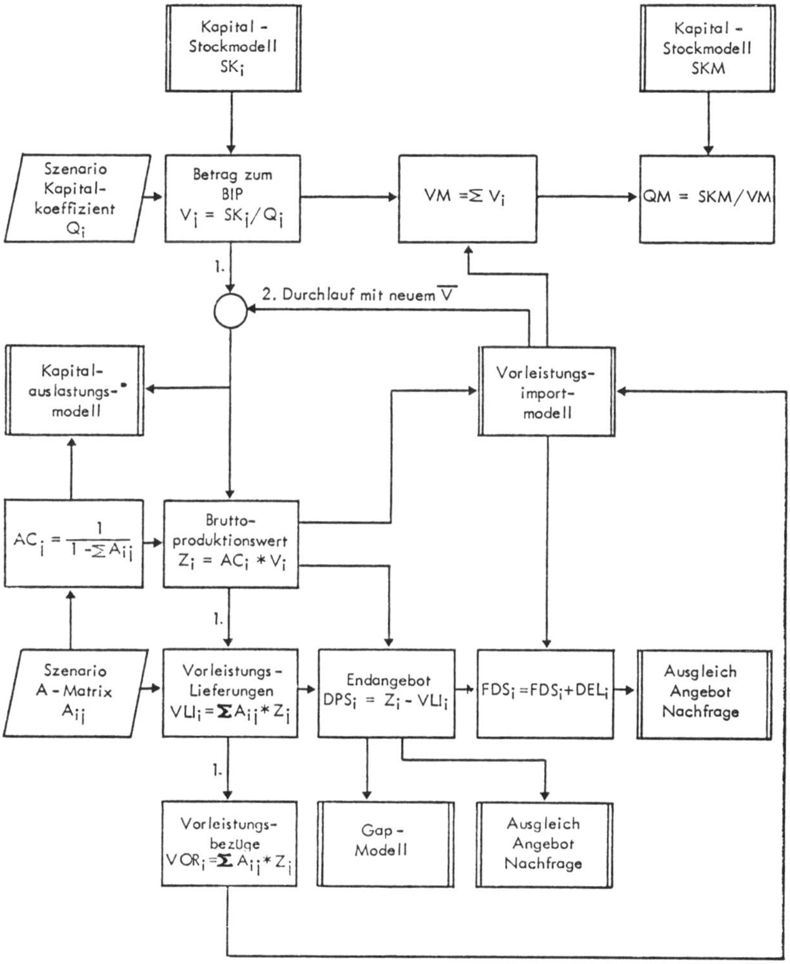

$$VLI_i = \sum_{j=1}^{19} A1_{ij} * Z_j \tag{4.30}$$

und mit

$$VOR_j = \sum_{j=1}^{19} A1_{ij} * Z_j \tag{4.31}$$

erhält man die für den Bruttoproduktionswert des Sektors j benötigten Vorleistungsbezüge VOR_j von allen 19 Sektoren.

Die Berechnung der Vorleistungsbezüge geschieht im Vorleistungsimportmodell (s. unten). Es kann jedoch der Fall eintreten, daß die benötigten Güter auf dem Weltmarkt nicht verfügbar sind. Im Modell kann sich diese Situation durch eine Kopplung an ein Weltmodell[1)] ergeben oder durch einen extern vorgebbaren Szenarioparameter simuliert werden. Wenn bei Nichtverfügbarkeit keine Substitutionsmöglichkeiten bestehen, wird die Produktion der betroffenen Sektoren nicht die gewünschte Höhe erreichen können. Die Stärke dieser Produktionsbeeinträchtigung kann im Modell nicht simuliert werden, da nahezu jede Möglichkeit der Verknappung ihre eigenen spezifischen Auswirkungen auf die Produktion hat. Deswegen ist für solche Fälle ein Korrekturfaktor für die Bruttowertschöpfung der betroffenen Sektoren als Szenariogröße vorgesehen. Aus der korrigierten Bruttowertschöpfung ergibt sich dann natürlich ein neuer Bruttoproduktionswert sowie neue inländische Vorleistungslieferungen und -bezüge. Die Berechnung dieser Werte geschieht ggf. in einem zweiten Durchlauf mit einem neuen Bruttowertschöpfungsvektor.

---

1) Z.B. an das Mesarovic-Pestel-Weltmodell oder an ein anderes Modell, welches die Simulation des Welthandels möglichst auf sektoraler Ebene umfaßt.

vgl.: M. Mesarovic, E. Pestel: Multilevel computer model of world development system, IIASA-Symposium proceedings SP-74-1, Laxenburg 1974

Darüberhinaus muß bei verringerten Vorleistungsimporten auch damit gerechnet werden, daß die durch eine evtl. notwendige Kapitalüberauslastung erreichbare Produktion nur ein entsprechend niedriges Niveau erreicht. Zu diesem Zweck werden die ggf. reduzierten Bruttowertschöpfungen an das Kapitalüberauslastungsmodell gemeldet und auf dieser neuen Basis im zweiten Durchlauf ausgewertet.

Die Berechnung des sektoralen Angebotes zur Befriedigung der Endnachfrage geschieht mit der Gleichung (4.26), die im Simulationsmodell in der Form

$$FDS_i = Z_i - VLI_i + DEL_i \qquad (4.32)$$

verwendet wird. Dabei sind DEL_i die importierten Vorleistungen. Sie werden vom Vorleistungsimportmodell an diesen Modellteil gemeldet, nachdem sie dort im Falle der Nichtverfügbarkeit reduziert worden sind.

Dieses Angebot wird dem Submodell Ausgleich-Angebot-Nachfrage übermittelt.

4.5. Das Vorleistungsimportmodell

4.5.1. Einsatz der Importmatrizen

Die Notwendigkeit der Einbeziehung der Vorleistungsimporte wurde bereits in 4.4 beschrieben. Grundlage für die Berechnung der Vorleistungsimporte bilden die Importmatrizen in absoluten Werten. Die Zeilen dieser Matrix stellen die Lieferungen eines Sektors des Auslands an die verschiedenen inländischen Sektoren dar, während in einer Spalte alle Bezüge eines inländischen Sektors von allen ausländischen Sektoren enthalten sind. Die gesamten Vorleistungsimporte eines Sektors werden also durch die entsprechende Spaltensumme der Importmatrix repräsentiert.

Die Entscheidung, ob Vorleistungen aus dem Inland oder aus dem Ausland bezogen werden, ist abhängig

- von der Verfügbarkeit,
- von Preisverhältnis und Lieferbedingungen, wenn sie sowohl im Inland als auch im Ausland verfügbar sind und von
- politischen und anderen Bedingungen, z.B. Kompensation von Waffengeschäften und insbesondere in der Zukunft von Großindustrieaufträgen wie z.B. Röhren (Bundesrepublik Deutschland) - Erdgas (UDSSR), Anlagen (Bundesrepublik Deutschland) - Rohstoffe (China).

Die wichtigste Determinante, die Verfügbarkeit, betrifft insbesondere Rohstoffe und hochtechnologische Produkte wie z.B. Großrechenanlagen oder Ölbohrausrüstungen. Bei Rohstoffen muß zwischen Massengütern, die zum Teil aber nicht in genügender Menge auch im Inland zur Verfügung stehen wie z.B. Rohöl, Erdgas, Kohle, und solchen unterschieden werden, die nur in geringer Menge benötigt werden, aber im Inland überhaupt nicht produziert werden, z.B. fast alle Stahlveredler wie Nickel, Chrom, Mangan etc. Während die ersten meist noch, wenn auch in Grenzen, gut substituierbar sind, haben letztere einen stark limitationalen Charakter.

Betrachten wir das Verhältnis p_{ij} zwischen inländischen und ausländischen Vorleistungslieferungen

$$p_{ij} = \frac{M_{ij}}{A_{ij}} = \frac{M_{ij}}{a_{ij} * Z_j} \qquad (4.33)$$

wobei M_{ij} die importierten Vorleistungen des inländischen Sektors j vom Auslandssektor i sind. Man kann aus den obigen Gründen nicht grundsätzlich davon ausgehen, daß dieses Verhältnis konstant bleibt. Im Jahre 1962 betrugen z.B. die Vorleistungsimporte der Nahrungsmittelindustrie (Sektor 5) von der ausländischen Landwirtschaft (Sektor 1) 4 591,4 Mill. DM zu Preisen von 1962 und die Lieferungen der inländischen Landwirtschaft an die Nahrungsmittelindustrie 12 189,1 Mill. DM zu Preisen von 1962. Der sich hieraus ergebende Proportionalitätsfaktor ist also 0,377. 10 Jahre später ist das Verhältnis 5 515,6 zu 14 484,8, d.h. 0,38. An diesem Beispiel zeigt sich, daß die Veränderungen der Proportionalitäten relativ langsam verläuft, was jedoch nicht auf alle 361 Koeffizienten verallgemeinert werden kann. Vielmehr ergeben sich ähnlich wie bei den vertikalen Koeffizienten der Input-Output-Matrix z.T. eindeutige Trends in der Entwicklung der Importkoeffizienten.

Für die Konstanz des Verhältnisses sind im betrachteten Zeit- bzw. Produktionsintervall insbesondere die folgenden Voraussetzungen notwendig:

- Invarianz der Produktionstechnologie,
- gleichbleibende sektorale Produktpalette,
- nur geringe Änderungen der Preis- und Währungsrelationen.

Die ersten beiden Voraussetzungen wurden bereits bei der Anwendung der vertikalen Koeffizienten der Input-Output-Koeffizienten betrachtet und für das Simulationsmodell als gegeben betrachtet.

Der dritten Voraussetzung wird im allgemeinen erheblich mehr Gewicht beigemessen als ihr eigentlich zukommt. Dies hat insbesondere das Jahr 1978 gezeigt, wo trotz der massiven Aufwertungen der DM insbesondere gegenüber dem Dollar die Importe nicht übermäßig zugenommen haben. Durch das Festhalten an gewohnten Lieferbeziehungen schlagen derartige Effekte nur mit einer erheblichen zeitlichen Verzögerung durch. Da diese Voraussetzung darüberhinaus ohnehin nur für das betrachtete Zeitintervall von Bedeutung ist und für das betrachtete Produktionsintervall irrelevant ist, werden sie zusätzlich zu den bereits gemachten Annahmen als gegeben betrachtet.

Im Zentrum steht also die vereinfachende Annahme, daß die importierten Vorleistungen proportional zu den inländischen Vorleistungsflüssen sind, und zwar für jede Bruttoproduktion, die in einer "Umgebung" derjenigen Bruttoproduktion liegt, mit der die Verhältniszahlen berechnet wurden und für jeden Zeitpunkt, der in einer "Umgebung" des Berechnungszeitpunktes liegt. Mit den Verhältniszahlen - im folgenden Importkoeffizienten genannt - können dann die importierten Vorleistungen aus den inländischen Vorleistungen errechnet werden. Man erhält aus den Bruttoproduktionswerten, den vertikalen Input-Output-Koeffizienten und den Importkoeffizienten eine Importmatrix in absoluten Größen. Auf diese Weise werden die Vorleistungsimporte im Normalfall im Simulationsmodell berechnet. Die gesamten Vorleistungsimporte M_j^V des Sektors j sind also:

$$M_j^V = \sum_{i=1}^{19} M_{ij} = Z_j * \sum_{i=1}^{19} a_{ij} * p_{ij} \qquad \forall_j \in \{1,....,19\} \qquad (4.34)$$

Prinzipiell wäre es zwar ausreichend, nur die gesamten Vorleistungsimporte eines Sektors, die sich in der obigen Form als Spaltensumme der Importmatrix ergeben würden, im Modell zu benutzen (vgl. 4.4.4). Der entscheidende Nachteil dieses Verfahrens liegt aber darin, daß dann Verfügbarkeitsprobleme, die bestimmte Sektoren des Auslands betreffen (z.B. Energierohstoffe) oder aber Verlagerungen der Produktion bestimmter Produkte ins Ausland (z.B. Grundstoffprodukte), in ihren Konsequenzen nur sehr ungenau verfolgt werden können (vgl. 4.5.2).

Dieser Ansatz ist theoretisch unbefriedigend, da er die Dynamik zwischen inländischen und importierten Vorleistungen nur schlecht wiedergibt. Zur Zeit gibt es jedoch keine besseren hypothetischen und theoretischen Ansätze, die für die Modellimplementation geeignet sind und eine Erklärung der Importkoeffizienten liefern. Er erscheint insbesondere auch deswegen gerechtfertigt, weil die Szenariotechnik es gestattet, spezielle Welthandelssituationen zu analysieren.

Hierzu wird dem Modell für jeden Simulationszeitschritt eine Importkoeffizientenmatrix, die Bestandteil der Szenarien ist, bereitgestellt. Die Matrizen werden durch Interpolation zwischen den Stützstellen 1962,1966,1972 und 2000 gewonnen. Für 1962,1966 und 1972 werden die Koeffizienten aus den jeweiligen Input-Output-Matrizen des DIW und den Importmatrizen des DIW jeweils zu Preisen von 1962 berechnet. Die Importmatrizen, die vom DIW noch nicht veröffentlicht worden sind, wurden hierzu von den ursprünglichen 56 Sektoren auf die 19 Sektoren des Simulationsmodells aggregiert. Die Matrix für das Jahr 2000 beruht auf einer Schätzung der einzelnen Koeffizienten und wird als eine reine Szenariogröße betrachtet.

4.5.2. Berechnung der Vorleistungsimporte im Simulationsmodell

Da das Simulationsmodell in erster Linie als Analyse- und Planungsinstrument konzipiert wurde und die Szenariotechnik geeignet ist, die Auswirkungen von Produktionsverlagerungen und Verfügbarkeitsproblemen abzuschätzen, kann auf die modellmäßige Darstellung derartiger Probleme nicht verzichtet werden. Eine Übersicht über die folgenden Berechnungen gibt Abb. 7.

a) Verfügbarkeitsprobleme

Es wird mit der Berücksichtigung von Verfügbarkeitsproblemen begonnen. Da Stärke, Zeitpunkt und Produktgruppe einer möglichen zukünftigen Verfügbarkeitsbeschränkung grundsätzlich nicht bekannt sind, geschweige denn simuliert werden können, wird ein Szenarioparameter (VIR_i, Vorleistungs-Import-Reduktionsfaktor) angegeben. Dieser Faktor gibt für jeden Sektor des Auslands an, von welchem Zeitpunkt an seine Lieferungen auf welches Niveau beschränkt werden. Mit diesem Faktor ergeben

ABB. 7 : **Vorleistungsimportmodell**

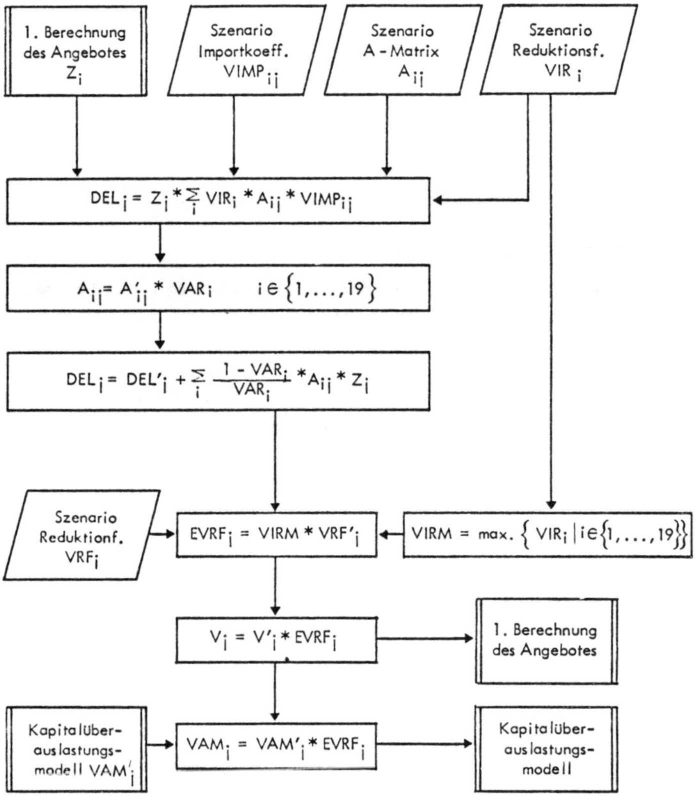

sich dann die sektoralen Vorleistungsimporte DEL_j im Modell entsprechend (4.34):

$$DEL_j = Z_j * \sum_{i=1}^{19} VIR_i * A_{ij} * VIMP_{ij} \quad \forall j \in \{1,...,19\} \qquad (4.35)$$

mit

$VIMP_{ij}$ = Importkoeffizienten

Setzt man $\overline{VIR} = \overline{1}$, so bedeutet dies, daß die Vorleistungsimportanforderungen voll befriedigt werden können. Ein Ölembargo dagegen würde bedeuten, daß die Vorleistungsimporte aller inländischen Sektoren vom ausländischen Sektor Energie nicht die gewünschte Höhe erreichen könnten. Die Tatsache, daß das Importspektrum der inländischen Sektoren vom ausländischen Sektor Energie nicht für alle Inlandssektoren das gleiche ist, so daß schon hierdurch die inländischen Sektoren unterschiedlich stark getroffen werden, wird nicht berücksichtigt. Der Szenarioparameter VIR_2 wird entsprechend der Stärke des Embargos z.B. auf 0,7 gesetzt, was einer Verringerung der Energievorleistungsimporte jedes Sektors auf 70% der gewünschten Werte bedeutet.

Da der Anteil der Energielieferungen des Auslandes an den gesamten Vorleistungsimporten sektoral sehr verschieden ist (z.B. im Sektor Energie sehr hoch, dagegen im Sektor Bergbau beinahe ohne Auswirkung), werden die Inlandssektoren unterschiedlich stark getroffen, d.h. das Verhältnis ungestörter gesamter Vorleistungsimporte zu den gestörten gesamten Importen bei einem Ölembargo oder dgl. wird sektoral verschieden ausfallen.

Von besonderer Bedeutung ist aber die Beeinflussung der gesamten Produktion durch die veränderten Vorleistungsimporte. Es liegt auf der Hand, daß sich der Bruttoproduktionswert und die Bruttowertschöpfung bei einem Ölembargo erheblich verringern. Hierbei muß berücksichtigt werden, inwieweit Substitutionseffekte insbesondere in Richtung einheimischer Produkte (in diesem Fall z.B. Kohle) wirksam werden können. Bei diesem Beispiel und dem zugrundeliegenden Aggregationsniveau würde dies einer Verlagerung der Vorleistungsbezüge vom Ausland in das Inland gleichkommen. Darüberhinaus ist zu berücksichtigen, daß in einer Embargosituation durch administrative Maßnahmen (Zwangsbewirtschaftung) manche Sektoren stärker und andere schwächer getroffen werden können. Auch diese Effekte können nicht simuliert werden, sie müssen daher mit einer weiteren Szenariogröße berücksichtigt werden[1].

Ein Extremfall liegt vor, wenn alle Produkte des inländischen Sektors j die betroffenen Vorleistungsimporte zwingend benötigen, d.h. keine Substitution möglich ist und wenn zusätzlich eine Beschaffung aus inländischen Quellen nicht möglich ist. In diesem Fall müßte die inländische Produktion in demselben Maß zurückgehen, wie die Importe dieses Gutes eingeschränkt werden (Vorratshaltung wird nicht berücksichtigt).

Näherungsweise würde eine solche Situation bei einer Beschränkung der Nickel- und Chromimporte vorliegen. Substitution oder Rückgriff auf inländische Quellen ist nicht möglich. Die Produktionseinschränkung in den Sektoren Maschinenbau, Metallerzeugung und Metallverarbeitung wäre erheblich. Es wäre nun aber unsinnig, die Produktion aller Sektoren, die vom betreffenden Auslandssektor importieren, in der Höhe des VIR-Wertes zu beschränken, denn

- die Sektoren reagieren unterschiedlich sensibel auf die Liefereinschränkung. Der Sektor Nahrungsmittelindustrie wird bei obigem Beispiel kaum so empfindlich reagieren, wie die Sektoren Maschinenbau etc.; er hat darüberhinaus bessere Substitutionsmöglichkeiten, und es sind nur Teile seiner Produktpalette betroffen,

---

1) Dabei wäre es durchaus möglich, die Werte dieser Szenariogröße durch ein Vormodell zu bestimmen, in dem die Vielfalt der Entscheidungs- und Reaktionsmöglichkeiten bei einer Verfügbarkeitsbeschränkung berücksichtigt wird.

- bei dem gewählten hohen Aggregationsniveau, bestehen die Vorleistungsimporte aus einem Auslandssektor aus einer Mischung von Gütern, so daß sich ein totales Lieferembargo (z.B. Nickel und Chrom) nicht in einer starken Änderung des VIR-Wertes niederschlägt.

Während im ersten Fall überwiegend mit einer Produktionsdrosselung zu rechnen ist, die geringer als die Lieferbeschränkung ausfällt, muß im zweiten Fall mit einer höheren Reduktion gerechnet werden.

Diese beiden Effekte können mit dem Szenarioparameter VRF_j (value added reduction factor) berücksichtigt werden. VRF gibt für jeden inländischen Sektor an, mit welchem Gewicht die Lieferbeschränkung auf die Wertschöpfung und den Bruttoproduktionswert des Sektors durchschlägt.

Da die Lieferbeschränkungen von mehreren Auslandssektoren simultan ausgehen können, wird aufgrund limitationaler Überlegungen die maximale Lieferbeschränkung zu

$$VIRM = \max \left\{ VIR_i \,\middle|\, i \in \{1, \ldots, 19\} \right\} \tag{4.36}$$

errechnet.

Für jeden Sektor ergibt sich nun der eigentliche Reduktionsfaktor für die Bruttowertschöpfung $EVRF_j$ zu

$$EVRF_j = VIRM * VRF_j \tag{4.37}$$

und die neue sektorale Bruttowertschöpfung V_j zu

$$V_j = V'_j * EVRF_j \tag{4.38}$$

mit

V'_j = bisherige sektorale Wertschöpfung

Die beiden obigen Beispiele sollen die Wirkungsweise erläutern. Beim Ölembargo war $VIR_2=0,7$ angenommen worden und sonst keine Beschränkung, also VIRM=0,7. Geht man davon aus, daß aufgrund administrativer Maßnahmen die Landwirtschaft weiterhin alle Ölprodukte aus dem noch verfügbaren Rest erhält, so wird $VRF_1=1,43$ gesetzt, so daß die Bruttowertschöpfung in alter Höhe bleibt: $V_1=V'_1$. Im Sektor 2 wird die Produktion eingeschränkt, aber nicht proportional zur Importbeschränkung, denn Rohöl ist ja nur ein Teil der Produkte, die der Sektor 2 vom ausländischen Sektor 2 bezieht. VRF_2 wird also einen Wert zwischen 1 und 1,43 bekommen, so daß

$$0,7 < EVRF_j < 1$$

gilt.

Wird $VRF_j < 1$ gesetzt, so wird der Sektor j überproportional getroffen. Bei einem Nickel- oder Chromembargo wäre allenfalls VIR=0,95, da beides keine Massengüter sind. Nimmt man einmal an, daß dies zu einer grob geschätzten 20%-igen Produktionseinbuße im Sektor Maschinenbau führt, so wird $VRF_{13}=0,8$ gesetzt werden. Die Bruttowertschöpfung des Sektors Maschinenbau wird dann auf 76% reduziert.

Die korrigierte sektorale Bruttowertschöpfung wird an das Modell, 1. Berechnung des Angebots, zurückgemeldet, so daß sich dort im 2. Durchlauf neue Bruttoproduktionswerte und inländische Vorleistungsbezüge ergeben. Erst dadurch kann der Ausstrahlungseffekt des Embargos auf die übrigen Sektoren und die gesamte Wirtschaft erfaßt werden.

Diese Maßnahmen stellen allerdings nur eine recht grobe Abschätzung der Auswirkungen von Verfügbarkeitsproblemen dar. Natürlich werden die in ihrer Produktion behinderten Sektoren mit Substitution, Produktveränderung und Veränderung der Produktpalette reagieren und sich anpassen. Diese Effekte, die Änderungen der vertikalen Koeffizienten der Input-Output-Matrix bewirken, können aber im Simulationsmodell nicht berücksichtigt werden.

Mit demselben Reduktionsfaktor $EVRF_j$ wird entsprechend (4.38) die im Kapitalüberauslastungsmodell errechnete zusätzliche mögliche Bruttowertschöpfung VAM_j reduziert und an das Kapitalüberauslastungsmodell zurückgegeben.

$$VAM_j = VAM'_j * EVRF_j \qquad (4.39)$$

mit

VAM'_j = bisherige zusätzlich mögliche sektorale Bruttowertschöpfung (s. 4.6)

b) Produktionsverlagerung im Ausland
Als zweite Variante kann mit dem Vorleistungsimportmodell die Verlagerung von Teilen der Produktion ins Ausland nachvollzogen werden (oder umgekehrt). Mit dem Szenarioparameter VAR_i wird für jeden inländischen Liefersektor angegeben, auf welches Niveau er zurückfallen soll. Dies wird durch zeilenweise Multiplikation der vertikalen Koeffizienten mit VAR_i erreicht:

$$A1_{ij} = A1'_{ij} * VAR_i \qquad \forall\, i \in \{1,....,19\} \qquad (4.40)$$

mit

$A1'_{ij}$ = bisherige vertikale Input-Output-Koeffizienten

VAR_{10}=0,8 bedeutet also, daß jeder Sektor nur noch 80% der normalen Vorleistungsbezüge vom inländischen Sektor Metallerzeugung bekommt. Die fehlenden 20% müssen nun zusätzlich vom entsprechenden Auslandssektor bezogen werden. Dementsprechend werden die Vorleistungsimporte der Inlandssektoren um den fehlenden Anteil erhöht:

$$DEL_j = DEL'_j + \sum_{i=1}^{19} \frac{1 - VAR_i}{VAR_i} * A1_{ij} * Z_j \qquad (4.41)$$

Dadurch bleiben die gesamten Vorleistungsbezüge der inländischen Sektoren auf demselben Niveau, das sie ohne Produktionsverlagerung hätten. Die Sektoren, denen nicht durch verstärkte Auslandsimporte Konkurrenz erwächst, liefern also dasselbe Angebot zur Befriedigung der Endnachfrage wie im Normalfall. Bei den Sektoren jedoch, die durch die Produktionsverlagerung getroffen sind, fällt das Angebot zur Befriedigung der Endnachfrage höher als im Normalfall aus. Hier macht sich also die den inländischen Produzenten erwachsene Konkurrenz aus dem Ausland in einem Angebotsüberschuß bemerkbar. Dieser Überschuß wird vom Simulationsmodell erkannt und führt zu einem geringeren Wachstum oder sogar zu einer Schrumpfung des betreffenden inländischen Sektors (vgl. Gap-Modell, Investitionsnachfragemodell).

4.6. Das Kapitalüberauslastungsmodell

Ausgehend vom Kapitalstock wurden im Modell für die erste Berechnung des Angebotes die sektorale Wertschöpfung und daraus die sektoralen Bruttoproduktionswerte errechnet. Als Funktion von Kapitalstock, Kapitalkoeffizient und vertikalen Koeffizienten der Input-Output-Tabellen sind sie im wesentlichen durch langfristige technologische und wirtschaftliche Größen festgelegt. Neben diesen sich nur langsam verändernden Variablen gibt es in der Realität in der Form des Auslastungsgrades der Produktion eine sich schnell ändernde Größe, die im Modell noch nicht berücksichtigt ist. In der Regel sind Auslastungsschwankungen Reaktionen auf kurz- und mittelfristige Nachfrageveränderungen und Schwankungen des Konjunkturverlaufes.

Auch wenn das Simulationsmodell nicht auf konjunkturelle Aspekte abgestellt ist, hat es dennoch zum Teil stärkere Nachfrageänderungen zu verkraften; denn

- es darf prinzipiell bei kleineren Sprüngen in der Entwicklung der Eingabegrößen nicht instabil reagieren,
- derartige kleine Sprünge können unbewußt durch die Benutzer des Modells verursacht werden,
- bei "Krisen-Szenarios" wird man gerade sprunghafte Entwicklungen der Parameter analysieren wollen und
- im historischen Bereich treten durch den Konjunkturverlauf kleine Sprünge bei den Nachfrageszenarien auf (1966/67, 1975).

Aus diesem Grunde ist es prinzipiell notwendig, die in der Realität gegebene Möglichkeit der Über- bzw. Unterauslastung im Modell zu berücksichtigen (vgl. Abbildung 8). Stärkere Schwankungen sind insbesondere aus den Sektoren Metallerzeugung, Fahrzeugbau, Chemie, Textil, Bekleidung und Baugewerbe bekannt.

Da die definitiv benötigte Produktion erst nach der Berechnung der gesamten Endnachfrage ermittelt werden kann, wird hier nur die durch Kapitalüberauslastung noch zusätzlich erzielbare Produktion berechnet. Inwieweit diese tatsächlich ausgenutzt wird,

ABB. 8 : **Kapitalüberauslastungsmodell**

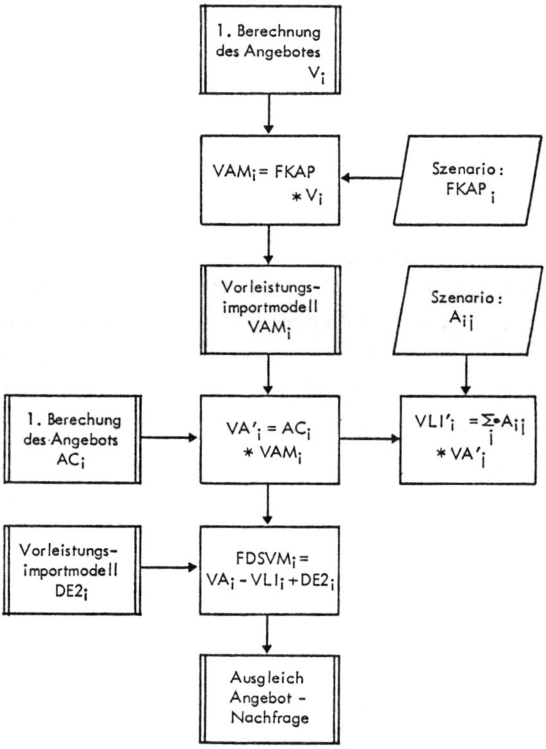

ergibt sich dann im Modell Ausgleich-Angebot-Nachfrage.

Für jeden Sektor wird durch die Szenariogröße $FKAP_i$ der zusätzlich erzielbare Anteil der Bruttowertschöpfung des betreffenden Sektors vorgegeben. Aus der Gleichung

$$VAM_i = FKAP_i * V_i \qquad (4.42)$$

ergibt sich also die zusätzliche sektorale Bruttowertschöpfung VAM_i. Dieser entspricht ein zusätzlicher Bruttoproduktionswert, zu dessen Erwirtschaftung zusätzliche Vorleistungsimporte und inländische Vorleistungen vonnöten sind. Die Werte VAM_i werden daher an das Vorleistungsimportmodell gegeben und dort ggf. korrigiert. Aus der korrigierten zusätzlichen sektoralen Bruttowertschöpfung folgen nun völlig analog zur ersten Berechnung des Angebotes die zusätzlichen Bruttoproduktionswerte VA_i durch (vgl. (4.21), (4.29)):

$$VA_i = AC_i * VAM_i \qquad (4.43)$$

Entsprechend Gleichung (4.30) ergeben sich wieder mit den vertikalen Koeffizienten die zusätzlichen Vorleistungslieferungen an die übrigen Sektoren:

$$VLI_i = \sum_{j=1}^{19} A_{ij} * VA_j \qquad (4.44)$$

Die zusätzlich benötigten Vorleistungsimporte werden nach dem im Vorleistungsimportmodell geübten Verfahren zu $DE2_i$ berechnet, so daß das zusätzliche Angebot zur Befriedigung der Endnachfrage mit der Vektorgleichung (vgl. (4.32))

$$\overline{FDSVM} = \overline{VA} + \overline{DE2} \qquad (4.45)$$

berechnet werden kann.

4.7. Das Gap-Modell

4.7.1. Das Nachfrageüberhang- und das Angebotsüberschußintegral

Im Gap-Modell werden Lücken, die zwischen Angebot und Nachfrage auftreten, so verarbeitet, daß sie für die Investitionssteuerung eingesetzt werden können (s. Investitionsnachfragemodell).

Wichtig sind in diesem Zusammenhang zwei Integralwerte, die einerseits sektoral differenziert die akkumulierten Angebotsüberschüsse der vorangegangenen Zeitschritte darstellen und andererseits die aufgelaufenen Nachfrageüberhänge des Endverbrauchs enthalten. Diesen Integralen werden in jedem Zeitschritt die aktuellen Produktionsüberschüsse bzw. Nachfrageüberhänge, sofern diese auftreten, zugeschlagen. Der Abbau der Integrale erfolgt, wenn die wirtschaftliche Situation umschlägt, d.h. wenn nach einer Zeit der Angebotsüberschüsse Nachfrageüberhänge auftreten bzw. umgekehrt. Der Aufbau und Abbau der Integrale geschieht im Modell Ausgleich-Angebot-Nachfrage.

Im ersten Fall stellt das Integral gewissermaßen ein Lager dar, welches abgebaut wird. Neben diesem Lagerabbau bei Produktionsüberschüssen werden die Integrale aufgrund einer Überlebensfunktion reduziert. Man kann davon ausgehen, daß ein Nachfrageüberhang bzw. Angebotsüberschuß an bestimmten Gütern nicht andauernd bestehen bleibt. Ein Konsument, der z.B. ein bestimmtes Auto haben möchte, wird darauf kaum mehrere Jahre warten, sondern seine Interessen anderen Dingen z.B. Urlaubsreise, Haus etc. zuwenden. Diese Reduzierung von Nachfrageüberhängen wird im Modell dadurch vollzogen, daß per Szenario sektoral eine Lebensdauer für Nachfrageüberhänge $FDDLT_j$ (<u>f</u>inal-<u>d</u>emand-<u>d</u>emand-<u>l</u>ife-<u>t</u>ime) eingegeben wird, mit der jährlich dann der Anteil $1/FDDLT_j$ vom Nachfrageüberhangintegral "abgeschrieben" wird, so daß der Integralwert exponentiell abnimmt, falls keine neuen Zugänge erfolgen. Die Reduktionsgleichung für das Nachfrageüberhangintegral $FDDIN_j$ (<u>f</u>inal-<u>d</u>emand-<u>d</u>emand-<u>i</u>ntegral) ist:

$$FDDIN_{j,t} = FDDIN_{j,t-1} - FDDIN_{j,t-1} / FDDLT_j \qquad (4.46)$$

Völlig analog wird das Angebotsüberschußintegral $FDSIN_i$ (final-demand-supply-integral) reduziert durch

$$FDSIN_{j,t} = FDSIN_{j,t-1} - FDSIN_{j,t-1} / FDSLT_j \qquad (4.47)$$

mit

$FDSLT_j$ = sektorale Lebensdauer für Angebotsüberschüsse.

4.7.2. Theoretische Grundlagen der Behandlung der Angebotsüberschüsse und Nachfrageüberhänge

Das Angebots- und Nachfrageintegral soll zur Steuerung der Investitionen verwendet werden. Es reicht dazu nicht aus, die Sektoren, die Nachfrageüberhänge haben, verstärkt investieren zu lassen und solche mit Angebotsüberschüssen schrumpfen zu lassen. Es muß vielmehr die Vorleistungsverflechtung berücksichtigt werden, denn würde nur der Sektor, der einen Nachfrageüberhang hat, investieren, so würde er dann seinen Vorleistungslieferanten mehr Güter abnehmen, so daß es in der Folge bei diesen zu Engpässen, d.h. Nachfrageüberhängen kommen würde.

Zunächst werden nur die Nachfrageüberhänge betrachtet. Kernfrage ist, wieviel die einzelnen Sektoren zusätzlich produzieren müssen, um die Nachfrageüberhänge in den verschiedenen Sektoren zu befriedigen. Bezeichnet man die zusätzliche Bruttoproduktion mit $\Delta\overline{Z}$ und die Integralwerte mit $\Delta\overline{F}$, so soll also entsprechend (3.6) gelten:

$$\Delta\overline{F} = (\overline{\overline{E}} - \overline{\overline{A}}) * \Delta\overline{Z} \qquad (4.48)$$

Entsprechend (3.7) ergeben sich die gesuchten Bruttoproduktionswerte mit der Leontief-Inversen der Input-Output-Matrix zu:

$$\Delta\overline{Z} = (\overline{\overline{E}} - \overline{\overline{A}})^{-1} * \Delta\overline{F} \tag{4.49}$$

Diese Berechnung war allerdings nur in einer geschlossenen Volkswirtschaft möglich, denn es wurde dabei nicht berücksichtigt, daß ein Teil der Vorleistungsimporte aus dem Ausland bezogen wird. Eine direkte Berücksichtigung der Vorleistungsimporte wäre möglich, wenn die A-Matrix den gesamten Vorleistungsbezügen entsprechen würde (Total-Matrix, vgl. 4.3.2). Da im Simulationsmodell aber nur die inländischen Vorleistungsverflechtungen zur Verfügung stehen, werden die Nachfrageüberhänge auf den inländisch wirksamen Teil reduziert.

Unter Einbeziehung der zusätzlichen Vorleistungsimporte ΔM_j^v wird aus (4.48) für den Sektor j:

$$\Delta F_j = \Delta Z_j + \Delta M_j^v - \sum_{k=1}^{n} a_{ik} * \Delta Z_k \tag{4.50}$$

Bezeichnet man den inländisch wirksamen Anteil von ΔF_j mit ΔF_j^i und setzt:

$$\Delta F_j^i := \Delta Z_j - \sum_{k=1}^{n} a_{ik} * \Delta Z_k \tag{4.51}$$

so wird aus (4.50):

$$\Delta F_j = \Delta F_j^i + \Delta M_j^v \tag{4.52}$$

Nun wird der Reduktionsfaktor r_j definiert zu:

$$r_j = \frac{\Delta F_j^i}{\Delta F_j^i + \Delta M_j^v} \tag{4.53}$$

und es folgt aus (4.52) und (4.51):

$$\Delta F_j^i = \Delta F_j * r_j = \Delta Z_j - \sum_{k=1}^{n} a_{ik} * \Delta Z_k \qquad (4.54)$$

bzw. in Matrixschreibweise:

$$\Delta \bar{F}^i = (\bar{\bar{E}} - \bar{\bar{A}}) * \Delta \bar{Z} \qquad (4.55)$$

so daß sich die wirklich zusätzlich zu erbringenden Bruttoproduktionswerte entsprechend (4.49) zu:

$$\Delta \bar{Z} = (\bar{\bar{E}} - \bar{\bar{A}})^{-1} * \Delta \bar{F}^i = (\bar{\bar{E}} - \bar{\bar{A}})^{-1} * \Delta (F_j * r_j) \qquad (4.56)$$

ergeben.

Ein Problem ist jetzt noch die Bestimmung der Reduktionsfaktoren r_j. Formt man (4.53) in:

$$r_j = \frac{1}{1 + \frac{\Delta M_j^v}{\Delta F_j^i}}$$

um, so erkennt man, daß lediglich das Verhältnis zwischen Vorleistungsimporten und inländischem Angebot gesucht ist.

Unterstellt man, daß dieses Verhältnis bei dieser zusätzlich benötigten Produktion in erster Näherung genauso ist, wie das Verhältnis bei der tatsächlichen Produktion, was unseren oben aufgestellten Voraussetzungen entspricht, so kann r_j aus den entsprechenden Werten bei der 1. Berechnung des Angebotes ermittelt werden. Damit wird:

$$r_j = \frac{F_j}{F_j + M_j^v} \qquad (4.57)$$

mit

$$F_j = Z_j - \sum_{k=1}^{n} a_{ik} * Z_k \quad \text{(vgl. (4.26))} \qquad (4.58)$$

Aus den zusätzlich benötigten Bruttoproduktionswerten kann die zusätzliche Bruttowertschöpfung mit (4.21) berechnet werden:

$$\Delta V_j = \Delta Z_j - \sum_{i=1}^{n} a_{ij} * \Delta Z_j = (1 - \sum_{i=1}^{n} a_{ij}) * \Delta Z_j \qquad (4.59)$$

Die hierzu notwendigen Investitionen schließlich werden im Investitionsgüternachfragemodell (Vormodell Gapeinfluß) berechnet.

Wie man leicht einsieht, können dieselben Überlegungen benutzt werden, um aus den Angebotsüberschüssen, die sektoral überschüssige Bruttoproduktion und die entsprechende Bruttowertschöpfung zu ermitteln.

4.7.3. Behandlung der Angebotsüberschüsse und Nachfrageüberhänge im Simulationsmodell

Einen Überblick über das Gap-Modell liefert die Abb. 9. Das Gap-Modell erhält das Angebotsintegral und das Nachfrageintegral jeweils mit dem Wert des vorangegangenen Simulationsschrittes (beachte ʼʼ). Im Startjahr werden dabei die Integralwerte auf Null gesetzt. Nachdem die Integrale entsprechend den Gleichungen (4.48) und (4.49) und den vorgegebenen Lebensdauern "abgeschrieben" sind, werden sie an das Modell Ausgleich-Angebot-Nachfrage zurückgegeben und werden dort durch Lageraufbau bzw. -abbau usw. fortgeschrieben. Der inländisch wirksame Anteil ($FDDW_j$ bzw. $FDSW_j$) ergibt sich nun entsprechend (4.54) und (4.57) zu:

$$FDDW_j = FDDIN_j * \frac{DPS_j}{DPS_j + DPS_j} \qquad (4.60)$$

ABB. 9: **Gapmodell**

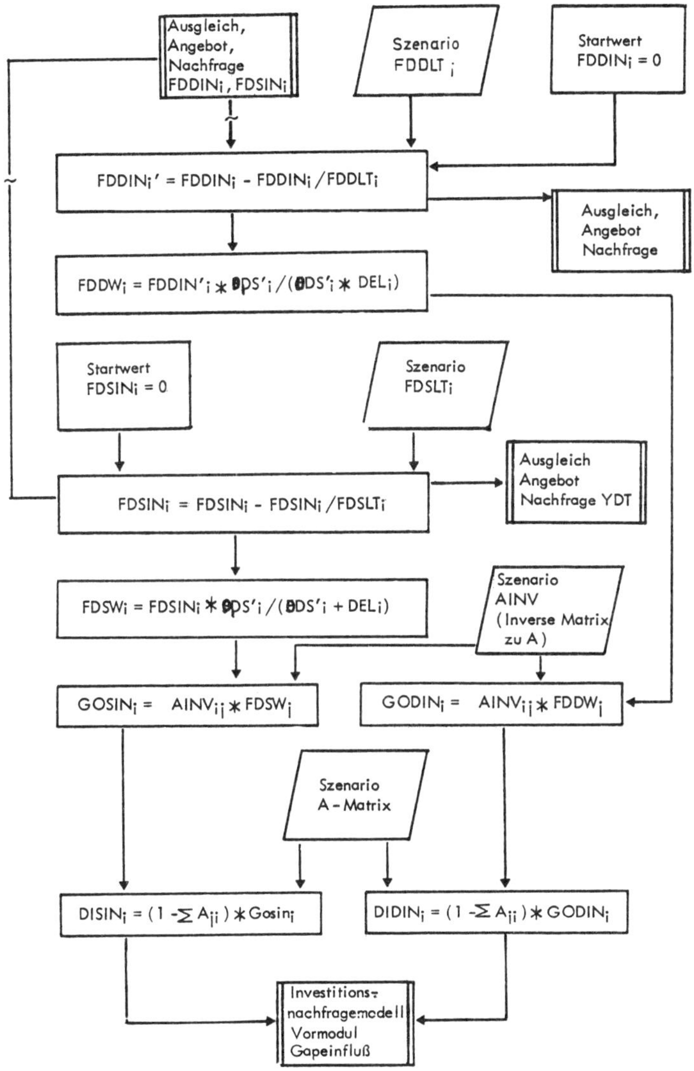

$$FDSW_j = FDSIN_j * \frac{DPS_j}{DPS_j + DPS_j} \qquad (4.61)$$

Die hierzu notwendigen Werte des inländischen Angebotsanteils FDS_j und der Vorleistungsimporte DEL werden vom Modell 1. Berechnung des Angebotes übertragen.

Die zum Ausgleich des inländisch wirksamen Anteils des Nachfrageüberhangs benötigten Bruttoproduktionswerte ($GODIN_i$) folgen entsprechend (4.56) zu:

$$\overline{GODIN} = \overline{\overline{AINV}} * \overline{FDDW} \quad \text{(Matrixmultiplikation)} \qquad (4.62)$$

mit

$$\overline{\overline{AINV}} = (\overline{\overline{E}} - \overline{\overline{A}})^{-1} \quad \text{(Leontief-Inverse)}$$

Weil die A-Matrizen eine Szenariogröße sind und damit schon vor der Simulation bekannt ist, welche Matrix zu welchem Zeitpunkt eingesetzt wird, können auch die zugehörigen Leontief-Inversen bereits vor der Simulation berechnet werden. Die Berechnung geschieht nach den in 3.1 beschriebenen Reihenansatz, nachdem vorher die Brauer-Solow-Bedingungen für die A-Matrizen überprüft wurden.

In analoger Weise ergeben sich die zum Vektor der Angebotsüberschußintegrale gehörenden Bruttoproduktionswerte zu:

$$\overline{GOSIN} = \overline{\overline{AINV}} * \overline{FDSW} \qquad (4.63)$$

Mit Gleichung (4.21) bzw. (4.59) werden die den Bruttoproduktionswerten entsprechenden Bruttowertschöpfungen berechnet. Dies geschieht für die Nachfrageintegrale durch:

$$DIDIN_j = (1 - \sum_{k=1}^{19} A_{ij}) * GODIN_j \qquad (4.64)$$

und im Falle der Angebotsintegrale durch:

$$DISIN_j = (1 - \sum_{i=1}^{19} A_{ij}) * GOSIN_j \qquad (4.65)$$

Dabei werden jeweils wieder die Spaltensummen der vertikalen Koeffizienten eingesetzt. Die beiden Vektoren - die zusätzlich benötigte Bruttowertschöpfung $\overline{DIDIN}$ und die Verringerung der Bruttowertschöpfung $\overline{DISIN}$ - werden an das Investitonsgüternachfragemodell weitergegeben, so daß dort die benötigten Investitionen bzw. Desinvestitionen errechnet werden können.

Fazit dieser Berechnungen ist, daß in einem Sektor sowohl eine Reduktion als auch eine Erhöhung des Bruttoproduktionswertes notwendig sein kann. Z.B. kann aufgrund eines Angebotsüberschusses im Sektor Fahrzeugbau wegen der Vorleistungsverflechtung im Sektor Chemie eine Verringerung der Bruttoproduktionswerte notwendig erscheinen. Wird aber gleichzeitig der Sektor Landwirtschaft wegen eines Nachfrageüberhanges forciert, so wird dies einen Wachstumsimpuls für den Sektor Chemie zur Folge haben, weil die Landwirtschaft verstärkt chemische Produkte beziehen wird. Im Investitionsnachfragemodell werden daher die Werte DISIN und DIDIN saldiert, so daß dieser Sachverhalt berücksichtigt wird.

4.8. Das Investitionsnachfragemodell

4.8.1. Modellübersicht und Determinanten der Investitionsnachfrage

In 4.3.3 wurde bereits auf den Unterschied zwischen Investitionen nach investierendem Sektor und Investitionen nach Herkunftssektor hingewiesen. Wenn im folgenden von Investitionen die Rede ist, so sind damit stets die Investitionen nach investierendem Sektor gemeint.

Allgemein wird die Nachfrage nach Investitionsgütern im wesentlichen determiniert durch

- Entwicklung von Angebot und Nachfrage,
- Technologische Neuentwicklungen,
- Rationalisierungsmaßnahmen im technischen Bereich,
- Ersatz aus den Produktionsprozeß ausgeschiedener Kapitalgüter,
- Gewinnerwartungen,
- Fiskalische Maßnahmen und
- Zinsentwicklung und Finanzierungsmöglichkeiten.

Von diesen sind im nachfolgend beschriebenen Investitionsnachfragemodell die ersten vier berücksichtigt. Die Gewinnerwarungen können nicht explizit einbezogen werden, da sie in komplexer Weise mit einer Fülle von Variablen, die nicht im Modell enthalten sind, zusammenhängen (Fiskalpolitik, Konjunkturentwicklung usw.). Investitionen aufgrund fiskalischer Maßnahmen beruhen meist auf autonomen Entscheidungen der Regierung, die im Modell nicht simuliert werden können. Zinsentwicklung und Finanzierungsmöglichkeiten haben sicherlich einen Einfluß auf die Investitionsnachfrage. Diese Größen werden im Modell jedoch nicht berücksichtigt, weil, wie in 4.1 ausführlich begründet, der monetäre Sektor im Modell nicht abgebildet wird.

Die Abbildung 10 gibt einen Überblick über das Investitionsnachfragemodell. Im Vormodul Gap-Einfluß werden die Ergebnisse des Gap-Modells zur Berechnung eines Teils der Investitionen

ABB. 10 : **Investitionsgüternachfragemodell**

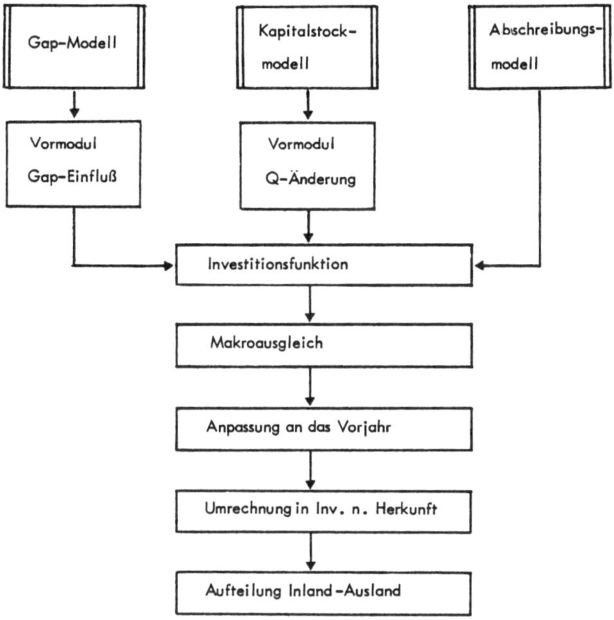

ausgewertet, so daß hier die Entwicklung von Angebot und Nachfrage ihren Niederschlag findet. Technologische Neuentwicklungen und Rationalisierungsmaßnahmen im technischen Bereich machen sich durch Änderungen des Kapitalkoeffizienten bemerkbar. Die diesen Veränderungen zugrundeliegenden Investitionen werden im Vormodul Q-Änderungen berechnet. Die entscheidende Gleichung im Investitionsnachfragemodell ist die Investitionsfunktion, die sich additiv aus vier Komponenten zusammensetzt. Mit ihr werden für jeden Sektor die Investitionen nach investierendem Sektor berechnet. Im Anschluß durchlaufen sie zwei Anpassungsmechanismen, die dafür sorgen, daß zeitlich gesehen keine unplausiblen Sprünge entstehen. Im Makroausgleich werden die Investitionen an die gesamtwirtschaftliche Situation angepaßt, d.h. sie werden in bestimmten Situationen in manchen Sektoren gebremst oder forciert. Bei der Anpassung an die Vorjahresinvestitionen werden sie mit den Vorjahreswerten verglichen und bei zu großen Abweichungen reduziert bzw. angehoben. Nachdem dann die Umrechnung in Investitionen nach Herkunftssektor mit der jeweils aktuellen Investitionsflußstrukturmatrix erfolgt ist, wird bestimmt, welcher Teil dieser Investitionen nach Herkunft importiert wird und welcher Teil inländisch produziert werden muß.

4.8.2. Einfluß der Angebots- und Nachfrageentwicklung

Die Entwicklung von Ungleichgewichten zwischen Angebot und Nachfrage schlägt sich im Angebots- bzw. im Nachfrageintegral nieder. Im Gap-Modell wurden bereits die den Integralen entsprechenden sektoralen, überschüssigen bzw. fehlenden Bruttowertschöpfungen berechnet. Wegen der Vorleistungsverflechtung kann in einem Sektor sowohl ein Überschuß als auch ein Fehlbetrag auftreten. Ist der Fehlbetrag größer, d.h. $DIDIN_i - DISIN_i > 0$, muß das Produktionspotential dieses Sektors erhöht werden, damit in den Folgeperioden nicht erneut Lücken zwischen Angebot und Nachfrage im Bereich der Endnachfrage auftreten. Die notwendigen Investitionen lassen sich aus dem ersten Teil der Produktionsfunktion berechnen (vgl. (4.17)). Sie sind das Produkt des Saldos mit dem aktuellen Kapitalkoeffizienten, in (4.17) bedeutet dies

$$I_i = \Delta K_i = \Delta V_i * q_i$$

Die Berechnung im Simulationsmodell wird im folgenden dargestellt. Einen Überblick gibt die Abbildung 11.

In der Realität wird im allgemeinen nicht jede Lücke sofort Investitionen auslösen. Dieser Tatsache wird im Modell dadurch Rechnung getragen, daß die notwendigen Investitionen mit einem Gewichtungsfaktor $OI6_i$ versehen werden. Dieser Gewichtungsfaktor kann sektoral und zeitlich unabhängig als Szenariogröße exogen vorgegeben werden. Es ergibt sich damit die folgende im Modell implementierte Bestimmungsgleichung für die Investitionen, die zum Ausgleich notwendig sind:

$$CI1_i = \max.\left\{0., (DIDIN_i - DISIN_i) * Q_i * OI6_i\right\} \qquad (4.66)$$

Im Falle überschüssiger Bruttowertschöpfung ist der Kapitalstock zu groß. Völlig analog jedoch mit dem Gewichtungsfaktor $OI2_i$ erhält man die erforderlichen Desinvestitionen zu:

$$CI2_i = \max.\left\{0., (DISIN_i - DIDIN_i) * Q_i * OI2_i\right\} \qquad (4.67)$$

Hohe Desinvestitionen würden eine Stillegung bzw. eine vorzeitige Verschrottung von Teilen des Produktionsvermögens bedeuten. In der Realität werden derartige Desinvestitionen jedoch nur zögernd durchgeführt. Dabei muß auch berücksichtigt werden, daß bei der Heterogenität der Sektoren durchaus nur manche Bereiche desinvestieren müssen, während andere durchaus Nettoinvestitionen durchführen. Ein Beispiel hierfür mag in den letzten vier Jahren der Faserbereich im Sektor Chemie darstellen.

ABB. 11 : **Vormodul-Gap-Einfluß**

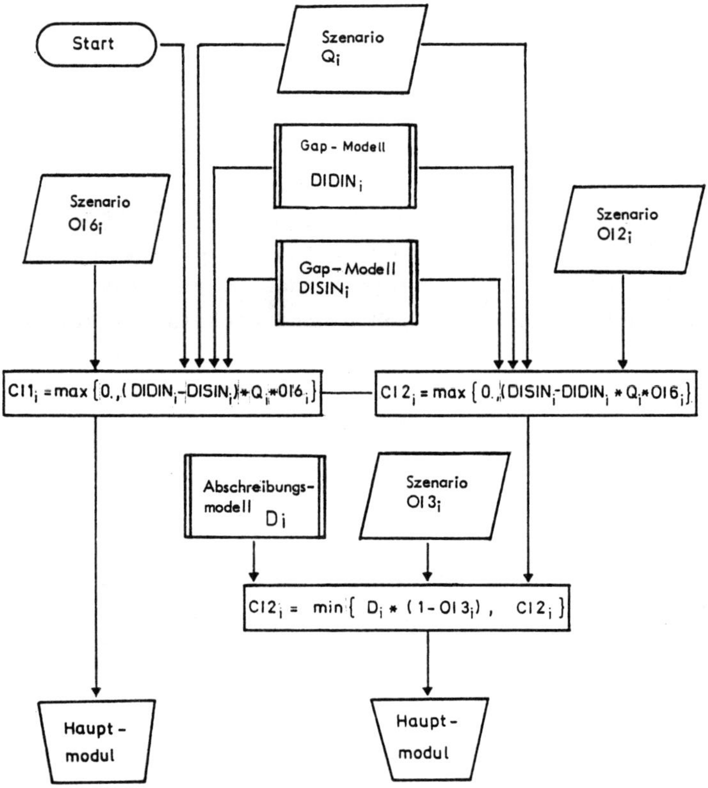

Man kann daher davon ausgehen, daß im Normalfall nur die notwendigen Ersatzinvestitionen nicht durchgeführt werden. Die Desinvestitionen werden daher mit dem Szenarioparameter $OI3_i$ an die Höhe der Ersatzinvestitionen gekoppelt[1]. Wird $OI3_i$ gleich Null gesetzt, so bedeutet dies, daß die Desinvestitionen des Sektors i maximal in Höhe der Ersatzinvestitionen ausfallen. Entsprechend bedeutet $OI3_i=1$, daß überhaupt nicht desinvestiert werden kann, daß der Kapitalstock also nicht zurückgeht und entsprechend der nachfolgenden Investitionsfunktion Neuinvestitionen mindestens in Höhe der Kapitalabgänge getätigt werden. Negative Werte von $OI3_i$ geben darüberhinaus die Möglichkeit, daß die Desinvestitionen auch die Höhe der Kapitalabgänge überschreiten können, so daß auch die Möglichkeit der Stillegung von Teilen des Kapitalstocks berücksichtigt werden kann. Die wirksame Desinvestition ergibt sich dementsprechend aus

$$CI2_i = \min.\left\{D_i * (1 - OI3_i),\ CI2_i\right\} \tag{4.68}$$

mit

D_i = sektorale Abgänge vom Kapitalstock

$CI2_i$ = bisheriger Wert von $CI2_i$ (4.67).

Mit den bisher beschriebenen Maßnahmen wird nur die vergangene und aktuelle Angebots-Nachfrage-Entwicklung berücksichtigt. Die zukünftige Entwicklung von Angebot und Nachfrage wird nicht berücksichtigt, denn wenn man von der Situation am Ende der 60-er Jahre absieht, werden die Investitionen in der Regel erst dann getätigt, wenn die entsprechende Nachfrageentwicklung stattgefunden hat. Das Modell entspricht diesem Verhalten dadurch, daß die getätigten Investitionen sofort produktiv wirksam werden, sowie sie dem Kapitalstock zugeschlagen sind.

---

1) Eine ähnliche Ansicht vertritt J. Schumann: Input-Output-Analyse, a.a.O., S. 172: "In Wirklichkeit können negative Investitionen nur als unterlassene Reininvestitionen gedeutet werden und sind daher auf die Menge der letzteren beschränkt".

In manchen Sektoren wie Energie und Metallerzeugung muß berücksichtigt werden, daß sich manche Investitionen über einen mehrjährigen Zeitraum erstrecken (Kraftwerke) und der jährliche Investitionsanteil noch nicht produktiv ist, obwohl er bereits vom Modell dem Kapitalstock zugeschlagen ist. Diese Verzögerungen werden im Modell nicht gesondert berücksichtigt, da sich bei einer nahezu gleichmäßig wachsenden Wirtschaft der mögliche Fehler kaum bemerkbar macht.

Eine Berücksichtigung findet jedoch in den Szenarien über den Kapitalkoeffizienten statt, und zwar wird in den Sektoren, wo eine eindeutige und technisch begründbare Verzögerung zwischen Investition und Produktionsaufnahme vorliegt, der Kapitalkoeffizient entsprechend angehoben. Dies betrifft z.B. den Sektor Energieerzeugung, weil die Bauzeit von Kraftwerken speziell von Kernkraftwerken viele Jahre dauern kann.

4.8.3. Einfluß von Veränderungen des Kapitalkoeffizienten

Die Veränderung des Kapitalkoeffizienten spiegelt sowohl technologische Neuentwicklungen (z.B. Einsatz energiesparender Verfahren) als auch Rationalisierungsmaßnahmen im technischen Bereich wieder. Häufig ist eine Erhöhung des Kapitalkoeffizienten verbunden mit einem Absinken des Arbeitskoeffizienten und bzw. oder der spezifischen Materialeinsätze. Da der Kapitalkoeffizient seiner Natur nach eine von Kapitalstock und Bruttowertschöpfung abgeleitete Größe ist, liegt die Ursache einer Änderung des Kapitalkoeffizienten bei konstanter Bruttowertschöpfung in einer Änderung des Kapitalstocks, d.h. einer Investition oder Desinvestition. Da im Simulationsmodell der Kapitalkoeffizient per Szenario vorgegeben wird, müssen die den Änderungen zugrundeliegenden Investitionen im Modell errechnet werden, um dann der vorhandenen Produktion entnommen und dem Kapitalstock zugeführt zu werden.

Ist $q_{i,t}$ der aktuelle und $q_{i,t+1}$ der Kapitalkoeffizient des nächsten Jahres und $K_{i,t}, K_{i,t+1}$ der jeweils zugehörige Kapitalstock, so muß entsprechend dem ersten Teil der Produktionsfunktion:

$$\frac{K_{i,t}}{q_{i,t}} = \frac{K_{i,t+1}}{q_{i,t+1}} \qquad \forall i \in \{1,....,19\} \tag{4.69}$$

gelten, wenn Bruttowertschöpfung und Bruttoproduktionswert konstant bleiben sollen. Durch elementare Umformung erhält man:

$$K_{i,t+1} - K_{i,t} = \frac{K_{i,t}}{q_{i,t}} * (q_{i,t+1} - q_{i,t}) \qquad \forall i \in \{1,....,19\} \tag{4.70}$$

Diese Differenz entspricht also den Investitionen, die notwendig sind, um den Kapitalstock soweit zu erhöhen, daß trotz der Steigerung des Kapitalkoeffizienten im nächsten Jahr dieselbe Produktion erreicht werden kann.

Im Modell steht aus technischen Gründen der Wert $q_{i,t+1}$ im jeweiligen Simulationsschritt nicht zur Verfügung, so daß der

Term $q_{i,t} - q_{i,t-1}$ als Approximation für $q_{i,t+1} - q_{i,t}$ genommen wird. Hierdurch entsteht nur selten ein Fehler, da das Szenario des Kapitalkoeffizienten stets eine stückweise lineare Entwicklung darstellt, so daß fast immer $\frac{dq}{dt}$ = const. gilt. Im Modell werden diese Investitionen also entsprechend (4.70) durch:

$$CI3_i = O3_i * SK_i * DQ_i/Q_i \tag{4.71}$$

mit:

$$DQ_i = Q_i - QT_i \qquad \forall i \in \{1,....,19\} \tag{4.72}$$

berechnet. Dabei sind QT_i die Kapitalkoeffizienten des vorangegangenen Simulationsschrittes und $O3_i$ Einflußfaktoren, die wie bei den Einflüssen der Angebots- und Nachfrageentwicklung eine exogene Einflußnahme auf diesen Investitionsanteil ermöglichen. Hierbei werden zwei Fälle unterschieden. Steigt der Kapitalkoeffizient, d.h. ist $DQ_i > 0$, so muß investiert werden. Der Einflußfaktor wird in diesem Fall der Szenariogröße $OI5_i$ gleichgesetzt. Andererseits bedingt ein fallender Kapitalkoeffizient ($DQ_i < 0$) Desinvestitionen, die man gegebenenfalls nicht mit derselben Wirkung wie im ersten Fall einsetzen will. Für diesen Fall wird der Einflußfaktor der Szenariogröße $OI4_i$ gleichgesetzt (vgl. Abb. 12).

ABB. 12 : **Vormodul: Q - Änderung**

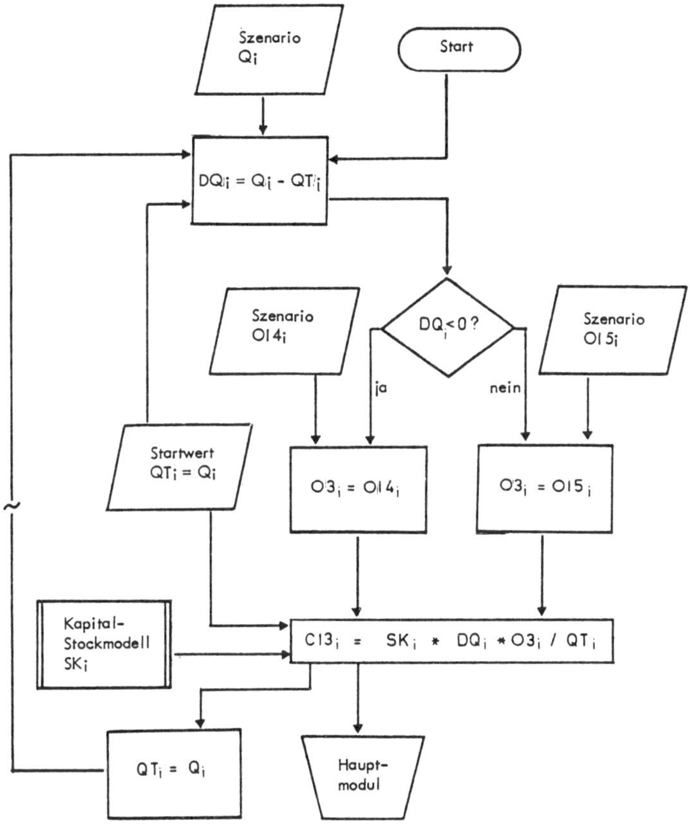

4.8.4. Berechnung der Investitionen nach Ziel- und Herkunftssektoren

Mit den Ergebnissen der beiden Vormodule kann die Investitionsfunktion des Simulationsmodells in simpler Form aufgestellt werden. Einen Überblick über die nachfolgenden Berechnungen gibt die Abb. 13 . Die gesamten Investitionen eines Sektors sind zunächst:

$$DI_i = D_i + CI1_i - CI2_i + CI3_i \qquad \forall i \in \{1,....,19\} \qquad (4.73)$$

Dabei sind

$CI1_i$ = Investitionen aufgrund von Nachfrageüberhängen (vgl. 4.8.2 Vormodul Gap-Einfluß)

$CI2_i$ = Desinvestitionen aufgrund von Angebotsüberschüssen (vgl. 4.8.2)

$CI3_i$ = Investitionen bzw. Desinvestitionen durch Änderung des Kapitalkoeffizienten (vgl. 4.8.3)

D_i = Abgänge vom Kapitalstock

Diese Investitionsfunktion hat die folgenden Eigenschaften:

- Wenn sich in einem Sektor i der Kapitalkoeffizient nicht ändert, d.h. $CI3_i$=O ist und die Produktion genau ausreicht, um die Lieferungen an die verschiedenen Sektoren sowie zur Befriedigung der Endnachfrage zu decken, d.h. $CI2_i$=O und $CI1_i$=O, dann werden nur die Abgänge vom Kapitalstock ersetzt. Die Nettoinvestitionen sind also Null, und der Sektor kann im nächsten Simulationsschritt dasselbe Angebot zur Befriedigung der Nachfrage bereitstellen.
- Tritt eine Änderung des Kapitalkoeffizienten auf, so wird soviel zusätzlich investiert, daß wiederum das Angebot auf dem Vorjahresniveau erstellt werden kann.
- Erst beim Auftreten von Differenzen zwischen Angebot und Nachfrage wird so investiert, daß auch Bruttowertschöpfung und Bruttoproduktionswert im Folgejahr eine entsprechend andere Höhe haben.

ABB. 13 : **Investitionsguternachfragemodell**

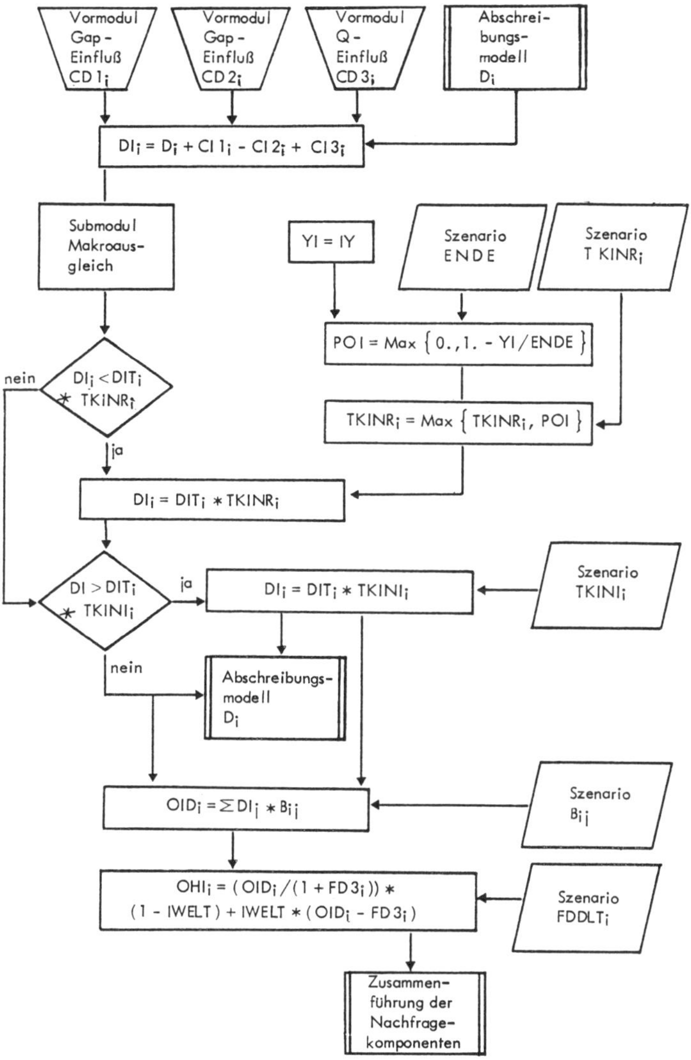

Das Modell hat bei extremen Szenarien möglicherweise stärkere Änderungen im Verlauf der Nachfrage und der Kapitalkoeffizienten zu verarbeiten. Das kann zu unrealistischen gesamtwirtschaftlichen Investitionsquoten oder zu unplausiblen Sprüngen und Wachstumsraten der sektoralen Investitionen führen. Zur Vermeidung von Überreaktionen werden die Investitionen zunächst bezüglich ihres gesamtwirtschaftlichen Stellenwertes im Submodul Makroausgleich untersucht und gegebenenfalls geringfügig erhöht oder abgeschwächt.

Daneben kann die zeitliche Entwicklung der sektoralen Investitionen durch zwei Szenarioparameter kontrolliert werden. Durch $TKINR_i$ wird eine maximale Rückgangsrate für die Investitionen des Sektors i angegeben, während durch $TKINI_i$ eine Wachstumsobergrenze gesetzt wird. Setzt man $TKINR_i=0.9$, so bedeutet dies, daß die Investitionen im aktuellen Zeitschritt bis zu 10% zurückgehen können. Analog bedeutet $TKINI_i=1.2$, daß die Investitionen um maximal 20% zunehmen können[1].

Im Bereich zwischen Wachstums- und Rückgangsgrenze können die Investitionen frei schwanken. Beide Grenzen können gegebenenfalls auch zeitlich variabel eingegeben werden.

Die Rückgangsgrenze wird darüberhinaus für die ersten paar Jahresschritte der Simulation durch eine besondere Berechnung angehoben. Weil die im Gap-Modell erzeugten Integrale zu Beginn noch nicht voll aufgebaut sind, entfällt ein relevanter Teil der Einflüsse, die die Investitionen stimulieren. Wenn während der Anfangsphase der Modellsimulation eine wachsende Wirtschaft dargestellt werden soll, könnte also die Investitionsnachfrage zu niedrig ausfallen und bis zur oben genannten Untergrenze zurückgehen. Die Rückgangsgrenze für die Investitionen wird deshalb auf einen durch POI angegebenen Wert

---

1) Eine Beschränkung der Investitionen auf ein 20%-Wachstum ist noch keine übermäßige Einschränkung, denn dabei können die Investitionen noch etwa alle 3,8 Jahre verdoppelt werden.

angehoben, und zwar solange wie dieser noch größer ist als der aktuelle Wert von $TKINR_i$. Der Wert POI ist durch die folgende Funktion gegeben:

$$POI = max.\left\{ 0.,\ 1.0 - \frac{YI}{ENDE} \right\} \qquad (4.74)$$

mit

YI = Aktueller Simulationsschritt
ENDE = Szenariogröße (Standardwert: ENDE = 15)

Die Rückgangsgrenze ist dann jeweils das Maximum von $TKINR_i'$ und POI, bestimmt durch:

$$TKINR_i = max.\left\{ TKINR_i',\ POI \right\} \qquad (4.75)$$

mit

$TKINR_i'$ = Szenarioseitig vorgegebener Wert von $TKINR_i$

Zur Verdeutlichung ist der Bereich, innerhalb dessen sich das Verhältnis von aktuellen Investitionen zu Investitionen des Vorjahres beispielsweise für den Sektor 19 frei bewegen kann, für die Werte:

$TKINR_{19} = 0,8$ $TKINI_{19} = 1,2$ ENDE = 15

in der Abbildung 14 dargestellt.

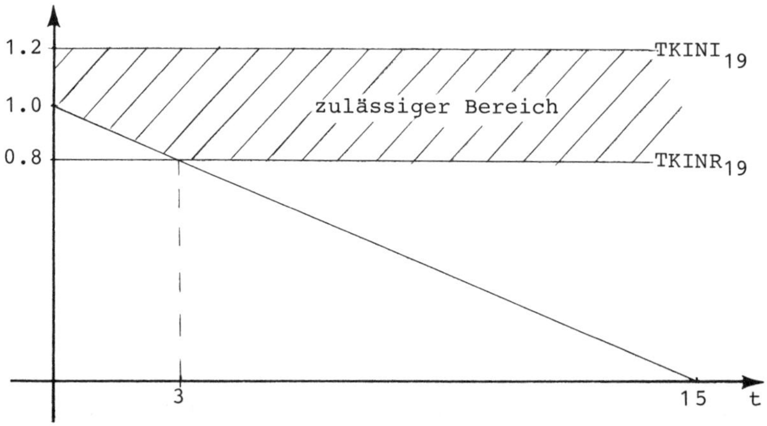

Abb. 14: Spielraum für die Veränderungen der Investitionen

Übersteigen nun die Investitionen DI_i eines Sektors die Obergrenze, so werden sie auf den Wert:

$$DI_i = DIT_i * TKINI_i \qquad \forall i \in \{1, \ldots, 19\} \tag{4.76}$$

mit

DIT_i = sektorale Investitionen des Vorjahres

reduziert.

Analog werden sie angehoben, wenn sie unter das Niveau:

$$DI_i = DIT_i * TKINR_i \tag{4.77}$$

zurückfallen. Nach diesen beiden Anpassungsschritten sind die Investitionen endgültig bestimmt und werden an das Kapitalstock- und Abschreibungsmodell im nächsten Simulationsschritt weitergegeben.

Für die Ermittlung der gesamtwirtschaftlichen Nachfrage muß jetzt die Herkunft der Investitionen festgestellt werden. Die Umrechnung in Investitionen nach Herkunftssektor geschieht völlig analog der Berechnung im Abschreibungsmodell (vgl. 4.3.3) nach der Methode der vertikalen Koeffizienten. Dazu werden erneut die bereits im Abschreibungsmodell eingeführten Investitionsflußstrukturmatrizen verwendet.

Die zu den DI_j gehörenden Investitionen nach Herkunftssektor OID_j erhält man, indem man die Investitionsflußstrukturmatrix B_{ij} spaltenweise mit den Investitionen nach investierendem Sektor durchmultipliziert, so daß man eine Investitionsflußmatrix in absoluten Größen erhält, und dann die Investitionslieferungen jedes Sektors aufsummiert (Zeilensumme). Dies geschieht im Simulationsmodell durch die Gleichung:

$$OID_j = \sum_{j=1}^{19} DI_j * B_{ij} \qquad \forall j \in \{1,....,19\} \qquad (4.78)$$

Außer der sektoralen Herkunft ist noch zu bestimmen, ob die Investitionen aus dem Inland kommen oder importiert werden. Die berechneten Investitionen sind jeweils die Summe der inländisch produzierten und der importierten Investitionsgüter. Die Höhe der importierten Investitionen wird durch den Szenarioparameter $FD3_i$ festgelegt. Dabei sind die beiden folgenden Möglichkeiten vorgesehen.

Die erste Möglichkeit besteht darin, daß $FD3_i$ angibt, wieviel Prozent der inländisch produzierten Investitionen importiert werden sollen. Da sich die Investitionen aus dem Herkunftssektor i als Summe von beiden Anteilen ergeben, gilt:

$$OID_i = OHI_i + OHI_i * FD3_i \qquad (4.79)$$

mit

OHI_i = inländisch zu produzierende Investitionen,

so daß der inländische Anteil zu:

$$OHI_i = OID_i \ / \ (1.0 + FD3_i) \qquad (4.80)$$

berechnet werden kann.

Als zweite Möglichkeit können die importierten Investitionen in absoluter Höhe angegeben werden. In diesem Fall ist also:

$$OID_i = OHI_i + FD3_i \qquad (4.81)$$

und:

$$OHI_i = OID_i - FD3_i \qquad (4.82)$$

Im Modell sind beide Versionen in einer Gleichung dargestellt, wobei abhängig vom Wert des Parameters IWELT die jeweils gewünschte Form angesprochen wird:

$$OHI_i = (OID_i \ / \ (1 + FD3_i)) * (1 - IWELT) + IWELT * (OID_i - FD3_i) \qquad (4.83)$$

Damit sind die inländisch nachfragewirksamen Investitionen nach Herkunft bestimmt und können an das Modell zur Zusammenführung der Nachfragekomponenten weitergegeben werden.

4.8.5. Der Submodul Makroausgleich

Der nachfolgend beschriebene Submodul Makroausgleich (vgl. Abb. 15) hat nur geringe Auswirkungen auf die Investitionsnachfrage. Er ist bewußt nicht stärker ausgebildet worden, weil sonst der nachfrageorientierte Charakter des Simulationsmodells zu stark beeinträchtigt worden wäre.

Zunächst wird die Summe der Investitionen XMA gebildet und daraus die Investitionsquote bezogen auf das im Vorjahr angeforderte Bruttoinlandsprodukt YDT bestimmt. Der Vorjahreswert muß genommen werden, weil der aktuelle Wert noch nicht bestimmt ist, denn die Investitionen, die hier determiniert werden sollen, sind ja gerade ein Teil des aktuellen Bruttoinlandsprodukts. Da im Startjahr kein Vorjahresbruttoinlandsprodukt vorhanden ist, wird im ersten Simulationsschritt kein Makroausgleich durchgeführt.

Wenn die Investitionsquote den per Szenario vorgegebenen Maximalwert OBER oder den Minimalwert UNTE über- bzw. unterschreitet, wird ein Investitionsänderungswert XRED errechnet. Lag die Investitionsquote über den Maximalwert OBER, so ist dieser Änderungswert gleich der Differenz zwischen angeforderten Investitionen und den Investitionen die dem Maximalwert entsprechen. Unterschreitet die Investitionsquote den Minimalwert UNTE, so ist der Änderungswert gleich der Differenz zwischen den angeforderten Investitionen und den Investitionen, die der Quote UNTE entsprechen. Für die Berechnung wird die Variable XXM bei einem Überschreiten des Maximalwertes auf den Wert OBER und bei Unterschreiten des Minimalwertes auf den Wert UNTE gesetzt, der Investitions-Änderungswert errechnet sich dann zu

$$XRED = XMA - XXM * YDT \qquad (4.84)$$

Lag nun die Investitionsquote zu hoch, so werden die Investitionen in bestimmten Sektoren soweit reduziert, daß die Summe der Reduktionen dem Änderungswert entspricht.

ABB. 15 : **Submodul Makroausgleich**

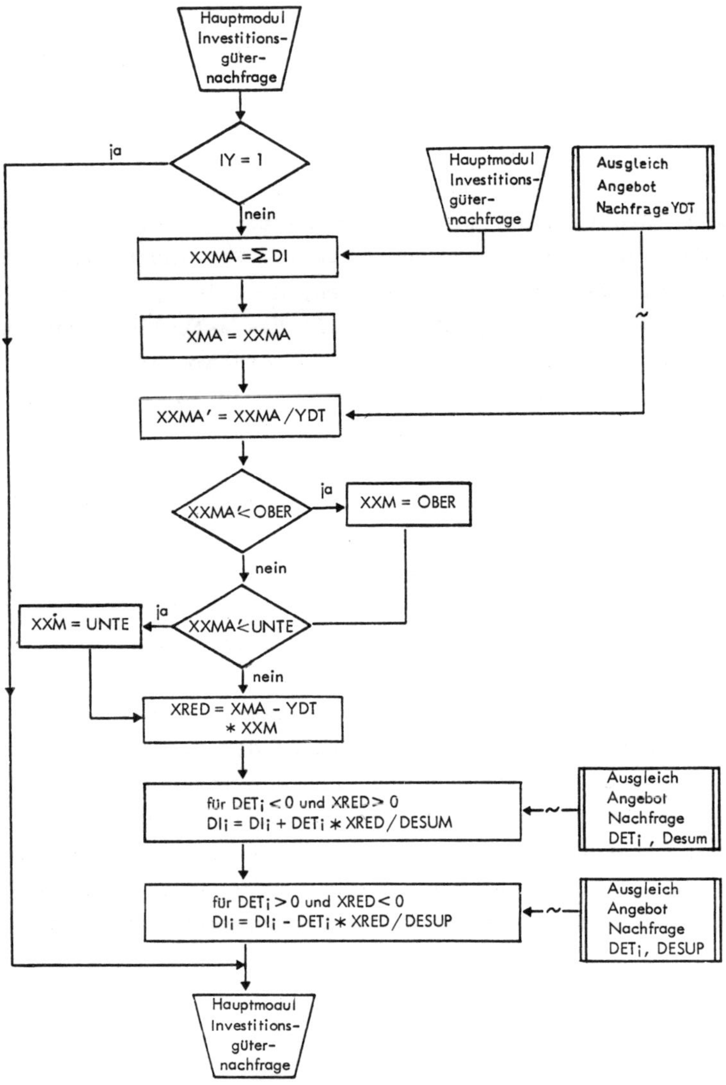

Die Auswahl der Sektoren und die Verteilung des Änderungswertes geschieht nach einem Auswahlverfahren, bei dem die Sektoren aus der Situation des Vorjahres heraus bestimmt werden. Die Reduktion wird nur bei denjenigen Sektoren vorgenommen, die im Vorjahr einen Angebotsüberschuß produziert haben. Die Verteilung des Änderungswertes geschieht dabei anteilig je nach Höhe des Überschusses. Die benötigten Informationen über die Vorjahressituation werden vom Modell Ausgleich-Angebot-Nachfrage übertragen. Dabei ist DESUM die Summe der aufgetretenen Angebotsüberschüsse und DESUP die Summe der Nachfrageüberhänge. DET_i gibt den Überschuß bzw. Überhang des Sektors i aus dem Vorjahre an.

Ist $DET_i < 0$, d.h. daß im Vorjahr im Sektor i das Angebot größer war als die Nachfrage, und ist $XRED > 0$, d.h. die Investitionsquote liegt zu hoch, so werden in diesem Sektor die Investitionen auf den Anteil:

$$DI_i = DI_i' + DET_i * XRED / DESUM \qquad \forall i \in \{1,....,19\} \qquad (4.85)$$

mit

DI_i' = bisheriger Wert der sektoralen Investitionen

gekürzt. Geschieht dies für alle Sektoren, so ist der Änderungswert XRED vollständig verteilt und die Summe der Investitionen entspricht dem Maximalwert.

Analog werden bei einem Unterschreiten der Minimalquote die Investitionen derjenigen Sektoren angehoben, bei denen im Vorjahr ein Nachfrageüberhang aufgetreten war. Ist also im Sektor i $DET_i > 0$ und ist der Änderungswert $XRED < 0$, so werden die Investitionen des Sektors i auf den Wert:

$$DI_i = DI_i' - DET_i * XRED / DESUP \qquad \forall i \in \{1,....,19\} \qquad (4.86)$$

angehoben.

Es scheint zunächst, daß hier gewaltige Sprünge in den Investitionen eines Sektors errechnet werden können. Hatte nämlich nur ein Sektor im Vorjahr einen Überschuß und investiert dieser gegebenenfalls nur sehr wenig, so muß er die ganze Last der Quotenanpassung tragen. Weil aber nach dieser Makrokorrektur noch die oben beschriebene zeitliche Anpassung an die Vorjahreswerte erfolgt, kann letztlich doch keine Veränderung erfolgen, die den durch TKINR und TKINI bestimmten Bereich verläßt.

4.9. Die Berechnung der Exportnachfrage

In der Realität wird die Exportnachfrage von einer Fülle von Größen determiniert:

- Konkurrenzfähigkeit auf dem Weltmarkt
- Währungsrelationen,
- Preisrelationen,
- Kostenrelationen,
- technischer Stand, Qualität,
- Lieferbedingungen,
- Servicebedingungen, Reparatur und Wartung,
- Finanzierung und
- Handelspolitik und Entwicklung des Welthandels

sind wohl die bedeutendsten. Diese Abhängigkeiten können im Simulationsmodell jedoch überwiegend nicht berücksichtigt werden, so daß die folgende Vorgehensweise gewählt wurde.

Die Exportnachfrage kann auf zwei Arten bestimmt werden. Einerseits soll die Möglichkeit bestehen, die Exporte durch ein entsprechendes anderes Modell zu berechnen, z.B. mit dem Mesarovic-Pestel-Weltmodell oder mit einem beliebigen Welthandelsmodell. Andererseits soll die Entwicklung der Exporte durch Angabe sektoraler Wachstumsraten (Szenario) bestimmt werden können. Die Belegung der Wachstumsraten kann dann extern unter Umständen in einer eigenen Untersuchung erfolgen.

Da das Simulationsmodell als Analyseinstrument konzipiert wurde, ist es darüberhinaus sinnvoll, durch eine Korrekturgröße die Wachstumsrate von jedem Sektor beeinflussen zu können, so daß spezielle Szenarios wie z.B. "Zusammenbruch des Welthandels", "verstärkte Entwicklungshilfe" oder "Export-Subvention" behandelt werden können.

Für die im Anhang wiedergegebenen Modellrechnungen wurde eine Kombination der beiden Möglichkeiten verwendet. Die Startwerte wurden der DIW-Input-Output-Tabelle für 1962 entnommen. Für den Zeitraum bis 1977 wurden sektorale Wachstumsraten vorgegeben, die basierend auf den DIW-Input-Output-Tabellen 1962,

1966 und 1972 gewonnen bzw. extrapoliert wurden. Für den zukünftigen Zeitraum wurden dagegen die Wachstumsraten durch eine iterative Kopplung mit dem erweiterten Mesarovic-Pestel-Weltmodell[1] berechnet.

Je nachdem, ob der Parameter IWELT den Wert Null oder Eins hat, werden die Exporte XD_i des Sektors i entweder durch die folgende Rekursionsformel:

$$XD_i = XDT_i * XD1_i * (1.0 - XXXT_i) \qquad (4.87)$$

mit

XDT_i = Vorjahresexport des Sektors i

$XD1_i$ = Wachstumsrate der Exporte des Sektors i (Szenario)

$XXXT_i$ = Korrekturgröße für den Sektor i (Szenario)

berechnet oder in absoluter Höhe durch die Szenariogröße $XD1_i$ vorgegeben. Die im Modell implementierte Gleichung ist also:

$$XD_i = (XDT_i * XD1_i (1 - XXXT_i) * (1 - IWELT) + IWELT * XD1_i \qquad \forall i \in \{1,....,19\} \qquad (4.88)$$

Hat die Korrekturgröße für den betreffenden Sektor den Wert Null, so findet keine Korrektur der Exporte statt. Wird jedoch XXXT z.B. auf den Wert 0,05 gesetzt, so bedeutet dies, daß die Exportnachfrage um 5% reduziert wird gegenüber dem Wert im Normalfall. Die Berechnung ist in Abbildung 16 dargestellt.

1) vgl.: L. Hübl, M. Mesarovic, E.Pestel: Anpassung des Mesarovic-Pestel-Weltmodells ... a.a.O.

ABB. 16 : **Exportnachfrage**

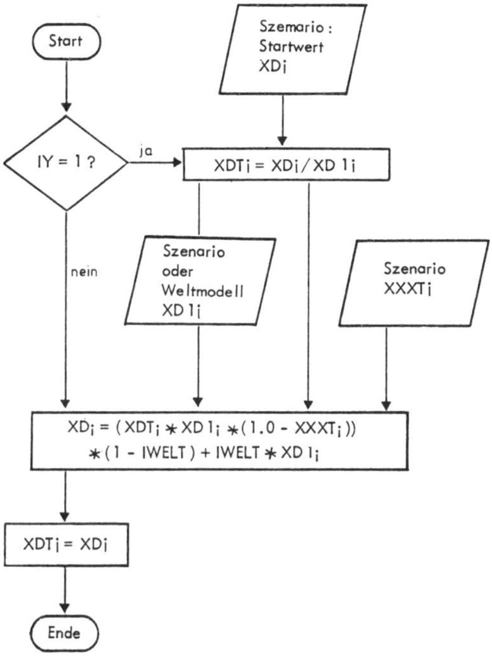

4.10. Die Berechnung der Konsumnachfrage

In den meisten ökonometrischen Modellen wird der private Konsum durch eine makroökonomische Konsumfunktion[1] bestimmt. Standardfälle sind:

- Keynesianische Konsumfunktion
- neoklassische Konsumfunktion nach Friedman auf Basis der "permanent income hypothesis"[2]
- Konsumfunktion nach Duesenberry und Modigliani auf Basis der "relative income hypothesis" oder[3]
- Bestimmung des privaten Konsums aus dem laufenden Einkommen und dem Einkommen der Vorperiode auf Basis der "habit persistance theory" von Brown[4].

Bei diesen Ansätzen ist der private Konsum stets in irgendeiner Form vom Volkseinkommen bzw. verfügbaren Einkommen abhängig. Derartige Funktionen bergen die Gefahr in sich, das Verhalten des Modells a priori für den gesamten Simulationszeitraum festzulegen; es wird quasi entweder eine Wachstumsautomatik mit exponentiellem Wachstum als Resultat oder ein endloser Schrumpfungsprozeß festgelegt. Ein solches Verhalten ist jedoch langfristig unwahrscheinlich. Ob dies bereits bei den 38 Jahren im vorliegenden Modell der Fall ist, kann nicht gesagt werden, so daß wir - auch um dem Modell als Analyseinstrument gerecht zu werden - mehrere Möglichkeiten für die Festlegung der Konsumfunktion zulassen.

---

1) Einen Überblick über die verschiedenen Ansätze gibt: R. Rettig, D. Voggenreiter: Makroökonomische Theorie, Mohr, Tübingen 1977, S. 70ff

2) M. Friedman: A Theory of Consumption Function, Princeton 1957

sowie: F. Modigliani, R.E. Brumberg: Utility analysis and the consumption function: An interpretation of cross-section data, in: K.K. Kurihara (Hrsg.): Post-Keynsian Economics, New Brunswick 1954, S. 388ff

3) J.S. Duesenberry: Income, Saving and the Theory of Consumer Behavior, Cambridge (Mass.) 1949

sowie: F. Modigliani: Fluctuations in the saving-income ratio. A problem in economics forecasting, in NBER, Studies in Income and Wealth, Bd. II, New York 1949, S. 371ff

4) T.M. Brown: Habit persistance and lags in consumer behavior, Econometrica 20, 1952, S. 355ff

Neben dem Einkommen ist die Bevölkerungsentwicklung eine entscheidende Determinante des privaten Konsums. Insbesondere in der Bundesrepublik, wo mit einer stark rückläufigen Bevölkerung gerechnet werden muß, ist sie ein bedeutender Einflußfaktor. Im einfachsten Fall kann dieser Einfluß dadurch eliminiert werden, daß man nur die Pro-Kopf-Entwicklung betrachtet. Den gesamtwirtschaftlichen privaten Konsum erhält man dann durch Multiplikation mit der Bevölkerung. Obwohl hierbei korrekterweise die Altersstruktur der Bevölkerung berücksichtigt werden müßte, wird im Simulationsmodell die private Konsumnachfrage auf diese vereinfachte Weise berechnet. Dazu wird die Bevölkerungsentwicklung POP dem Modell mitgeteilt. Die Werte können damit Ergebnisse beliebiger externer, demographischer Schätzungen (z.B. Statistisches Bundesamt, Bevölkerungsmodell des DIW o.dgl.) sein.

Der private Pro-Kopf-Konsum wird dann mit einer Konsumfunktion, die die folgenden Möglichkeiten beinhaltet, berechnet.

- Sektorale Keynesianische Konsumfunktion vom Typ[1]

$$C_i = c_i^a + c_i^b * Y \qquad (4.89)$$

- Vorgabe des sektoralen Pro-Kopf-Konsums für das Startjahr und anschließend rekursive Berechnung mit Wachstumsraten, die als Szenario vorgegeben werden (vgl. Exportnachfrage)
- Anteil am Pro-Kopf-Einkommen des Vorjahres
- Sektoraler Pro-Kopf-Konsum in absoluten Größen.

---

1) Derartige Konsumfunktionen werden z.B. von E.W. Gilboy: Consumption and Input-Output-Analysis in T. Barna (Hrsg.): Structural Interdependence ... (1954), a.a.O., S. 399ff behandelt.

Schätzungen wurden durchgeführt von: J. Cornfield, W.D. Evans, M. Hoffenberg: Full employment patterns, 1950. Monthly Labour Review 64 (1947) S. 163ff und S. 420ff.

Im zweiten Fall ist für das Startjahr eine Vorberechnung der sektoralen Pro-Kopf-Werte des privaten Konsums notwendig. Dazu wird der Variablen $CD_i^!$ per Szenario der private Konsum des Startjahres für jeden Sektor zugewiesen. Er wird zweckmäßigerweise der DIW-Input-Output-Tabelle von 1962 entnommen und zunächst durch $CD1_i$ * POP dividiert, damit der private Konsum im Simulationsteil den Wert $CD_i^!$ erreicht. Vor Beginn des ersten Simulationsschrittes wird also:

$$CPCT_i = CD_i \; / \; (CD1_i * POP) \qquad (4.90)$$

mit

$CPCT_i$ = sektorale Pro-Kopf-Konsumnachfrage des Vorjahres

CD_i = sektorale private Konsumnachfrage im Startjahr (Datum)

$CD1_i$ = sektorale Wachstumsrate für die private Pro-Kopf-Konsumnachfrage.

gesetzt. Wird eine andere Berechnungsmöglichkeit oder eine Mischung verschiedener Möglichkeiten gewählt, so muß das Pro-Kopf-Bruttoinlandsprodukt des Jahres vor dem Startjahr für die Variable RYPC vorgegeben werden.

Die jährliche Berechnung der privaten Konsumnachfrage kann nun im Simulationsteil mit der folgenden Rekursionsgleichung durchgeführt werden:

$$CD_i = ((1. + (CD1_i - 1.) * (1. + SKO_i)) * CPCT_i + CD3_i + CD2_i * SKO_i * RYPC) * POP \qquad (4.91)$$

mit

SKO_i = sektoraler Korrekturfaktor für Wachstumsrate bzw. marginale Pro-Kopf-Konsumquote.

CD_i = sektorale private Konsumnachfrage

$CD2_i$ = sektorale, marginale, private Pro-Kopf-Konsumquote bei keynesianischem Ansatz

$CD3_i$ = sektoraler, privater Basiskonsum bzw. sektoraler absoluter, privater Pro-Kopf-Konsum

Wird der keynesianische Ansatz gewählt, so wird $CPCT_i$ stets auf den Wert Null gesetzt, so daß der Wachstumsratenterm verschwindet. Soll dagegen mit Wachstumsraten gerechnet werden, so muß $CD2_i$ und $CD3_i$ stets auf Null gesetzt werden. Der Korrekturfaktor SKO_i (Szenario) dient lediglich dazu, leicht Alternativen zu einem gegebenen Standardfall durchrechnen zu können. Beim keynesianischen Ansatz kann mit ihm die marginale Pro-Kopf-Konsum-Quote vom Standardfall abweichend verändert werden. Beim rekursiven Ansatz (Wachstumsraten) dagegen kann mit SKO die Wachstumsrate korrigiert werden. Ist also z.B. $CD1_i$=1.03, d.h. die Wachstumsrate beträgt 3%, und ist SKO_i=0.2, d.h. Korrektur der Wachstumsrate um +20%, so ergibt sich die endgültige Wachstumsrate zu 3,6%.

Anschließend an die Berechnung der privaten Konsumnachfrage wird das Bruttoinlandsprodukt pro Kopf der Bevölkerung durch:

$$RYPC = VM / POP \qquad (4.92)$$

ermittelt und die sektorale private Konsumnachfrage pro Kopf der Bevölkerung durch:

$$CPCT_i = CD_i / POP \qquad (4.93)$$

berechnet.

Mit diesen beiden neuen Werten wird dann im nächsten Zeitschritt die private Konsumnachfrage berechnet.

Die Abbildung 17 gibt einen Überblick über die Berechnung der privaten Konsumnachfrage.

ABB. 17 : **Private Konsumnachfrage**

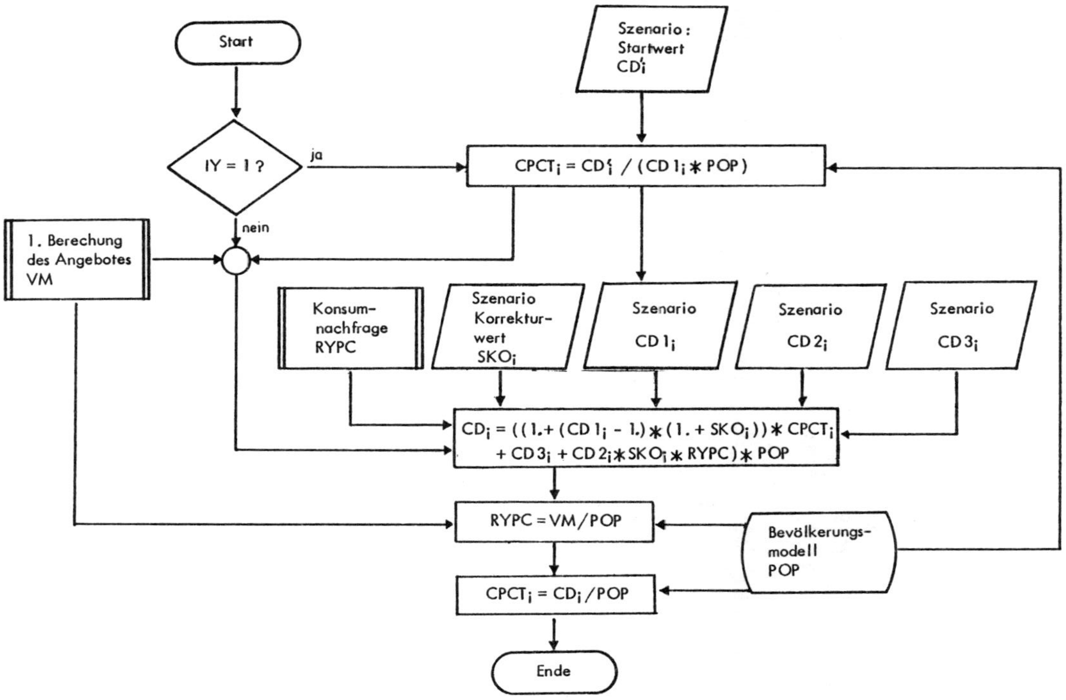

4.11. Die Berechnung des Staatskonsums

Entsprechend der Logik der Input-Output-Modelle darf der Staatskonsum nicht mit den Staatsausgaben verwechselt werden. Während der Staatskonsum nur der Endnachfrageteil des Staates ist, enthalten die Staatsausgaben zusätzlich noch die Transfers an private Haushalte (Renten und Sozialbeihilfen) und die staatlichen Investitionen. Im wesentlichen besteht der Staatskonsum aus Personalkosten für die Beschäftigten der Gebietskörperschaften und für konsumptive Käufe von Unternehmen.

Da im Simulationsmodell explizit nur der Staatskonsum behandelt wird, fragt man sich, wo die beiden anderen Komponenten der Staatsausgaben eingehen. Bei der Ermittlung der privaten Konsumnachfrage wird jedoch nicht berücksichtigt, ob die privaten Einkommen aus Erwerbstätigkeit oder durch Transferleistungen des Staates zustande kommen, so daß angenommen werden kann, daß die Transfers an private Haushalte sich in realer Nachfrage als Konsum zeigen. Die Staatsinvestitionen werden bei der Kapitalstockbildung des Sektors Staat berücksichtigt. Da im Input-Output-Konzept der Staat als produzierender Sektor auftritt, werden seine Investitionen durch die Nachfrage nach staatlichen Dienstleistungen und seinen Kapitalkoeffizienten bestimmt.

Bei der Trennung von investiver und konsumptiver Staatsnachfrage entsteht jedoch das Problem, daß eine gegenseitige Beeinflussung vorhanden sein kann:

- starke Ausgabesteigerungen beim Staatskonsum (Erhöhung der Personalausgaben) können staatliche Investitionen verhindern.
- Die Anteile der verschiedenen staatlichen Aufgabenbereiche an den Gesamtausgaben können sich verändern und aufgrund ihrer unterschiedlich starken konsumptiven bzw. investiven Eigenart Auswirkung auf das Verhältnis konsumptiver zu investiven Ausgaben haben.

Das erste Problem kann wegen seiner Abhängigkeiten (Tarifpolitik) nicht im Modell über 38 Jahre hinweg simuliert werden. Das zweite dagegen kann in einem eigenen Modell oder durch externe Überlegungen behandelt werden[1]. Die Ergebnisse können dann in das Wirtschaftsmodell in Form eines Szenarios oder durch eine direkte Kopplung einfließen.

Ähnlich wie bei der Konsum- und Exportberechnung wird der Staatskonsum GD_i mit Wachstumsraten aus den Vorjahreswerten mit der folgenden Rekursionsgleichung berechnet:

$$GD_i = GD1_i * HGD1_i + GD2_i * HGD2_i \quad \forall\, i \in \{1,....,19\} \qquad (4.94)$$

mit

$GD1_i$ = fester Anteil des Staatskonsums bzw. Wachstumsrate des festen Anteils des Staatskonsums (Szenario)

$HGD1_i$ = Staatskonsum des Vorjahres bzw. fester Anteil des Staatskonsums im Vorjahr

$GD2_i$ = Wachstumsrate des veränderlichen Teils des Staatskonsums (Szenario)

$HGD2_i$ = veränderlicher Teil des Staatskonsums aus dem Vorjahr

Mit der Rekursionsgleichung kann der Staatskonsum über Wachstumsraten ausgehend von einem Startwert berechnet werden. Die Wachstumsraten werden dann durch das exogene Modell bzw. durch die exogenen Untersuchungen dem Modell durch die Szenariovariable $GD1_i$ übertragen. In diesem Fall ist $GD2_i$=0.

Daneben kann der Staatskonsum aus einem Sockelwert, dessen Veränderung durch die Wachstumsrate $GD1_i$ erreicht wird und einem variablen Teil, dessen Veränderung durch die Wachstumsrate $GD2_i$ betrieben wird, berechnet werden. Die Wachstumsrate

1) vgl.: E. Pestel, ..., W. Oest, u.a.: Das Deutschlandmodell, DVA, Stuttgart 1978, S. 78f

$GD1_i$ wäre stark durch die realen Veränderungen der Personalkosten bestimmt.

Der Aufteilung in Sockelwert und variablen Anteil liegt die Annahme zugrunde, daß der überwiegende Teil des Staatskonsums kaum durch schnelle Maßnahmen beeinflußt werden kann. Da der Sockelwert aus den Aufwendungen für die Bereiche Verwaltung, Bildung, Verteidigung und sonstige durch gesetzliche Vorschriften festgelegte Aufgaben besteht, sollte er zweckmäßigerweise außerhalb des Simulationsmodells behandelt werden. Wie bei der privaten Konsumnachfrage muß in analoger Weise vor dem ersten Simulationsschritt eine Vorberechnung mit:

$$HGD1_i = GD_i \;/\; GD1_i \qquad (4.95)$$

$$HGD2_i = RGD \;/\; GD2_i$$

durchgeführt werden. Eine Übersicht über die Berechnungen gibt Abb. 18.

ABB. 18 : **Staatskonsum**

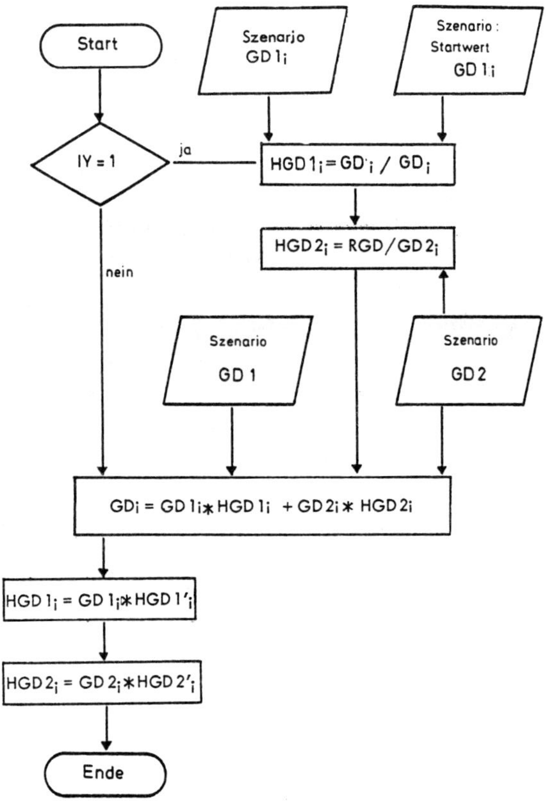

4.12. Die Zusammenfassung der Endnachfragekomponenten

Ausgangspunkt für die Zusammenfassung der Endnachfragekomponenten sind die in den vorangegangenen Abschnitten berechnete private Konsumnachfrage, der Staatskonsum, die Exportnachfrage und die Investitionsgüternachfrage. Als wesentliche neue Variablen ergeben sich hieraus die sektoralen Endnachfrageimporte sowie die auf die inländischen Sektoren gerichtete gesamte Endnachfrage. Letztere bestimmt entscheidend den Wachstumspfad der betreffenden Sektoren und wegen der Vorleistungsverflechtung auch das Wachstum nicht direkt betroffener Sektoren (vgl. Gap-Modell)[1]. Eine Übersicht über den ersten Teil der folgenden Berechnungen gibt Abb. 19.

Die Endnachfrageimporte FMD_i sind die Summe der Importe für die private Konsumnachfrage und für den Staatskonsum sowie der Investitionsgüterimporte. Bezugsgröße der sektoralen Importe für die private Konsumnachfrage ist die auf die inländische Produktion gerichtete sektorale private Konsumnachfrage. Der zusätzliche Konsumgüterimport wird als Anteil $FD1_i$ dieser Größe berechnet und als Szenariogröße exogen vorgegeben. Völlig analog werden die Importe für den Staatskonsum mit der Szenariogröße $FD2_i$ bestimmt. Die Investitionsgüterimporte schließlich ergeben sich für den Fall, daß die Steuervariable IWELT den Wert Null hat, aus der Gleichung (4.79) des Investitionsnachfragemodells (vgl. 4.8.4). Für den Fall IWELT=1 wurden die Investitionsgüterimporte durch die Szenariovariable $FD3_i$ in absoluter Höhe angegeben. Analog werden für diesen Fall auch durch die Variablen $FD1_i$ und $FD2_i$ die Importe für die private Konsumnachfrage und für den Staatskonsum in absoluter Größe angegeben. In diesem Fall sind also die gesamten sektoralen Endnachfrageimporte die Summe von $FD1_i$, $FD2_i$ und $FD3_i$. Beide Fälle werden im Simulationsmodell in der folgenden Gleichung zusammengefaßt:

---

1) Letzteres gilt natürlich nur, wenn die Matrix der vertikalen Koeffizienten der Input-Output-Matrix unzerlegbar ist. Bei unseren 19 Sektoren ist diese Unzerlegbarkeit jedoch stets gegeben.

$$FMD_i = (CD_i * FD1_i / (1. + FD1_i) + GD_i * FD2_i / (1. + FD2_i)) + OHI_i * FD3_i) * (1. + IWELT) + IWELT * (FD1_i + FD2_i + FD3_i) \quad \forall i \in \{1,...,19\} \tag{4.96}$$

Die Werte der Importanteile an der privaten Konsumnachfrage, dem Staatskonsum und den Investitionsgütern können z.B. für die Vergangenheit durch Interpolation aus den DIW-Input-Output-Tabellen für 1962, 1966 und 1972 gewonnen werden und für die Zukunft entweder geschätzt oder durch ein externes Modell berechnet werden[1].

Um gegenüber einem Standardszenario leicht alternative Entwicklungen simulieren zu können, besteht die Möglichkeit, die 3 Importanteile je Sektor bzw. die 3 absoluten Werte durch eine Korrekturgröße (ABTG) zu verändern. Dies geschieht durch:

$$\begin{aligned} FD1_i &= FD1_i' * (ABTG + 1.) \\ FD2_i &= FD2_i' * (ABTG + 1.) \qquad \forall i \in \{1,..., 19\} \\ FD3_i &= FD3_i' * (ABTG + 1.) \end{aligned} \tag{4.97}$$

Die gesamte auf die inländische Produktion gerichtete Endnachfrage erhält man nun, indem man von der gesamten Endnachfrage die Endnachfrageimporte subtrahiert:

$$FDD_i = CD_i + GD_i + XD_i + OID_i + TR_i - FMD_i \quad \forall i \in \{1,....,19\}$$

Die Komponente TR_i stellt dabei reale Transferleistungen zur Entwicklungshilfe dar. Diese werden im angekoppelten Entwicklungshilfemodell (s.u.) berechnet, wenn dieses durch ein Szenario angesprochen wird. Dieser Endnachfrage (FDD_i, final-demand-demand) steht das mit dem Input-Output-Ansatz im Modell für die 1. Berechnung des Angebotes bestimmte Angebot gegenüber. Beide

1) Für die im Anhang wiedergegebene Beispielsimulation wurde das Mesarovic-Pestel-Weltmodell verwendet.

ABB. 19 : **Zusammenführung der Nachfragekomponenten (1)**

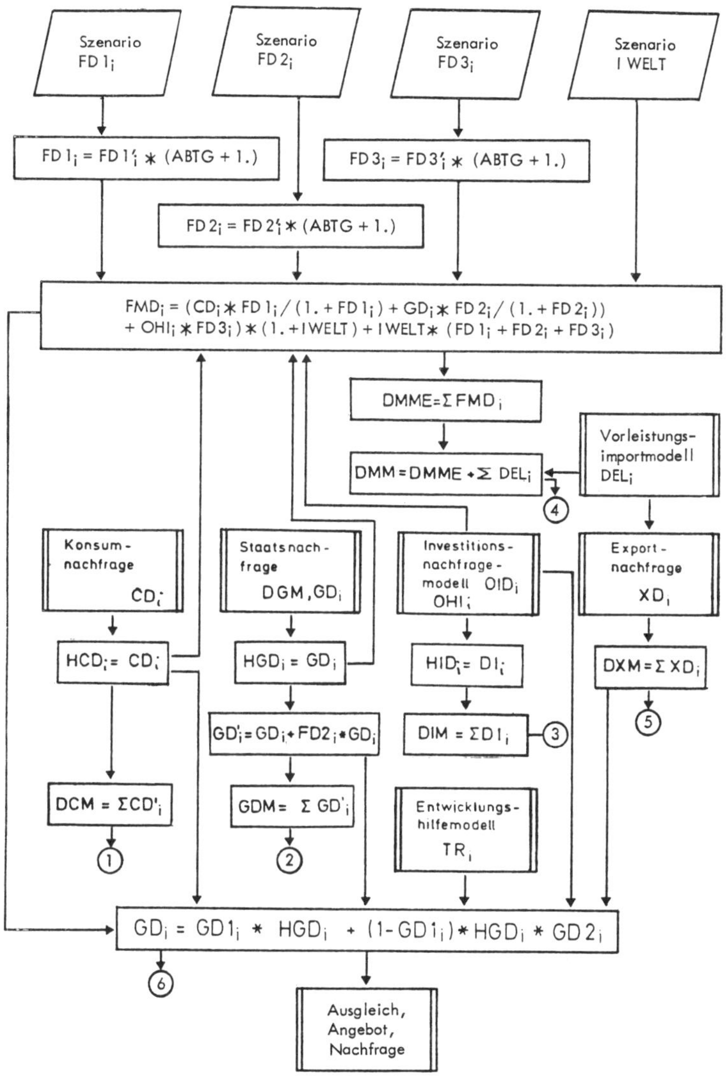

Werte werden im Modell Ausgleich-Angebot-Nachfrage weiter verarbeitet.

In diesem Modellteil werden noch einige weitere aussagekräftige Größen berechnet, wie in Abb. 20 dargestellt wird. Zunächst ergibt sich das Bruttoinlandsprodukt nach Verwendungsrechnung als Summe der sektoralen auf die inländische Produktion gerichteten Endnachfrage vermindert um die gesamten Vorleistungsimporte DMMV:

$$YD = \sum_{i=1}^{19} FDD_i - DMMV \quad (4.98)$$

Die gesamten Endnachfrageimporte DMME sind:

$$DMME = \sum_{i=1}^{19} FMD_i \quad (4.99)$$

und die Gesamtimporte:

$$DMM = DMMV + DMME \quad (4.100)$$

Die gesamten importierten Investitionen EII sind:

$$EII = \sum_{i=1}^{19} OHI_i * FD3_i * (1 - IWELT) + IWELT * \sum_{i=1}^{19} FD3_i \quad (4.101)$$

Die Veränderung der Investitionsaktivität der verschiedenen Sektoren kann an zwei Indikatoren beobachtet werden. So wird durch

$$FD4_i = DI_i / D_i \quad (4.102)$$

[1]

das Verhältnis von Investitionen nach investierendem Sektor zu den Kapitalabgängen des Sektors berechnet. Ein Absinken dieses

---

1) Im Programm werden aus EDV-technischen Gründen statt FD4 und FD5 die jetzt nicht mehr benötigten Variablen FD1 und FD3 neu belegt.

ABB. 20 : **Zusammenführung der Nachfragekomponenten (2)**

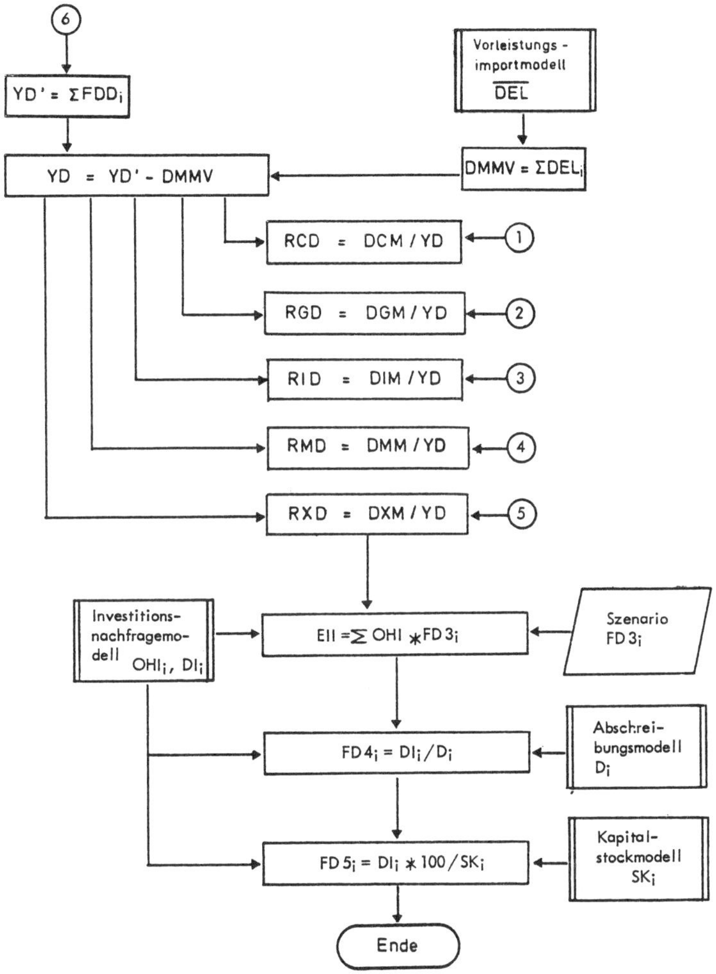

Indikators deutet ein relatives Verhalten des betreffenden Kapitalstocks an. Ein weiterer Indikator wird durch:

$$FD5_i = \frac{DI_i * 100}{SK_i} \quad ^{1)} \qquad (4.103)$$

berechnet. Er gibt an, wieviel die Investitionen nach investierendem Sektor vom betreffenden Kapitalstock betragen. Ein Ansteigen dieses Wertes deutet an, daß sich der Kapitalstock des betreffenden Sektors relativ erneuert.

Weiterhin werden die gesamtwirtschaftlichen Größen privater Konsum DCM, Staatskonsum DGM, Exporte DXM und Investitionen DIM als Summe der jeweiligen sektoralen Werte berechnet. Mit den gesamtwirtschaftlichen Größen können auch die gesamtwirtschaftlichen Quoten, die für viele ökonometrische Modelle die entscheidenden Eingangsgrößen sind, hier aber als Simulationsergebnis erscheinen, berechnet werden. Sie werden mit den folgenden Gleichungen bestimmt:

$$RCD = \sum_{i=1}^{19} CD_i \; / \; YD$$

$$RGD = \sum_{i=1}^{19} GD_i \; / \; YD$$

$$RID = \sum_{i=1}^{19} OID_i \; / \; YD \qquad (4.104)$$

$$RMD = DMM \; / \; YD$$

$$RXD = \sum_{i=1}^{19} XD_i \; / \; YD$$

4.13. Der Ausgleich von Angebot und Nachfrage

Im Modell "Ausgleich Angebot-Nachfrage" wird der gesamten auf die binnenländische Produktion gerichteten Endnachfrage FDD_i das Angebot zur Deckung der Endnachfrage FDS_i (vgl. 1. Berechnung des Angebotes) gegenübergestellt. Da im Normalfall Angebot und Nachfrage nicht übereinstimmen, wird in zwei Schritten versucht, einen Ausgleich zu erzielen. Im Modell wird dabei gewissermaßen ein "Markt" simuliert. Im 1. Schritt wird das Angebotsüberschußintegral ($FDSIN_i$, vgl. Gap-Modell) quasi als Lager zum Ausgleich verwendet. Im 2. Schritt wird dann das durch Kapitalüberauslastung zusätzlich erzielbare Angebot soweit erforderlich eingesetzt.

Einen Überblick über die Berechnungen im Simulationsmodell gibt Abbildung 20. Zunächst wird die sektorale Differenz DEE_i zwischen sektoraler Endnachfrage FDD_i und dem Angebot FDS_i gebildet. Bei einem Nachfrageüberhang wird das Nachfrageüberhangintegral $FDDIN_i$ um die Differenz erhöht. Im nächsten Simulationsschritt wird sich dieses Ungleichgewicht in einer Änderung der Investitionen bemerkbar machen (vgl. Gap-Modell).

Besteht nun noch ein Lagerüberschuß aus den Vorjahren, d.h. das Angebotsüberschußintegral $FDSIN_i$ ist positiv, so wird dieser so weit wie möglich zur Deckung der Lücke verwendet. Je nach der Situation wird entweder das gesamte Integral dem Angebot zugeschlagen und damit das Lager geleert oder es wird um den entsprechenden Anteil verkleinert. Damit ist für den Fall des Nachfrageüberhangs der erste Ausgleichsschritt beendet.

Handelt es sich dagegen um einen Angebotsüberschuß, so wird dieser zunächst um den Wert eines etwa noch vorhandenen Nachfrageintegrales, welches die Nachfrage darstellt, die in den Vorjahren nicht befriedigt werden konnte, verringert. Der Angebotsüberschuß wird damit entweder vollständig bereinigt oder es bleibt ein Rest übrig. Gleichzeitig wird der Angebotsüberschuß dem Angebotsüberschußintegral zugeschlagen, so daß im nächsten Simulationszeitschritt die Investitionen so verändert

ABB. 21 : **Ausgleich-Angebot-Nachfrage**

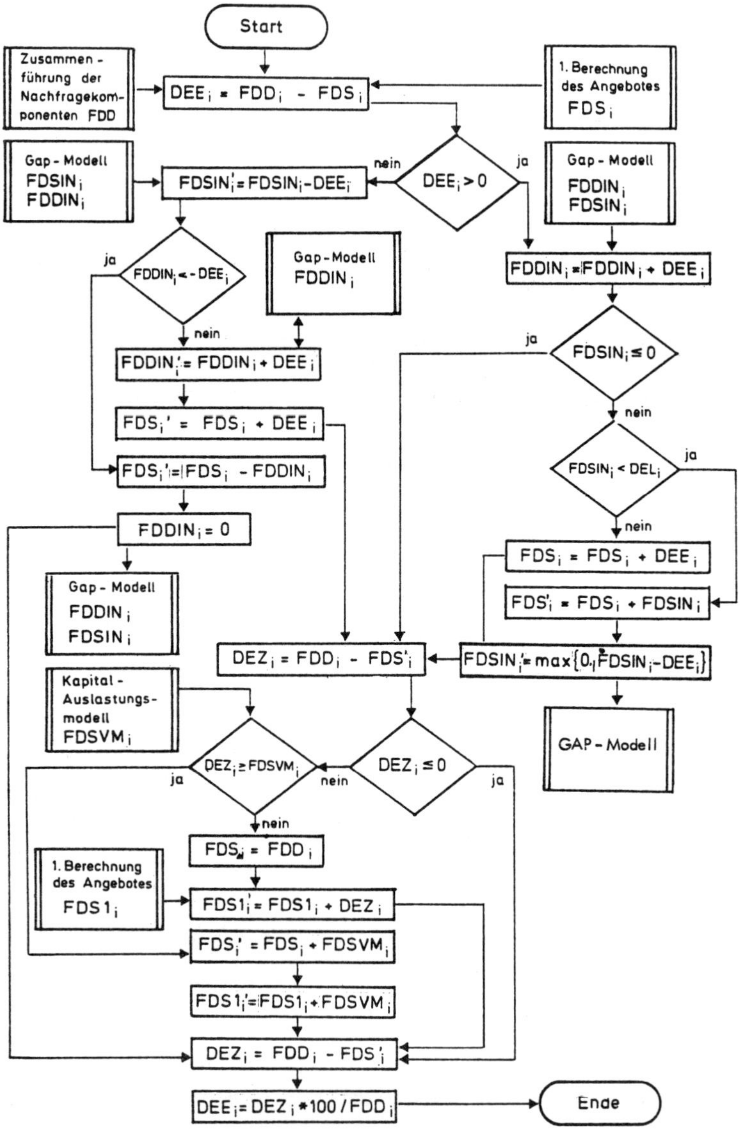

werden können, daß nicht erneut ein Angebotsüberschuß eintritt. Das Angebot FDS_i wird entsprechend der Tilgung des Nachfrageüberhangintegrales reduziert. Damit ist auch in diesem Fall der erste Ausgleichsschritt beendet.

Mit den in beiden Fällen gegebenenfalls geänderten Angebotswerten wird zu Beginn des zweiten Schrittes erneut die Differenz zwischen Angebot und Nachfrage ermittelt. Bei einem verbleibenden Nachfrageüberhang wird das durch Kapitalüberauslastung zusätzlich produzierbare Angebot eingesetzt. Die Überauslastung wird dabei nur so weit ausgenutzt, wie dies nötig ist und überschreitet nicht die zulässige Höchstgrenze (vgl. Kapitalüberauslastungsmodell). Abschließend wird noch einmal die Differenz zwischen dem erhöhten Angebot und der Nachfrage festgestellt. Treten hier über längere Zeiträume größere Differenzen auf, so müssen die Nachfrageszenarien auf ihren Realitätsgehalt hin überprüft und gegebenenfalls verändert werden.

Die verschiedenen auftretenden Fälle beim Ausgleich zwischen Angebot und Nachfrage sind zur besseren Übersicht in einem Entscheidungsgraph (Abb. 22) dargestellt. Die einzelnen Gleichungen des Simulationsmodells werden hier nicht beschrieben, da sie keine besondere ökonomisch relevante Aussagekraft besitzen. Sie können der Abb. 21 oder dem im Anhang wiedergegebenen Computerprogramm entnommen werden.

ABBILDUNG 21: ENTSCHEIDUNGSGRAPH

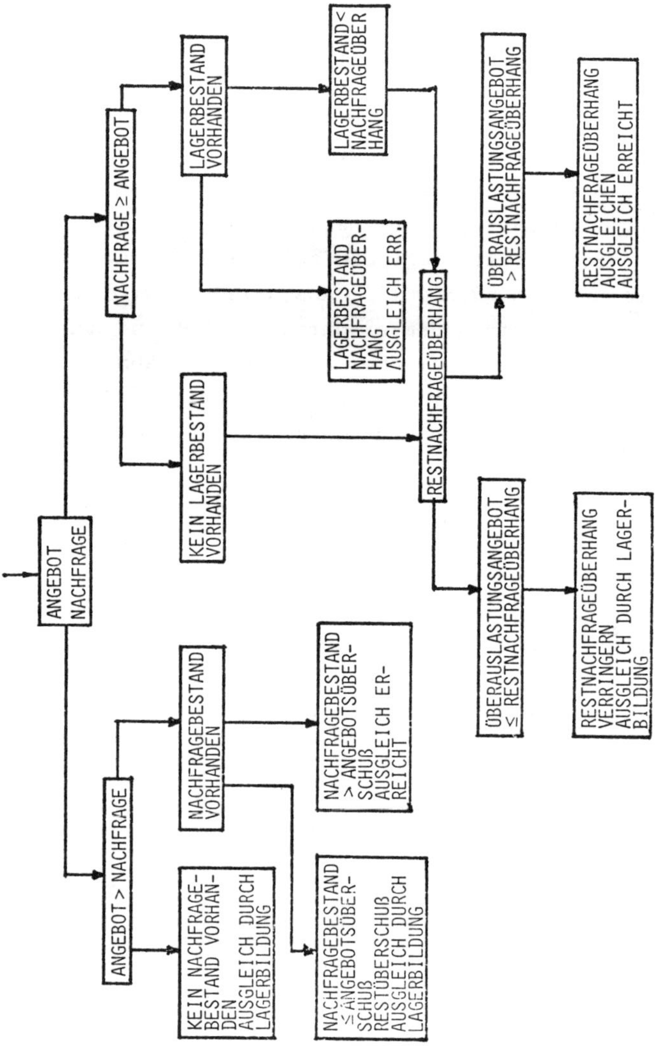

5. Die Überprüfung des Modells

Eine tiefergehende Überprüfung eines Modells zum Zwecke der Validierung muß

- die formale Gültigkeit,
- die empirische Gültigkeit oder Ähnlichkeit und
- die pragmatische Gültigkeit oder Zielangemessenheit

umfassen[1].

Bei der formalen Gültigkeit wird geprüft, ob die Simulationsergebnisse mit den zugehörigen Daten, soweit diese verfügbar sind, übereinstimmt, mit welcher Genauigkeit dieses geschieht und ob die im Modell verwendeten Grundstrukturen und Sachaussagen widerspruchsfrei sind.

Die empirische Gültigkeit dagegen stellt auf den Vergleich zwischen Modell und dem abgebildeten System, also auf die Genauigkeit der gesamten Abbildungsrelationen ab. Dabei ist zu unterscheiden, ob nur die Ähnlichkeit im Verhalten oder auch die Ähnlichkeit in der Struktur geprüft wird.

Die pragmatische Gültigkeit schließlich behandelt den Zusammenhang zwischen der Anwendung des Modells auf bestimmte Fragestellungen und seiner Eignung zur Beantwortung dieser Fragen. Dabei stellt sich die Frage, für wen und wozu das Modell valide sein muß.

In der Praxis beginnt man die Überprüfung eines Modells meistens mit qualitativen Tests. Bei dem vorliegenden Modell wurde zunächst geprüft, ob das Modell überhaupt über mehrere Perioden hinweg läuft oder ob es zusammenbricht und völlig unsinnige Ausgabewerte erzeugt. Danach wurde der Simulationszeitraum über den eigentlichen Endzeitpunkt hinaus verlängert. Damit kann überprüft werden, ob sich das Modell nur im betrachteten Simulationszeitraum oder auch darüber hinaus normal verhält.

---

1) Vgl. S. Harbordt: Computersimulation in den Sozialwissenschaften, Band 1, Reinbeck 1974, S. 156ff

Eine zweite Variation wurde durch Veränderungen der Anfangsdaten innerhalb eines realistischen Spielraumes erreicht. Damit konnte überprüft werden, ob ein stabiles Modellverhalten nur von den Eingangsdaten abhängig ist.

Eine dritte Möglichkeit besteht darin, bestimmte Variablen mit Zufallsschocks zu versehen und zu überprüfen, ob die Ergebnisse des Modells unter diesen Zufallsschocks noch plausibel sind. Derartige Zufallsschocks wurden bei den wesentlichen Eingangsgrößen wie der Entwicklung des privaten Konsums, der Exporte, der Kapitalkoeffizienten usw. durchgeführt. Es zeigten sich dabei durchweg normale und einleuchtende Reaktionen.

Es liegt auf der Hand, daß sich bei diesen qualitativen Tests die Subjektivität der Testenden an verschiedenen Stellen bemerkbar macht. Dieses Problem tritt, wenn auch weniger stark, auch bei den nachfolgend beschriebenen quantitativen Verfahren des Outputvergleichs zutage und rüttelt an den methodologischen Fragen der Aussagefähigkeit und letztlich sogar Zulässigkeit solcher Validitätstests, zumal eines der wesentlichen Spezifika eines Tests seine Objektivität ist.

Häufig wird versucht, den Subjektivitätsgehalt qualitativer Tests dadurch zu verringern, daß man einer Reihe von Experten Modelloutputs und Daten des wirklichen Systems zum Vergleich vorlegt (dabei tritt natürlich das Problem der Auswahl der Experten auf). Eine weitere Verringerung der Subjektivität wird angestrebt durch einen Vergleich des Modellverhaltens mit theoretischen Aussagen.

An die Phase der qualitativen Tests sollten sich im Normalfall die quantitativen Verfahren des Outputvergleichs anschließen. Zur quantitativen Überprüfung werden in der Praxis überwiegend statistische Verfahren wie z. B.

- das Bestimmtheitsmaß (R^2-Statistik)
- der Ungleichheitskoeffizient nach Theil
- der Kolmogoroff-Smirnoff-Test
- der Chi-Quadrat-Test

verwendet. Diese Verfahren sind allerdings weitgehend auf einfache Regressionsmodelle beschränkt.

Bei Simulationsmodellen in den Sozialwissenschaften findet man jedoch häufig, daß quantitative Verfahren überhaupt nicht angewendet werden. So haben z.B. Dutton und Starbuck[1] neben methodologischen Schriften bis 1969 etwa 870 Publikationen über funktionierende, d.h. auf dem Computer laufende Simulationsmodelle erfaßt, deren Gegenstand menschliches Verhalten im weitesten Sinne ist, und festgestellt, daß nur ca. 24% der Veröffentlichungen auf quantitative Tests Bezug nehmen. Dabei war noch nicht einmal die Anwendung irgendwelcher statistischer Verfahren zur Analyse der Zahlen erforderlich.

In gewisser Weise verwandt mit dem hier vorgestellten Wirtschaftsmodell ist die Lehmann-Studie: "Wirtschaftswachstum im Gleichgewicht", in der ein System-Dynamics-Modell für die Bundesrepublik Deutschland entwickelt und zur Analyse des Wirtschaftswachstums verwendet wird (vgl. Kapitel 2.2). Dort beschränkt sich der Autor im Grunde auf das "Trimmen" des Modells. Insofern kritisieren Meißner und Tschirschwitz das Kapitel "Validierung des Modells und Standardlauf":

> "Schlägt man es auf, so stellt man enttäuscht fest, daß der Autor der weitverbreiteten Unsitte gefolgt ist,das Trimmen eines Modells mit dessen Validierung zu verwechseln. Hier soll gar nicht dem widersprochen werden, was der Autor über die begrenzte Aussagefähigkeit statistischer Validitätstests anführt. Ein Modell ist auch nicht deshalb wertlos, weil es z.B. wegen der Datenlage nicht möglich war, es solchen Tests zu unterwerfen. Dennoch sollte man sich vor Begriffsverwirrung hüten und sich nicht darüber hinwegmogeln, daß Validierung eines Modells dessen Konfrontation mit Daten, die nicht in die Modellkonstruktion eingegangen sind, d.h. den Test auf Prognosegüte, erfordert. Der Erfolg von Trimmbemühungen hingegen gibt Aufschluß nicht über die

1) J.M. Dutton, W.H. Starbuck: Computer-Simulation of human behavior, Wiley, New York 1971

Validität des Modells sondern über die handwerkliche Geschicklichkeit seines Konstrukteurs, die niemand geringschätzen wird, der sich einmal in diesem Handwerk versucht hat"[1].

Im allgemeinen wird das Problem der Validierung bei vielen Simulationsmodellen entweder überhaupt nicht oder aber nur als Vergangenheitsvergleich behandelt. Durch einen Vergangenheitsvergleich wird aber im allgemeinen noch nicht eine Validierung eines Modells erreicht. Dies ergibt sich u.a. daraus, daß die Zuordnung von Modellverhalten zu Modellstruktur nur ein Homomorphismus und kein Isomorphismus ist, d.h. aus dem richtigen Modellverhalten kann noch nicht auf die richtige Modellstruktur geschlossen werden.

Ist jedoch das Modellverhalten nicht richtig, so ist sicherlich auch die Modellstruktur fehlerhaft (vorausgesetzt es wurden richtige Daten verwendet), so daß ein Vergangenheitsvergleich durchaus seinen Wert hat und als erster Schritt zur Validierung bezeichnet werden kann.

Der Vergangenheitsvergleich mit dem vorliegenden Modell gestaltet sich aufgrund der sektoralen Struktur schwierig, denn für die meisten Variablen waren keine Daten verfügbar, mit denen die Simulationsergebnisse hätten verglichen werden können.

Auf sektoraler Basis gab es als Vergleichsdaten nur die aggregierten Input-Output-Tabellen des DIW für die Jahre 1962, 1966 und 1972. Von diesen wurden aber die Werte für den privaten Konsum, den Staatskonsum, die Exporte und die Endverbrauchsimporte zur Erstellung der Szenarien benötigt, so daß eigentlich nur ein Vergleich der Anlageinvestitionen sinnvoll war. Er besitzt darüberhinaus durch die großen zeitlichen Lücken nur beschränkte Aussagewerte. Die Abbildung 23 zeigt den Vergleich für die Sektoren mit dem größten Investitionsvolumen.

---

1) W. Meißner u. M. Tschirschwitz: Wirtschaftswachstum im Gleichgewicht, in: Zeitschrift für Wirtschafts- und Sozialwissenschaften, 1/1977, Duncker u. Humblot, Berlin. S. 65

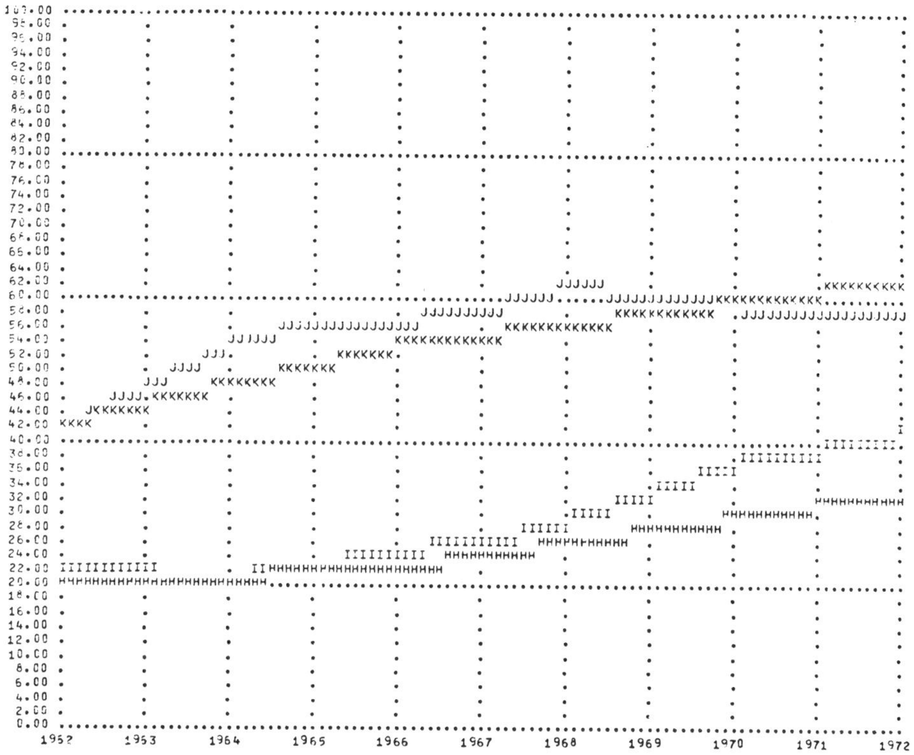

ABB. 23 : VERGLEICH VON DATEN UND MODELLERGEBNISSEN

K = INVESTITIONSLIEFERUNGEN DES SEKTORS BAUGEWERBE (DATEN, INTERPOLIERT)

J = INVESTITIONSLIEFERUNGEN DES SEKTORS BAUGEWERBE (MODELLERGEBN.)

H = INVESTITIONSLIEFERUNGEN DES SEKTORS MASCHINENBAU (DATEN, INTERPOLIERT)

I = INVESTITIONSLIEFERUNGEN DES SEKTORS MASCHINENBAU (MODELLERGEBNISSE)

ALLE ANGABEN IN MRD. DM ZU PREISEN VON 1962

Einfacher gestaltete sich der Vergangenheitsvergleich auf gesamtwirtschaftlicher Ebene, da hier die jährlichen Daten des Statistischen Bundesamtes[1)] vorliegen. Der Vergleich und der relative Fehler sind im Anhang C wiedergegeben.

1) Statistisches Bundesamt: Statistisches Jahrbuch, verschiedene Jahrgänge, a.a.O.

6. Schlußbetrachtung

Es wurde bereits am Anfang gesagt, daß es kein "Standardökonomiemodell" gibt, das nach eventuell nur marginalen Modifikationen gleichermaßen zur Analyse von Problemen der Konjunktur, des langfristigen Wirtschaftswachstums, des sektoralen Strukturwandels etc. geeignet ist. Auch hier wird nicht der Anspruch erhoben, daß das vorgestellte Modell zur Lösung aller auftretenden Fragen benutzt werden kann.

Die eigentlichen Ziele und der Zweck des Modells liegt darin

- alternative zukünftige Entwicklungen zu analysieren und ihre Auswirkungen im sozio-ökonomischen Bereich abzuschätzen und
- eine Entscheidungshilfe zu sein. Es zwingt den Planenden bzw. Entscheidenden dazu, seine Vorstellungen präzise und insbesondere vollständig zu formulieren und läßt Inkonsistenzen des Planenden zutage treten, die ohne ein derartiges Modell womöglich gar nicht bemerkt würden.

Die Frage, ob diese Ziele letztlich auch erreicht werden, mag manchen bedenklich stimmen. Allzu oft schon hat die Praxis gezeigt, daß Computermodelle, die für Aufgaben der Planung und Entscheidungsvorbereitung erstellt wurden, häufig gar nicht und nur selten regelmäßig zu Rate gezogen werden. Dies mag daran liegen, daß sich einer Anwendung eine Reihe nicht zu vernachlässigender Probleme entgegenstellen:

1. Das Benutzungsproblem: Simulationen können fast nur von den Experten, die an der Modellentwicklung teilgenommen haben, durchgeführt werden.
2. Das Überprüfungsproblem: Selbst für sachkundige Experten ist die komplexe Struktur schwer durchschaubar, und der Zeitaufwand für eine Überprüfung beträchtlich.
3. Das Suchproblem: Die Suche nach befriedigenden Steuereingriffen gerät wegen der Komplexität und Dynamik häufig zum unsystematischen trial and error.

4. Das Beschreibungsproblem: Lediglich Quantifizierbares wird in das Modell aufgenommen, während wichtige qualitative Informationen unberücksichtigt bleiben.

5. Das Überblicksproblem: Der Überblick über das globale Systemverhalten geht wegen der Vielzahl der Variablen verloren[1].

Diese Probleme können hier auch nicht vollständig aus dem Weg geräumt werden. Der Verfasser hat, während der Entwicklung weit unterschiedliche Szenarien durchgerechnet bzw. verschiedene Versionen getestet und dabei ein Gefühl für das Modellverhalten entwickelt, welches kaum an andere Benutzer weitervermittelt werden kann. Diese Problematik wird unter Modellkonstrukteuren gesehen und führte zu der Forderung einfache, verständliche und transparente Modelle zu entwickeln[2].

Solange Erstellung, Benutzung und Überprüfung des Modells bestimmten Experten vorbehalten bleibt, erfordert die Benutzung durch Dritte ein erhebliches Vertrauen in die Experten. Andere mögen gar die Möglichkeit zu bewußter oder unbewußter technokratischer Manipulation, die sich jeglicher Kontrolle entzieht, sehen.

Aus diesen Einwänden lassen sich jedoch nicht zwingend grundlegende Bedenken gegen das Modell ableiten. In diesem Sinne kann die vorliegende Arbeit auch als ein Beitrag gesehen werden, ein komplexes Modell verständlich, transparent und überschaubar zu machen, um es dadurch einer Anwendung näher zu bringen.

---

1) Die angeführten Probleme wurden 1977 von H. Bossel in einem Vortrag dargestellt und erörtert.

2) So wurde denn auch auf der letzten Global Modeling des International Institute for Applied Systems Analysis (IIASA) (Wien, 17-20 Oktober 1978) die Kontroverse zwischen Anhängern einfacher, überschaubar dynamischer Modelle und Anhängern komplexer, umfassender, detaillierter Modelle geführt.

Anhang A: Computerprogramm

Das Wirtschaftsmodell wird zur Vereinfachung der Handhabung mit dem Software-Paket "Model-Builder" betrieben und ist in der Programmiersprache FORTRAN geschrieben. Der Model-Builder versorgt das Modell in jedem Simulationsschritt mit den benötigten Daten, Parametern und Steuergrößen. Sämtliche derartigen Variablen müssen im Blank-Common-Bereich stehen. Sie werden automatisch zu Beginn jedes Simulationsschrittes auf den Wert Null gesetzt, wenn nichts anderes vereinbart ist. Die Variable IY gibt den jeweiligen Simulationsschritt an.

Gleichzeitig speichert der Model-Builder den Wert aller Variablen des Blank-Common-Bereiches am Ende eines Simulationsschrittes. Nach Abschluß der gesamten Simulation werden aus diesen Ergebnissen Tabellen und graphische Darstellungen (Plots) erstellt. Der Model-Builder ist also im Grunde ein Eingabe- und Ausgabemedium für das Modell.

```
      SUBROUTINE MODEL(IY)
      DIMENSION A(19,19),AB(19,71),AC(19),AINV(19,19),A1(19,19),
     1 B(19,19),CPCT(19),DET(19),DIT(19),DT(19),FDDIN(19),FDSVM(19),
     2          FDDT(19),FDSIN(19),FDST(19),HCD(19),HGD(19),
     3          HID(19),HINDEX(201),HXD(19),LK(19),QT(19),SKT(19),
     4          SDEL(19),VIMP(19,19),XDT(19),AA(19,71)
      REAL  NDT,INLA
      COMMON NDT,
     1        AUSL,ABTG,
     2        B0625,B2560,B6085,
     3        CD(19),CD1(19),CD2(19),CD3(19),CI1(19),CI2(19),CI3(19),
     4 DAT(7),D(19),DCM,DEL(19),DEZ(19),DGM,DI(19),DID,DIDIN(19),DIM,
     5 DPS(19),DISIN(19),DM,DMM,DMMV,DMME,DQ(19),DXM,
     6        ENDE,ERW,EII,
     7        FDD(19),FDDLT(19),FDS(19),FDSLT(19),
     8 FEHL(7),FD1(19),FD2(19),FD3(19),FKAP(19),FMD(19),
     9        GD(19),GD1(19),GD2(19),GRYD,GRYS,
C    A        HC(19),HV(19),HX(19),HM(19),HI(19),
     B        INLA,
     C        OBER,OID(19),OI2(19),OI3(19),OI4(19),OI5(19),OI6(19),
     D        POP,PRABD,DEE(19),PM,PE,PEW,
     E        Q(19),QM,QEL(19),
     F        RCD,RGD,RID,RMD,RXD,RYPC,
     G        SK(19),SKM,SKO(19),SLK(19),SUM(19),SWMAC,
     H        TC,TG,TI,TKINI(19),TKINR(19),TP,TR(19),TRW,TS,
     I        UNTE
      COMMON V(19),VAM(19),VAR(19),VIR(19),VM,VOR(19),VA(19),
     1 VRF(19),VLI(19),VERWA,
     2        XD(19),XD1(19),XXXT(19),
     3        YD,YS,
     4        Z(19)
C
      NNT=NDT
C
3     FORMAT (1X,10F8.4,/,1X,9F8.4)
5     FORMAT (1X,A5,19F6.2)
6     FORMAT(1X,A5,I7,4F6.2)
C
C---JAEHRLICHE MATRIZEN EINLESEN
      IWELT=DMMV+0.0001
      DMMV=0.
      INA=DM+.1
      IAA=DMM+.1
      IB=RID+.1
      DM=0.
      DMM=0.
      NS=19
      CALL OPENMS(40,HINDEX,201,0)
      IF (QM.LT.0.0001) GO TO 15
      IF(IY.NE.16) GOTO 15
      DO 13  I=1,NS
      DO 14  J=1,57
      JJ=J+15
      AA(I,J)=AB(I,JJ)
14    CONTINUE
      DO 13  J=58,71
13    CONTINUE
```

```
      CALL WRITMS(40,AA,1349,98,-1)
11    CONTINUE
15    IF(IY.GT.1) GOTO 12
      CALL READMS(40,AB,1349,INA)
12    IA=IY+IAA
      CALL READMS(40,A1,361,IA)
      IMP=IA+82
      CALL READMS(40,VIMP,361,IMP)
      IB=IA+123
      CALL READMS(40,B,361,IB)
      IAINV=IA+41
      CALL READMS(40,AINV,361,IAINV)
      CALL CLOSMS(40)
C
C---SPALTENSUMME A-MATRIX NACH AC: A1=A-MATRIX
C---(1-A)-MATRIX IN A SPEICHERN
C
      VIRM=1.
      IVERLA=0
      DO 1025 I=1,NS
      IF (VRF(I).NE.0) IVERLA=1
      IF (VIR(I).LT.VIRM) VIRM=VIR(I)
      Q(I)=Q(I)*(QEL(I)+1.0)
      AC(I)=0.0
1020  DO 1021 J=1,NS
      AC(I)=AC(I)+A1(J,I)
1021    A(J,I)=-A1(J,I)
      IF (VAR(I).EQ.0) GO TO 1025
      DO 1024 J=1,NS
1024  A1(I,J)=A1(I,J)*VAR(I)
1025  CONTINUE
      DO 1030 I=1,NS
1030  A(I,I)=1.0+A(I,I)
C
      PRINT 6,"JAHR",IY+1961
      IF(PRABD.LT..5) GOTO 121
      PRINT 5,"A",(A1(1,J),J=1,19)
      PRINT 5,"IMP",(VIMP(1,J),J=1,19)
      IF (IY.EQ.1) PRINT 5,(("ABS",(AB(J,I),J=1,19)),I=1,71)
      IF (IY.EQ.1) PRINT 5,"SUM",SUM
      PRINT 5,"B",(B(J,1),J=1,19)
C
C---STARTWERTE FUER DIE SIMULATION SETZEN
121   IF(IY.GT.1) GOTO 50
      TST=0
      QM=0.
      DESUM=0.
      DESUP=0.
      YDT=GRYD
      VMT=GRYD
      RYPC=GRYD/POP
      PET=SK(17)*PM
      SK(17)=SK(17)-PET
      DO 40 I=1,NS
      FDDT(I)=0.
      FDSIN(I)=2.*DISIN(I)
      FDDIN(I)=2.*DIDIN(I)
```

```
      FDST(I)=0.0
      DET(I)=0.0
      CPCT(I)= CD(I)/(CD1(I)*POP)
      HGD(I)= 0.0
      IF(GD2(I).GT.0.0000001)  HGD(I)=GD(I)/GD2(I)
      XDT(I)=XD(I)/XD1(I)
      DIT(I)=DI(I)
      DT(I)=0.
      SKT(I)=SK(I)-DIT(I)
      DO 35 J=1,71
      AB(I,J)=AB(I,J)*1.2
35    SUM(I)=SUM(I)+AB(I,J)
      QT(I)=DQ(I)
40    CONTINUE
50    CONTINUE
      DO 60 I=1,NS
      LK(I)=SLK(I)+.1
      DQ(I)=Q(I)-QT(I)
60    CONTINUE
C
C
C
      SKT(17)=SKT(17)-(PEW-1 )*PET
      PE=PET*PEW
      PET=PE
      DO 100 I=1,NS
      D(I)=AB(I,IY)
      SK(I)=SKT(I)-DT(I)+DIT(I)
      DT(I)=D(I)
      V(I)=SK(I)/Q(I)
      SKM=SKM+SK(I)
      DM=DM+D(I)
      VAM(I)=V(I)*FKAP(I)
      IF (IY.GT.1) DIT(I)=HID(I)
100   CONTINUE
      SKM=SKM+PE
C
      PRINT 5,"V",V
      LABEL=1
C---BERECHNUNG VON DPS UND Z (BPW) AUS V UND A
1005  CALL VANFD(V,DPS,Z,AC,A)
      CALL VANFD(VAM,FDSVM,VA,AC,A)
1007  IF (LABEL.EQ.0) CALL VANFD(VA,DPS,Z,AC,A)
C
      PRINT 5,"Z",Z
      IF(LABEL.GT.1) GO TO 1200
C---VORLEISTUNGEN UND IMPORTFLUSSE IM INTERMEDIATE-BEREICH
      DO 1100 I=1,NS
      VOR(I)=0
      DEL(I)=0
      DO 1110 J=1,NS
      TS=Z(I)*A1(J,I)
      VLI(J)=VLI(J)+TS
      VOR(I)=VOR(I)+TS
      DEL(I)=DEL(I)+TS*VIR(J)*VIMP(J,I)
      IF (VAR(J).NE.0) DEL(I)=DEL(I)+TS*(1-VAR(J))*(1+VIMP(J,I))/VAR(J)
1110  CONTINUE
```

```
      IF (VRF(I).EQ.0.) GO TO 1100
      V(I)=V(I)*VIRM*VRF(I)
      VAM(I)=VAM(I)*VIRM*VRF(I)
1100  CONTINUE
      PRINT 5,"DEL",DEL
      LABEL=LABEL+1
      IF (IVERLA.NE.0) GO TO 1005
      IF (LABEL.LE.1) GO TO 3010
C
C
C
C---BERECHNUNG DER NACHFRAGEKOMPONENTEN
C--------------------------------------
C
1200  YI=IY-1.0
      POI=AMAX1(0.0,1.0-YI/ENDE)
      INLA=POP - AUSL
      B2560 = POP - B0625 - B5085
      DO 200 I=1,NS
C---KONSUMNACHFRAGE
      CD(I)=((1.+(CD1(I)-1. )*(1.+SKO(I)))*CPCT(I)  +  CD3(I)  +
     C CD2(I)*SKO(I)*RYPC)   *   POP
C---INVESTITIONEN NACH DESTINATION
C     1. URSACHE: VERAENDERUNG VON Q
      O3 =OI5(I)
      IF(DQ(I).LT.0.0) O3=OI4(I)
      CI3(I)=SK(I)*DQ(I)*O3/QT(I)
C     2. URSACHE: VORJAHRES-DEMAND-LUECKE
C
C     SUPPLYINTEGRAL ABSCHREIBEN:VORJAHRESUEBERSCHUSS ADDIEREN
      FDSIN(I)=FDSIN(I)-FDSIN(I)/FDSLT(I)
      FDDIN(I)=FDDIN(I)-FDDIN(I)/FDDLT(I)
      FDDLT(I)=FDDIN(I)*DPS(I)/(DPS(I)+DEL(I))
      FDSLT(I)=FDSIN(I)*DPS(I)/(DPS(I)+DEL(I))
200   CONTINUE
C
C---ANFANGSANPASSUNG DER INTEGRALE
      IF (IY.GT.1) GO TO 1250
      PRINT 5,"FDDIN",FDDIN
      PRINT 5,"FDSIN",FDSIN
      DO 1240 I=1,NS
      SDEL(I)=DIT(I)-D(I)-CI3(I)
      IF (SDEL(I).GT.0.00001) SDEL(I)=SDEL(I)/(Q(I)*OI6(I))
      IF (SDEL(I).LE.0.00001) SDEL(I)=SDEL(I)/(Q(I)*OI2(I))
1240  CONTINUE
      PRINT 5,"SDEL",SDEL
      CALL VANFD(SDEL,FDDLT,VA,AC,A)
      DO 1245 I=1,NS
      IF (FDDLT(I).GE.0.00001) GO TO 1243
      FDSLT(I)=-FDDLT(I)
      FDDLT(I)=0.
1243  FDDIN(I)=FDDLT(I)*(DPS(I)+DEL(I))/DPS(I)
      FDSIN(I)=FDSLT(I)*(DPS(I)+DEL(I))/DPS(I)
1245  CONTINUE
C
1250  CALL FDNVA (FDSLT,DISIN,AC,AINV,TM)
      CALL FDNVA (FDDLT,DIDIN,AC,AINV,TM)
```

```
      PRINT 5,"DISIN",DISIN
      PRINT 5,"DIDIN",DIDIN
C
      XXMA = 0.0
      DO 201 I=1,NS
C
      CI1(I)=AMAX1(0.0,DIDIN(I)-DISIN(I))*Q(I)*OI6(I)
      CI2(I)=AMAX1(0.0,DISIN(I)-DIDIN(I))*Q(I)*OI2(I)
      CI2(I)=AMIN1(D(I)*(1 0-OI3(I)),CI2(I))
C
      FDSLT(T)=FDSIN(I)
      FDDLT(I)=FDDIN(I)
C
      DI(I)=AMAX1(0.0,D(I)+CI1(I)-CI2(I)+CI3(I))
C
C
      GD(I)=GD1(I)*HGD(I)+(1 0-GD1(I))*HGD(I)-GD2(I)
C
      FDS(I)=DPS(I)+DEL(I)
C
      XD(I)=(XDT(I)*XD1(I)*(1-XXXT(I)))*(1-IWELT)+IWELT*XD1(I)
      XDT(I) = XD(I)
      XXMA=XXMA + DI(I)
C
C---MAKROAUSGLEICH
201   CONTINUE
      IF(IY .EQ. 1) GOTO 209
      IF(XXMA.EQ.0) GO TO 209
      XMA=XXMA
      XXMA = XXM = XXMA/YDT
      IF(XXMA .GT. OBER) XXM=OBER
      IF(XXMA .LT. UNTE) XXM=UNTE
      XRED = XMA-YDT*XXM
      DO 202 I=1,NS
      IF(DET(I).LT.0.A.XRED.GT.0) DI(I)=DI(I)+DET(I)*XRED/DESUM
      IF(DET(I).GT.0.A.XRED.LT.0) DI(I)=DI(I)-DET(I)*XRED/DESUP
      IF(DI(I).LT.0) DI(I)=0.
202   CONTINUE
209   CONTINUE
C
C
C
      TS=TST
      DO 310 I=1,NS
C---VERGLEICH MIT VORJAHRESINVESTITIONEN:TKIN-REDUCE BZW -INCREASEFAKTOR
      TKINR(I)=AMAX1(TKINR(I),POI)
      IF(DI(I).LT.DIT(I)*TKINR(I)) DI(I)=DIT(I)*TKINR(I)
      IF(DI(I).GT.DIT(I)*TKINI(I)) DI(I)=DIT(I)*TKINI(I)
      HCD(I)=CD(I)
      HGD(I)=GD(I)
      HID(I)=DI(I)
      HXD(I)=XD(I)
      DCM=DCM+CD(I)
      DGM=DGM+GD(I)
      DIM=DIM+DI(I)
      DXM=DXM+XD(I)
      DMMV=DMMV+DEL(I)
```

```
      TR(I)=TR(I)*TS
310   CONTINUE
C
C---ENTWICKLUNGSHILFE MODUL
      IF (TRW.LT.0.001) GO TO 1859
C---TRW=1  NUR C REDUZIEREN TRW=2 C,G,I REDUZIEREN
1830  RCD=DCM-TS*TC
      RGD=DGM-TS*TG
      RID=DIM-TS*TI
C
1849  DO 1850 I=1,19
      CD(I)=CD(I)*RCD/DCM
      IF (TRW.LT.1.9)  GO TO 1850
      GD(I)=GD(I)*RGD/DGM
      DI(I)=DI(I)*RID/DIM
1850  CONTINUE
      DCM=DCM-TS*TC
      IF( TRW.LT.1.9) GO TO 1859
      DGM=DGM-TS*TG
      DIM=DIM-TS*TI
C
C     UMRECHNEN IN ORIGIN INVESTITIONEN
1859  DO 210  I=1,NS
      OID(I)=0.0
      DO 210  J=1,NS
210   OID(I)=OID(I)+B(I,J)*DT(J)
      CALL ABSCHR(B,DT,DI,LK,SLK,AB,NS,IY,NNT)
C
      DO 1870  I=1,19
      SUM(I)=DI(I)/DIM*100
      FD1(I)=FD1(I)*(ABTG+1.)
      FD3(I)=FD3(I)*(ABTG+1.)
      OHILF =( OID(I)/(1.+FD3(I))) * (1-IWELT) + IWELT*(OID(I)-FD3(I))
      FMD(I)=(CD(I)*FD1(I)/(1.+FD1(I)) + OHILF*FD3(I) + GD(I)*FD2(I)/
     C(1.+FD2(I))) * (1-IWELT)  +  IWELT*(FD1(I)+FD2(I)+FD3(I))
      FDD(I)=CD(I)+GD(I)+XD(I)+OID(I)+TR(I)-FMD(I)
      FD1(I)=DI(I)/D(I)
      EII=EII+OHILF*FD3(I)*(1-IWELT)  +  IWELT*FD3(I)
      FD3(I)=DI(I)/SK(I)*100
      DMME=DMME+FMD(I)
1870  YD=YD+FDD(I)
C
      YD=YD-DMMV
      GRYD=(YD/YDT-1.)*100.
      YDT=YD
      TST=YD*TP
      DID=DIM-EII
      DMM=DMME+DMMV
      ABTG=DXM-DMM
C
      RCD=DCM/YD
      RGD=DGM/YD
      RID=DIM/YD
      RXD=DXM/YD
      RMD=DMM/YD
C
```

```
      DESJM=0.
      DESUP=0.
C
C
C---MODELL AUSGLEICH ANGEBOT NACHFRAGE
      DO 2800 I=1,NS
      DEE(I)=FDD(I)-FDS(I)
      IF (DEE(I).GT.0.0000001) GO TO 2100
C---SUPPLY-UEBERSCHUSS PRA LT. 0
      FDSIN(I)=FDSIN(I)-DEE(I)
      IF(FDDIN(I).LT.-DEE(I))  GO TO 2000
      FDDIN(I)=FDDIN(I)+DEE(I)
      FDS(I)=FDS(I)+DEE(I)
      GO TO 2500
C
2000  FDS(I)=FDS(I)-FDDIN(I)
      DEE(I)=DEE(I)+FDDIN(I)
      FDDIN(I)=0.
      GO TO 2500
C
C---DEMAND-UEBERSCHUSS
2100  FDDIN(I)=FDDIN(I)+DEE(I)
      IF (FDSIN(I).LT.0.0000001) GO TO 2500
C
C---SUPPLY INTEGRAL ABBAUEN
      IF (FDSIN(I).LT.DEE(I))  GO TO 2120
      FDS(I)=FDS(I)+DEE(I)
      GO TO 2130
C
2120  FDS(I)=FDS(I)+FDSIN(I)
2130  FDSIN(I)=AMAX1(0.0,FDSIN(I)-DEE(I))
2500  CONTINUE
C
C---UEBERAUSLASTUNG BERUEKSICHTIGEN
      DEZ(I)=FDD(I)-FDS(I)
      IF (DEZ(I).LT.0.0000001)  GO TO 2600
      IF (DEZ(I).GE.FDSVM(I))  GO TO 2590
      FDS(I)=FDD(I)
      DPS(I)=DPS(I)+DEZ(I)
      GO TO 2600
2590  FDS(I)=FDS(I)+FDSVM(I)
      DPS(I)=DPS(I)+FDSVM(I)
2600  DEZ(I)=FDD(I)-FDS(I)
      DEE(I)=DEZ(I)*100/FDD(I)
C
      CPCT(I)=HCD(I)/POP
      DET(I)=DEE(I)
      IF(DET(I).GT.0) DESJP=DESUP+DET(I)
      IF(DET(I).LT.0) DESJM=DESUM-DET(I)
      DIT(I)=DI(I)
      SKT(I)=SK(I)
2800  QT(I)=Q(I)
C
C---VERGLEICH MIT DATEN
      IF (IY LE.14) READ 4,(DAT(I),I=1,7)
      DAT(3)=DAT(3)-DAT(7)
      DO 2900 I=1,6
```

```
2900  IF(DAT(I).LE.0) DAT(I)=1.
      BRS=DAT(1)+DAT(2)+DAT(3)+DAT(4).
      DO 2850 I=1,4
2850  DAT(I)=DAT(I)+DAT(I)*DAT(7)/BRS
       FEHL(1)=(DCM/DAT(1)-1)*100
       FEHL(2)=(DGM/DAT(2)-1)*100
       FEHL(3)=(DIM/DAT(3)-1)*100
       FEHL(4)=(DXM/DAT(4)-1)*100
       FEHL(5)=(DMM/DAT(5)-1)*100
4     FORMAT(6X,7F7.2)
C
C---TATSAECHLICHE VA UND Q ERRECHNEN,UEBERAUSLASTUNG ANGEBEN
2990  CALL FONVA (DPS,VA,AC,AINV,TM)
      DO 3000 I=1,19
      DEZ(I)=VA(I)*100/V(I)-100.
      VM=VM+VA(I)
      DQ(I)=SK(I)/VA(I)
3000  VLI(I)=0.
C
C---ENDGUELTIGE Z,VOR,VLI ETC BERECHNEN
      LABEL=0
      GO TO 1007
3010  QM=SKM/VM
      GRYS=(VM/VMT-1.)*100.
      VMT=VM
      RYPC=VM/POP
      PRINT 5,"FDSL",DPS
      PM=VM/ERW
      FEHL(6)=(VM/DAT(6)-1)*100
C
C--- WOLF FUER ROLF
      DO 3020 I=1,NS
3020  DPS(I)=FDS(I)-DEL(I)
      WRITE (50) VA,Z,DPS,CD,GD,OID,XD,DMME,A1,DEL
      PRINT 5,"ENDE"
      RETURN
      END
```

```
      SUBROUTINE ABSCHR(B,DT,DI,LK,SLK,AB,NS,IY,NDT)
      DIMENSION B(19,19),SI(19,19),AB(19,71),DT(19),DI(19),LK(19),
     1SLK(19)
C---KUENFTIGE ABSCHREIBUNGEN AUS AKTUELLEN INVESTITIONEN BERECHNEN
5     FORMAT (1X,A5,19F6.2)
C---DI UMRECHNEN IN ABSCHREIB. NACH ORIGIN UND DURCH SLK DIVIDIEREN
C   (ERGIBT DENJENIGEN TEIL DER OI,DER IN JEDEM DER BETREFF. JAHRE ZU DE
C   DEN BEREITS BESTEHENDEN ABSCHREIB. ADDIERT WERDEN MUSS)
      DO 10 I=1,NS
      DO 10 J=1,NS
10    SI(I,J)=B(I,J)*DI(J)/SLK(I)
C
      DO 40 I=1,NS
      L5=IY+1+LK(I)/2
      IF (L5.GT.NDT)GO TO 40
      L4=IY+3*LK(I)/2
      IF (L4.GT.NDT) L4=NDT
      DO 35J=1,NS
      DO 35K=L5,L4
35    AB(J.K)=AB(J,K)+SI(I,J)
40    CONTINUE
      RETURN
      END


      SUBROUTINE [illegible]NVA(FD,VA,AC,AINV,Z)
      DIMENSION VA(19),Z(19),AC(19),FD(19),AINV(19,19)
C
C     BERECHNUNG VA=F(FD)
C
C     FD = FINAL DEMAND
C     VA = VALUE ADDEDS
C     AC= SPALTENSUMME VON A
C     AINV = INVERTIERTE MATRIX (1-A)
C     Z = BRUTTOPRODUKTION
C
C
      DO 20 I=1,19
      VA(I)=0.0
      DO 20 J=1,19
20    VA(I)=VA(I)+AINV(I,J)*FD(J)
C
      DO 30 I=1,19
30    VA(I)=(1.0-AC(I))*VA(I)
      RETURN
      END


      SUBROUTINE VANFD (VA,FD.Z,AC,AF)
      DIMENSION VA(19),FD(19),Z(19),AF(19,19),AC(19)
C
C
C     VA = VALUE ADDEDS, GEGEBEN
C     FD = FINAL DEMAND, GESUCHT
C     Z = BRUTTOPRODUKTION
C     AC = SPALTENSUMMENVEKTOR
C     AF = (I-A) - MATRIX
C
C   BERECHNUNG FD = F(VA)
C
      DO 90 I=1,19
   90 Z(I)=VA(I)*(1./(1.-AC(I)))
      DO 100 I=1,19
      FD(I)=0.0
      DO 100 J=1,19
100   FD(I)=FD(I)+AF(I,J)*Z(J)
      RETURN
      END
```

Anhang B: Szenarioeingaben

Die nachfolgende Liste umfaßt sämtliche Szenarioeingaben[1] für das Referenzszenario, dessen zugehörige Ergebnisse im Anhang C und D dargestellt sind. Aus Gründen der Platzersparnis wird nur das Referenzszenario dargestellt. Das Referenzszenario gliedert sich in eine Reihe von Commands, die per Befehl (DO (Commandname)) vom Model-Builder ausgeführt werden. Eine Anweisung wird stets durch ein !-Zeichen beendet, eine Zeile wird durch ein Semikolon beendet, ein Command durch die Anweisung ENDCOM!;. Im Command INPSTAN sind die für den Referenzlauf benötigten Commands zusammengestellt.

In den Commands werden die Werte der Variablen des Blank-Common Bereiches festgelegt. Mit den PAR-Befehl werden Variablenwerte für den gesamten Simulationszeitraum festgelegt. So bedeutet:
PAR DMM=2, daß die Variable DMM zu Beginn jedes Simulationsschrittes den Wert 2 hat,
PAR VAR:,$R=0, daß die ersten 11 Werte der eindimensionalen Feldvariable VAR den Wert Null haben sollen. Die ersten 11 Werte werden stets durch $R angesprochen, die nächsten 8 durch $S (dies ist an anderer Stelle vereinbart worden).
PAR SK:, $S=8.6 34.5 21. 57.52 96.46 356.3 175.19 47.61 !; bedeutet daß die eindimensionale Variable SK für die Indices 12,13,...19 (angesprochen durch $S) die Werte 8.6,...bzw. 47.61 annehmen soll.

Durch den SERIES-Befehl werden zeitlich variable Eingabewerte festgelegt.
SERIES ABTG=0. 0.@1979 .1 @1982 .1 @2000 !;
bedeutet, daß die Variable ABTG zu Beginn jedes Simulationsschrittes jeweils den Wert annehmen soll, der durch den Poly-

1) Die vertikalen Koeffizientenmatrizen, deren Inverse, die Importmatrizen und die Investitionsflußmatrizen werden hier aus Platzgründen nicht wiedergegeben (insgesamt 156 Matrizen). Sie werden von einer Direktzugriffsdatei (logische Nummer 40 im Programm) eingelesen.

gonzug 0. 0.@1979 .... .1@2000 beschrieben wird. Dabei bezieht sich der erste Wert grundsätzlich auf den ersten Simulationsschritt, danach folgt den Werten immer die Jahresangabe, für die sie gelten sollen. Zwischen den Stützstellen wird linear interpoliert.

Bei indizierten Variablen wird nach dem Variablennamen jeweils der Index, für den der Polygonzug gelten soll, angegeben. Der Index wird durch ,R von der Variablenbezeichnung getrennt
SERIES SLK,R10= .... bedeutet also, daß die Variable SLK_{10} gemeint ist. Eine analoge Bedeutung besitzt
PAR SLK,R10= ....
Für Wiederholungen gibt es die FOR-Anweisung, die mit FOR beginnt und mit END endet.
FOR #1=R1,R2,R3 !
SERIES SLK,#1=10. 10.@1980 8.@2000 ! END !;
bedeutet, daß die Variable SLK für die Indices 1,2 und 3 angesprochen durch R1,R2,R3, die in der SERIES-Anweisung beschriebene Entwicklung haben soll. Alle Anweisungen zwischen der FOR- und der END-Anweisung werden wiederholt durchgeführt. Dabei nimmt das Zeichen #1 jeweils die Werte an, die #1 in der FOR-Anweisung zugewiesen werden.

```
COMMAND INPSTAN !;
DO VOLK1 ! DO LEB2 ! DO PARAM ! DO STAAT1 !DO IMPIN1 ! DO IMPCO1 !;
DO STARTKI ! DO KAKO2 ! DO CD1 ! DO XD1 !;
ENDCOM !;----------------------------------------------------------------
COMMAND VOLK1 !;
SERIES POP=56.938 59.638@1966 60.848@1969 61.976@1973;
61.78@1975 60.07@1980 58.57@1985 57.57@1990 56.93@1995 56.43@2000 !;
SERIES ERW=26.94 26.56@1968 27.45@1973 26.9@1975 27.98@1980 29.49@1985;
29.92@1990 29.54@1995 29.22@2000 !;
SERIES AUSL= 1.536 2.381@1968 3.821@1973  3.942@1975 4.125@1980 ;
4.617@1990 5.308@2000 !;
SERIES B0625=12.1 18.523@1975 16.697@1980 12.589@1990 11.59@2000 !;
SERIES B6085= 9.0  10.037@1975  9.788@1980 9.379@1990 9.105@2000 !;
ENDCOM !;----------------------------------------------------------------
COMMAND LEB2 !;
PAR SLK:,$R=10 10 10 10 10 10 10 10 10 20 20 !;
PAR SLK:,$S=12 16 65 10 10 10 10 10 !;
ENDCOM !;----------------------------------------------------------------
COMMAND STARTKI !;
"19-SEKTOREN-OEKONOMIEMODELL DES  I S P - VERSION 31/77" !;
?REFERENZSZENARIO - VOLKSWIRTSCHAFTL. MAKROZAHLEN? !;
PAR SK:,$R=74.3 97.36  3. 11.44 24.07 13.2 3.63 17.55 28.43 33.82 14.3 !
PAR SK:,$S=8.6 34.5 21. 57.52 96.46 356.3 175.19 47.61 !;
PAR DI:,$R=5.81 8.95 .245 .927 1.99 1.03 .373 1.39 3.07 3.34 1.76 !;
PAR DI:,$S=.927 3.4 3.69 6.68 7.66 20.27 13.64 5.7 !;
ENDCOM !;----------------------------------------------------------------
COMMAND PARAM !;
PAR DMM=2 !  PAR ENDE=15 ! PAR GRYD=360.1 !;
PAR DM=165 ! PAR RID=85 ! PAR PRABD=0 ! PAR SWMAC=1 !;
PAR VAR:,$R=0: ! PAR VAR:,$S=0: ! PAR VIR:,$S=1: ! PAR VIR:,$R=1: !;
PAR FDSLT:,$R=2:  ! PAR FDSLT:,$S=2:  ! PAR FDDLT:,$R=2: !;
PAR FDDLT:,$S=2:  ! PAR FKAP:,$R=.3:  ! PAR FKAP:,$S=.3: !;
PAR OI2:,$R=.23: ! PAR OI2:,$S=.23: !;
SERIES ABTG=0. 0.@1979 .1@1982  .1@1995 .1@2000 !;
FOR #1=R1,R2,R3,R4,R5,R6,R7,R8,R9,R10,R11,R12,R13,R14,R15,;
R16,R17,R18,R19 !;
SERIES VIR,#1=1. 1.@1972 1.14@1979 1.18@1982 1.18@1990 1.1@2000 !;
SERIES QEL,#1=0. 0.05@1966 0.05@2000 !;
SERIES OI6,#1= 1.  .8@1964 .43@1967 .4@1972 .33@1975 .4@1979;
.23@1982 .23@1990 .23@2000 !;
END ! ;;;;;;;
SERIES OI6,R9=.6 .5@1963 .5@1975 .3@2000 !;
PAR OI3:,$R=.40:  ! PAR OI3:,$S=.40:  !;
PAR OI4:,$R=.7:  ! PAR OI4:,$S=.7: !;
PAR OI5:,$R=.95:  ! PAR OI5:,$S=.95:  !;
PAR TKINR:,$R=.9 .95 .8 .9 .95 .95 .95 .95 .95 .9 .9 !;
PAR TKINR:,$S=.95 .95 .95 .95 .9 .9 .95 .9 !;
PAR TKINI:,$R=1.1 1.2 1.15 1.3 1.2 1.1 1.05 1.2 1.4 1.30 1.2 !;
PAR TKINI:,$S=1.3 1.3 1.3 1.2 1.2 1.2 1.2 1.2 !;
ENDCOM !;----------------------------------------------------------------
```

```
COMMAND CD1 !;
PAR CD:,$R=9.44 9.46 .102 1.08 33.87 7.85 12.954 8.46 4.173 .285 5.59 !;
PAR CD:,$S=7.96 8.80 7.48 33.92 7.19 15.68 1.48 31.98 !;
SERIES CD1,R1= ;
 1.015 1.02@1965 1.028@1972;
1.007@1980 1.00@1985 .99@1990 1.00@1995 0.992@2000 !;
SERIES CD1,R2= ;
 1.085 1.087@1965 1.073@1972  1.04@1974 ;
  1.03@2000 !;
SERIES CD1,R3= ;
 1.122 1.026@1963 1.02@1965 1.003@1967 1.00@1972;
 1.015@2000 !;
SERIES CD1,R4= ;
 1.098 1.042@1963 1.038@1966 1.037@1967 1.043@1972;
 1.025@1980 1.015@2000 !;
SERIES CD1,R5= ;
 1.039 1.025@1963 1.06@1965 1.035@1966 1.03@1972 1.02@1973 ;
 1.015@1975 1.03@1985 1.01@2000 !;
SERIES CD1,R6= ;
1.04 1.038@1965 1.02@1973 1.02@1985 ;
1.015@2000 !;
SERIES CD1,R7= ;
 1.03 1.035@1966 1.045@1972 1.02@1975 1.02@1980 1.015@1990 1.020@2000 !;
SERIES CD1,R8=;
 1.053 1.040@1963 1.045@1967 1.045@1972;
 1.04@1980 1.06@1985 1.00@1990  0.99@1995 0.985@2000 !;
SERIES CD1,R9= ;..
1.092 1.083@1966 1.076@1972;
 1.030@1980 1.05@1985 1.045@1990 1.02@1995 1.015@2000 !;
SERIES CD1,R10= ;
 1.01 1.01@1963 1.01@1966 1.021@1967 1.021@1972 1.02@1980 1.01@2000 !;
SERIES CD1,R11= ;
 1.035 1.035@1963 1.035@1972 1.02@1975 1.025@1980 0.990@2000 !;
SERIES CD1,R12= ;
 1.101 1.075@1966 1.06@1967 1.03@1970 1.02@1974 1.045@1980 1.02@1990;
1.015@2000 !;
SERIES CD1,R13= ;
 1.060 1.05@1965 1.037@1980 1.025@1990 1.01@2000 !;
SERIES CD1,R14= ;..
 1.055 1.074@1963 1.015@1966 1.045@1969 1.06@1972;
 1.03@1980 1.02@1985 1.02@1990 1.015@2000 !;
SERIES CD1,R15= ;
 1.04 1.035@1966 1.026@1967 1.026@1972 1.@1975 ;
 1.025@1980 1.05@1985 1.05@2000 !;
SERIES CD1,R16= ;
 1.040 1.02@1965 1.01@1968 1.00@1971 1.015@1975 1.02@1980 1.025@2000 ;!
SERIES CD1,R17= ;..
 1.063 1.070@1963 1.04@1965 1.00@1967 1.04@1969 1.06@1972 1.0@1973 ;
 1.035@1980 1.01@1985 1.01@1990 1.004@2000 !;
SERIES CD1,R18= ;
 1.039 1.027@1963 1.024@1966 1.024@1972;
 1.028@2000 !;
SERIES CD1,R19= ;
 1.02 1.035@1966 1.02@1972 1.02@1975 1.035@1980 1.03@1995 1.02@2000 !;
ENDCOM !;------------------------------------------------------------
```

```
COMMAND IMPC01 !;
SERIES FD1,R1= .48 .58@1966 .87@1972 .99@1976 1.50@2000 !;
SERIES FD1,R2= .12 .104@1966 .05@1972 .105@1976 .151@2000 !;
SERIES FD1,R3= .0 .0@2000 !;
SERIES FD1,R4= .064 .172@1966 .237@1972 .29@1976 .333@2000 !;
SERIES FD1,R5= .084 .111@1966 .140@1972 .298@1976 .35@2000 !;
SERIES FD1,R6= .103 .269@1966 .50@1972 .736@1976 1.0@2000 !;
SERIES FD1,R7= .068 .117@1966 .293@1972 .508@1976 1.499@2000 !;
SERIES FD1,R8= .05 .089@1966 .118@1972 .197@1976 .349@2000 !;
SERIES FD1,R9= .04 .059@1966 .112@1972 .220@1976 .326@2000 !;
SERIES FD1,R10= .0 .0@2000 !;
SERIES FD1,R11= .019 .04@1966 .121@1972 .169@1976 .210@2000 !;
SERIES FD1,R12= .07 .094@1966 .240@1972 .247@1976 .538@2000 !;
SERIES FD1,R13= .03 .058@1966 .182@1972 .251@1976 .319@2000 !;
SERIES FD1,R14= .0 .0@2000 !;
SERIES FD1,R15= .0 .0@2000 !;
SERIES FD1,R16= .06 .071@1966 .125@1972 .203@1976 .276@2000 !;
SERIES FD1,R17= .0 .0@2000 !;
SERIES FD1,R18= .0 .0@2000 !;
SERIES FD1,R19= .115 .119@1966 .161@1972 .176@1976 .25@2000 !;
ENDCOM !;-----------------------------------------------------------
COMMAND XD1 !;
PAR XD:,$R=.604 3.37 .272 1.28 1.67 1.67 .747 1.75 7.55 5.65 3.36 !;
PAR XD:,$S=7.82 17.88 .671 2.796 3.83 .152 .280 2.894 !;
SERIES OBER= .28 .25@1990 .26@2000 !;
SERIES UNTE= .19 .18@1990 .17@2000 !;
SERIES XD1,R1=1.12 1.12@1966 1.15@1973 1.06@1975 1.02@1990 1.06@2000 !;
SERIES XD1,R2=1.02 1.02@1966 1.045@1973 1.04@1980 1.015@1986 .985@1990 ;
.980@2000 !;
SERIES XD1,R3=1.11 1.11@1966 0.98@1972 1.04@1974 1.03@2000 !;
SERIES XD1,R4=1.06 1.10@1966 1.06@1973 1.06@1975 1.02@1990 1.01@2000 !;
SERIES XD1,R5=1.1 1.11@1966 1.14@1972 1.06@1975 1.02@1985 1.02@2000 !;
SERIES XD1,R6=1.06 1.06@1966 1.14@1972 00.97@1990 0.97@2000 !;
SERIES XD1,R7=1.1 1.1@1966 1.10@1972 1.07@1975 1.03@1982 1.01@2000 !;
SERIES XD1,R8=1.07 1.07@1966 1.15@1972 1.07@1975 1.03@1981 1.03@1990 ;
1.0@2000 !;
SERIES XD1,R9=1.11 1.15@1966 1.12@1972 1.05@1975 1.04@1990 1.04@2000 !;
SERIES XD1,R10=1.07 1.07@1966 1.09@1972 1.0@1975 1.015@1990 ;
1.0@2000 !;
SERIES XD1,R11=1.03 1.03@1966 1.12@1972 1.04@1975 1.02@1980 1.01@2000 !;
SERIES XD1,R12=1.09 1.09@1966 1.10@1972 1.00@1975 1.07@1976 1.03@1979 ;
1.02@2000 !;
SERIES XD1,R13=1.09 1.08@1966 1.09@1972 1.04@1975 1.03@1990 1.00@2000 !;
SERIES XD1,R14=1.015 1.015@1966 1.12@1972 1.10@1980 1.04@1990 ;
0.98@2000 !;
SERIES XD1,R15=1.027 1.05@1966 1.12@1972 1.04@1975 1.02@1980 1.015@2000!
SERIES XD1,R16=1.055 1.07@1966 1.06@1972 1.03@1980 1.01@2000 !;
SERIES XD1,R17=1.01 1.005@1966 1.015@1972 1.02@1980 1.025@2000 !;  00566
SERIES XD1,R18=.97 1.00@1966 0.96@1972 1.05@1980 1.01@2000 !;      00567
SERIES XD1,R19=1.02 1.07@1966 1.08@1972 1.05@1975 1.03@1980 1.02@2000 !;
ENDCOM !;-----------------------------------------------------------
COMMAND STAAT1 !;
PAR GD,R18=53.47 !;
SERIES GD2,R18=1.08 1.08@1963 1.033@1964 1.033@1966 1.045@1976 ;
1.058@1979 1.04@1980 1.028@1985 1.028@2000 !;
ENDCOM !;-----------------------------------------------------------
```

```
COMMAND IMPIN1 !;
SERIES FD3,R6=.556 .7@1966 1.@2000 !;
SERIES FD3,R8= 0.02 0.018@1966 0.027@1972 0.04@2000 !;
SERIES FD3,R11= .02 .03@1966 .07@1972 .10@2000 !;
SERIES FD3,R12= .047 .12@1966 .165@1972 .20@2000 !;
SERIES FD3,R13= .134 .13@1966 .25@1972 .28@2000 !;
ENDCOM !;-----------------------------------------------------------
COMMAND KAK02 !;
PAR DQ:,$R=3.93 4.54 3.61 1.56 1.09 1.86 .48 1.36 1.89 2.47 1.07 !;
PAR DQ:,$S=.75 1.05 .54 1.1 4.51 34.97 6.07 1.09 !;
SERIES Q,R1=4.184 4.70@1965 5.70@1970  6.30@1974 8.8@1985 9.50@2000 !;
SERIES Q,R2=4.68 4.75@1965 5.1@1970 5.5@1976 7.1@1985 8.1@2000!;
SERIES Q,R3=3.61 5.90@1970 10.50@1975 13.5@1985 15.7@2000!;
SERIES Q,R4=1.56 1.7@1970 1.80@1975 2.30@2000 !;
SERIES Q,R5=1.1 1.12@1966 1.04@1976 1.06@1985  1.10@2000 !;
SERIES Q,R6=1.89 1.93@1966 2.08@1970 2.22@1975 2.4@1985 2.60@2000 !;
SERIES Q,R7=0.51 0.65@1966 0.83@1970 0.97@1974 1.2@1985 1.5@2000 !;
SERIES Q,R8=1.37 1.45@1970 1.5@1975 1.75@1985 1.95@2000 !;
SERIES Q,R9=1.91 1.80@1966 1.63@1970 1.63@1975 1.73@1986 1.88@2000 !;
SERIES Q,R10=2.55 2.97@1966 3.21@1970 3.5@1977 3.8@1985 4.2@2000 !;
SERIES Q,R11=1.14 1.40@1966 1.94@1974 2.60@1983 3.4@2000 !;
SERIES Q,R12=0.75 0.75@1970 0.78@1975 0.78@2000 !;
SERIES Q,R13=1.07 1.15@1970 1.18@1974 1.4@2000 !;
SERIES Q,R14=0.63 0.85@1966 1.34@1974 1.70@1985 2.0@2000 !;
SERIES Q,R15=1.15 1.53@1969 1.83@1974 2.2@1985 2.60@2000 !;
SERIES Q,R16=4.57 4.93@1966 4.53@1974 4.6@1985 4.7@2000 !;
SERIES Q,R17=35.21 38.1@1966 38.3@1972 38.9@1980 39.9@2000 !;
PAR PM=.0 ! PAR PEW=1.02 !;
SERIES Q,R18=6.4 8.2@1966 11.2@1972 12.6@1977 14.0@1985 16.@2000 !;
SERIES Q,R19=1.2 1.96@1968 2.440@1972 3.50@1985 3.9@2000 !;
ENDCOM !;-----------------------------------------------------------
```

Anhang C: Gesamtwirtschaftliche Ergebnisse

Für die nachfolgenden Tabellen gilt: Über den Spalten steht jeweils der Variablenname und ggf. ein Kürzel für die Sektorbezeichnung. Die Variablen sind im Kopf der Tabelle, bzw. in der Variablenliste erklärt. Die Einheiten sind sinngemäß Mrd. DM zu Preisen von 1962, Jahre^{-1} oder Mrd. DM zu Preisen von 1962 pro Jahr.

Für die Plot-Darstellungen gilt: Die oberste Kopfzeile gibt die Namen der Variablen wieder, deren Entwicklung dargestellt wird. Die jeweils darunterstehenden zwei Zahlen geben die Skalierung der Ordinatenachse für die betreffende Variable an. Sie gelten für die untere bzw. obere Begrenzungslinie der Darstellung, der Zwischenbereich ist grundsätzlich linear unterteilt. Die unterste Kopfzeile gibt die Zeichen wieder, die den Verlauf der betreffenden Variable darstellen. Ist die Skalierung für alle dargestellten Verläufe die gleiche, so wird sie an der Ordinate aufgeführt. Ist sie nicht gleich für alle Variablen, so entfällt eine Bezifferung der Ordinate; es gelten dann für jede Variable, die im Kopf der Darstellung angegebenen Skalierungswerte.
Die Bedeutung der Variablen ist jeweils der Variablenliste zu entnehmen.

OEKONOMIEMODELL FUER DIE BUNDESREPUBLIK DEUTSCHLAND DATE 25/01/79 00.02.
REFERENZSZENARIO - VOLKSWIRTSCHAFTL. MAKROZAHLEN PAGE 2

SKM GESAMTER KAPITALSTOCK
QM GESAMTW. KAPITALKOEFFIZIENT
GRYS WACHSTUMSRATE DES BIP
DGM STAATSKONSUM
DXM GESAMTE EXPORTNACHFRAGE
DM ABGAENGE AUS DEM KAPITALSTOCK
VM BRUTTOINLANDSPRODUKT N. BEITRAGSRECHNUN
DCM GESAMTE PRIV. KONSUMNACHFRAGE
DIM GESAMTINVESTITIONEN
DMM IMPORTE (VORLEISTUNGEN U. ENDVERBRAUCH)

	SKM	DM	QM	VM	GRYS	DCM	DGM	DIM	DXM	DMM
1962	1118.28	20.347	3.08964	361.95	.51248	207.754	53.470	90.852	64.246	59.313
1963	1188.79	22.388	3.11260	381.93	5.52059	219.064	57.748	96.410	69.060	63.569
1964	1262.81	24.666	3.13156	403.25	5.58325	231.236	59.480	102.576	74.418	67.685
1965	1340.72	27.222	3.17968	421.65	4.56296	244.299	60.670	108.994	80.392	72.321
1966	1422.49	29.513	3.21084	443.03	5.06955	256.533	61.276	114.862	87.072	77.180
1967	1507.84	32.023	3.29815	457.18	3.19381	267.189	62.716	118.513	94.593	85.434
1968	1594.33	34.486	3.34982	475.94	4.10521	278.544	65.037	126.837	103.046	94.135
1969	1686.68	36.810	3.43263	491.37	3.24021	290.616	67.617	132.190	112.539	103.633
1970	1782.06	39.289	3.49507	509.88	3.76748	302.512	70.479	137.907	123.204	113.898
1971	1880.68	41.656	3.51497	535.05	4.93655	314.916	73.651	139.359	135.196	125.158
1972	1978.38	44.140	3.52149	561.80	5.00014	327.927	76.873	143.978	148.705	137.250
1973	2078.22	46.654	3.58029	580.46	3.32118	338.317	80.140	147.914	160.691	147.266
1974	2179.48	49.283	3.66268	595.05	2.51346	345.757	83.446	151.298	170.392	159.336
1975	2281.49	51.492	3.75920	606.91	1.99301	352.666	86.784	151.250	177.215	171.252
1976	2381.25	53.863	3.87182	615.02	1.33673	358.859	90.645	147.226	185.584	182.516
1977	2474.61	56.357	3.95838	625.16	1.64812	365.701	95.087	143.920	193.792	190.954
1978	2562.18	59.336	4.03410	635.13	1.59495	373.199	100.174	140.984	201.758	199.250
1979	2643.83	62.559	4.10357	644.27	1.43989	381.371	105.984	137.114	209.405	207.134
1980	2718.38	65.854	4.17454	651.18	1.07188	390.246	110.224	131.990	216.994	215.570
1981	2784.52	69.145	4.22952	658.35	1.10145	399.786	114.368	128.906	224.573	223.723
1982	2844.28	72.289	4.23471	671.66	2.02100	409.743	118.394	128.775	232.162	231.777
1983	2900.76	75.299	4.21769	687.76	2.39755	420.146	122.277	134.223	239.753	236.529
1984	2959.69	77.921	4.19130	706.15	2.67378	431.031	125.994	145.242	247.323	241.756
1985	3027.01	80.071	4.09493	739.21	4.68152	442.450	129.522	160.630	254.852	247.956
1986	3107.57	81.912	4.08614	760.51	2.88213	454.455	133.149	163.976	262.360	254.554
1987	3189.63	83.767	4.06488	784.68	3.17777	466.269	136.877	171.566	269.811	262.032
1988	3277.43	85.116	4.05861	807.52	2.91113	477.857	140.710	180.101	277.192	270.288
1989	3372.42	86.380	4.07095	828.41	2.58629	489.188	144.649	187.296	284.498	278.939
1990	3473.33	87.569	4.09924	847.31	2.28176	500.248	148.700	192.725	291.722	287.761
1991	3578.49	88.991	4.12875	866.73	2.29118	511.943	152.863	196.608	298.835	295.616
1992	3686.11	90.627	4.16347	885.35	2.14831	523.653	157.143	199.734	305.814	303.404
1993	3795.21	92.486	4.20119	903.37	2.03555	535.367	161.543	202.392	312.640	311.048
1994	3905.12	94.691	4.23853	921.34	1.98922	547.078	166.067	204.927	319.297	318.483
1995	4015.35	97.680	4.27165	940.00	2.02583	558.779	170.716	208.105	325.772	325.722
1996	4125.78	101.114	4.29786	959.96	2.12345	570.687	175.496	212.016	332.054	332.837
1997	4236.68	104.897	4.31996	980.72	2.16272	582.528	180.410	216.770	338.137	339.808
1998	4348.55	108.949	4.33851	1002.31	2.20152	594.294	185.462	222.534	344.017	346.703
1999	4462.14	113.120	4.35497	1024.61	2.22428	605.982	190.655	229.106	349.696	353.553
2000	4578.13	117.355	4.37106	1047.37	2.22156	617.590	195.993	236.241	355.179	360.389

OEKONOMIEMODELL FUER DIE BUNDESREPUBLIK DEUTSCHLAND
REFERENZSZENARIO - VOLKSWIRTSCHAFTL. MAKROZAHLEN

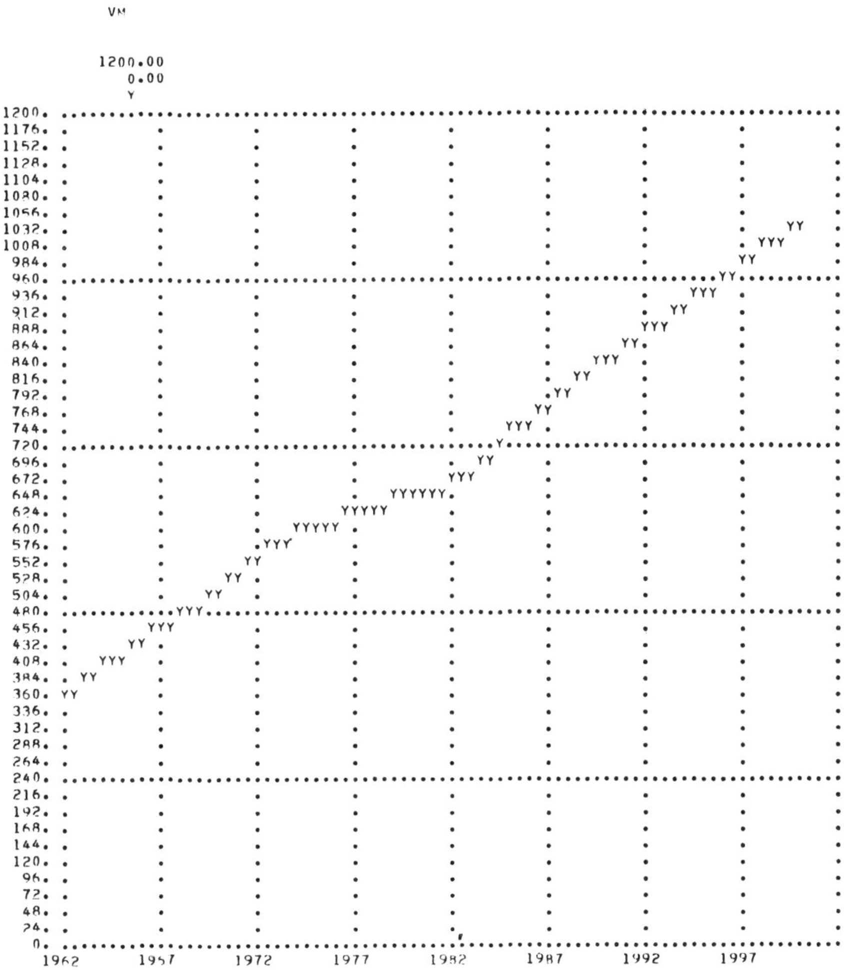

Y = BRUTTOINLANDSPRODUKT IN MRD. DM ZU PREISEN VON 1962
(WIRD ALS BRUTTOSOZIALPRODUKT ANGESEHEN)

OEKONOMIEMODELL FUER DIE BUNDESREPUBLIK DEUTSCHLAND
REFERENZSZENARIO - VOLKSWIRTSCHAFTL. MAKROZAHLEN

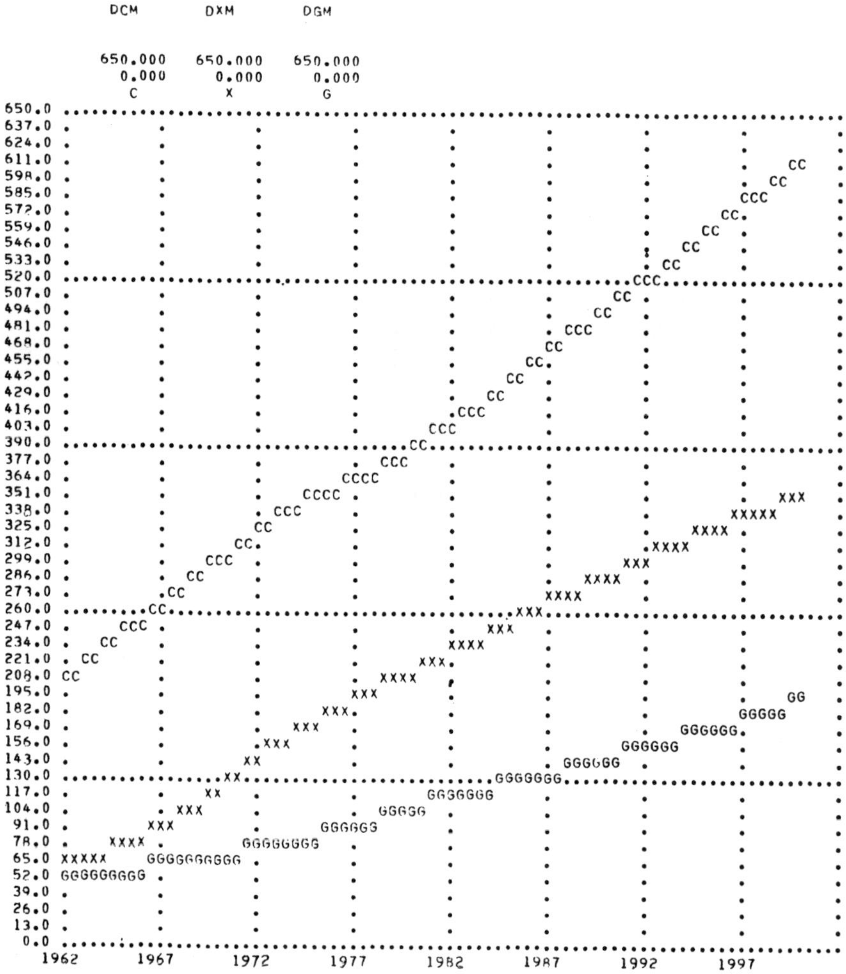

C = GESAMTE PRIVATE KONSUMNACHFRAGE
G = STAATSKONSUM
X = EXPORTNACHFRAGE
ANGABEN IN MRD. DM ZU PREISEN VON 1962

OEKONOMIEMODELL FUER DIE BUNDESREPUBLIK DEUTSCHLAND
REFERENZSZENARIO - VOLKSWIRTSCHAFTL. MAKROZAHLEN

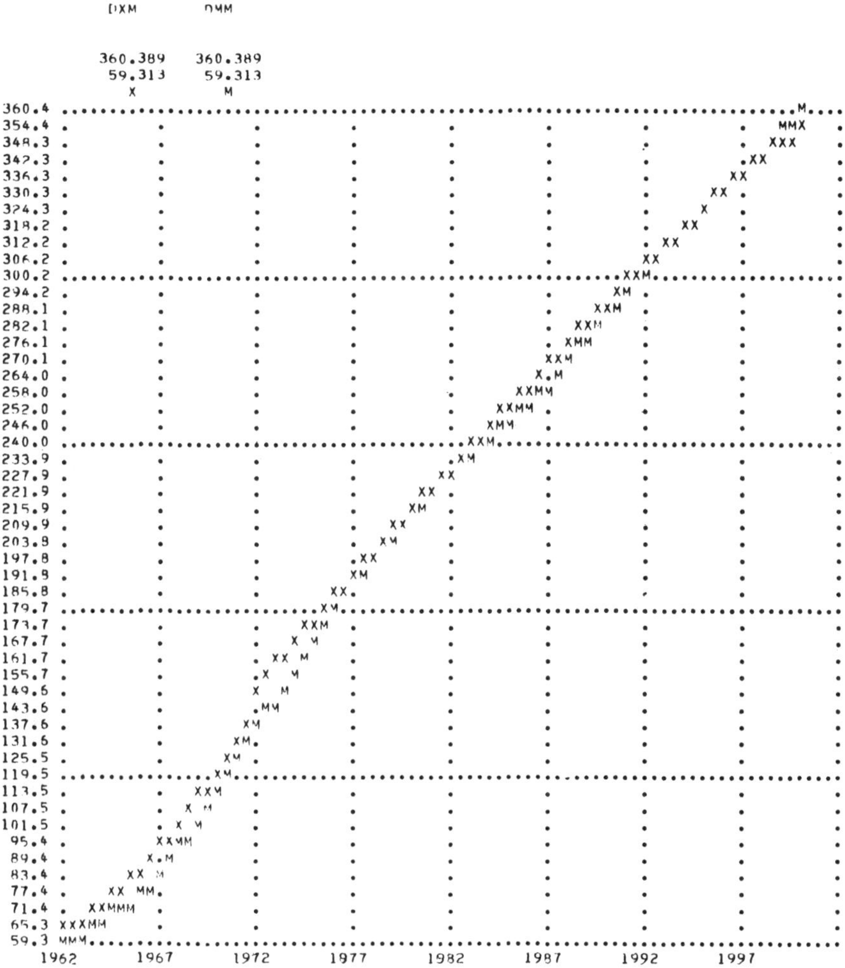

X = EXPORTNACHFRAGE
M = GESAMTE IMPORTE (VORLEISTUNGSIMPORTE + ENDNACHFRAGEIMPORTE)
ANGABEN IN MRD. DM ZU PREISEN VON 1962

OEKONOMIEMODELL FUER DIE BUNDESREPUBLIK DEUTSCHLAND
REFERENZSZENARIO - VOLKSWIRTSCHAFTL. MAKROZAHLEN

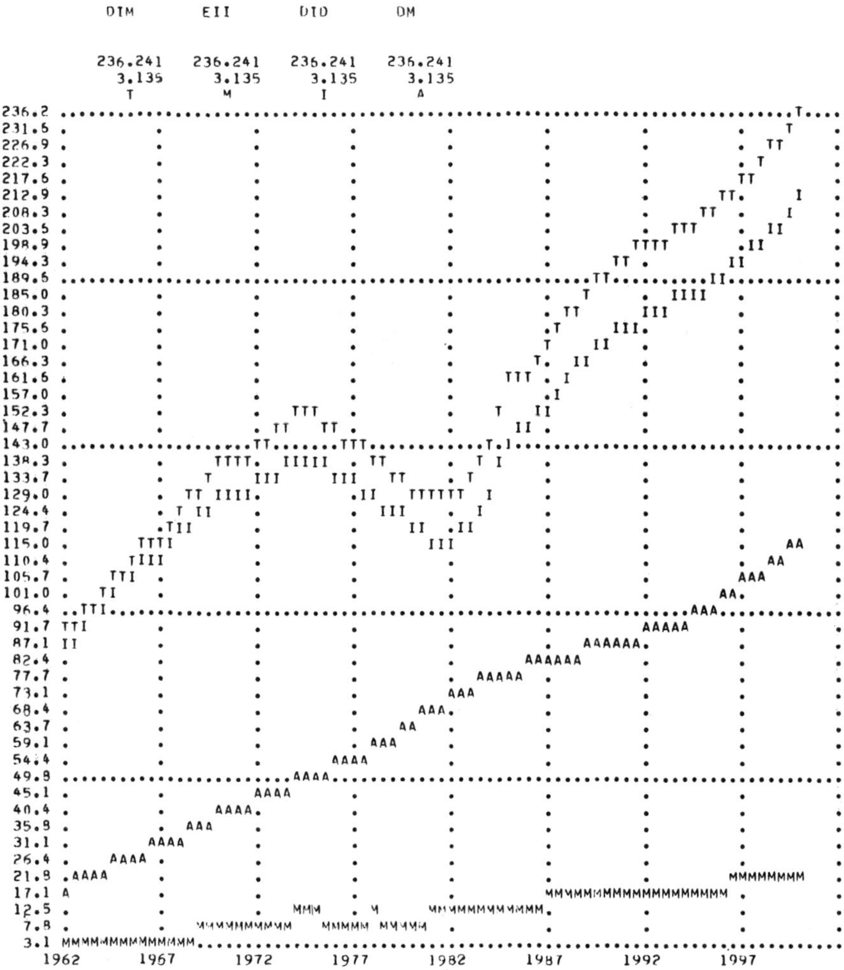

T = GESAMTE INVESTITIONEN
I = INLÄNDISCH PRODUZIERTE INVESTITIONEN
A = GESAMTE KAPITALABGÄNGE
M = IMPORTIERTE INVESTITIONSGÜTER
ANGABEN IN MRD. DM ZU PREISEN VON 1962

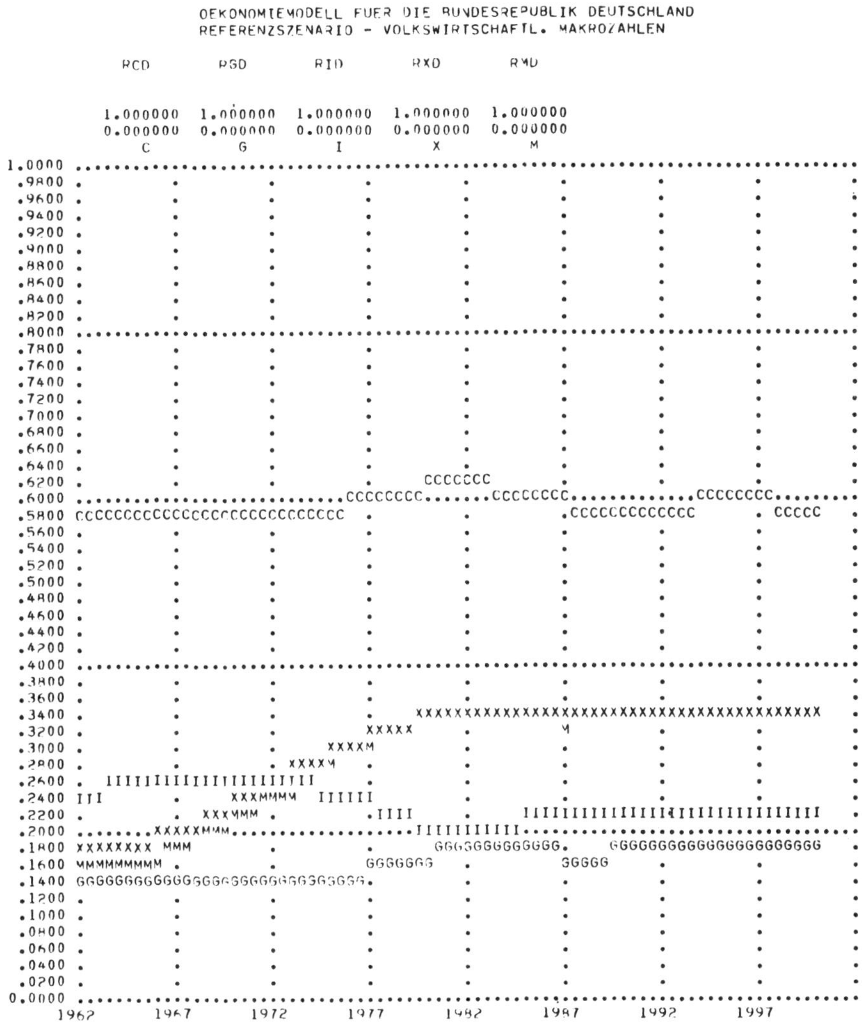

ANTEILE DER ENDNACHFRAGEKOMPONENTEN AM BRUTTOINLANDSPRODUKT

C = QUOTE DES PRIVATEN KONSUMS X = EXPORTQUOTE
G = STAATSKONSUMQUOTE M = IMPORTQUOTE
I = INVESTITIONSQUOTE

Anhang D: Sektorale Ergebnisse

In den folgenden Tabellen werden für jeden der 19 Sektoren die Simulationsergebnisse für den Zeitraum 1962 bis 2000 der folgenden Variablen wiedergegeben:

- Kapitalstock

- Kapitalabgänge

- Investitionen nach investierendem Sektor

- Beitrag zum Bruttoinlandsprodukt

- Vorleistungsbezüge

- Vorleistungslieferungen

- private Konsumnachfrage

- Exportnachfrage

- Investitionen nach Herkunft

- importierte Endprodukte

(Sämtliche Angaben in Mrd. DM zu Preisen von 1962)

OEKONOMIEMODELL FUER DIE BUNDESREPUBLIK DEUTSCHLAND
REFERENZSZENARIO - SEKTORALE ERGEBNISSE

DATE 25/01/79 00.02.
PAGE 8

SK	KAPITALSTOCK (EINGESETZTE PRODUKTIONSMI	D	ABGAENGE VOM KAPITALSTOCK
DI	BEZUEGE V. INVESTITIONSGUETERN	VA	BEITRAG Z. BIP (WERTSCHOEPFUNG)
VOR	VORLEISTUNGSBEZUEGE	VLI	VORLEISTUNGSLIEFERUNGEN
CD	PRIVATE KONSUMNACHFRAGE	XD	EXPORTNACHFRAGE
OID	INVESTITIONSGUETERNACHFRAGE	FMD	IMPORTIERTE ENDPRODUKTE

	LANDW	LANDW	LANDW	LANDW	LANDW	LANDW	LANDW	LANDW	LANDW	LANDW
	SK	D	DI	VA	VOR	VLI	CD	XD	OID	FMD
1962	74.300	2.0536	5.8100	17.7716	10.7451	21.9262	9.4400	.60400	.426620	3.06162
1963	78.056	2.2305	5.7198	17.9898	11.3024	22.5724	9.7111	.67648	.435663	3.25855
1964	81.546	2.4348	5.1478	18.3649	11.9853	23.4215	10.0050	.75766	.439529	3.46579
1965	84.259	2.6682	5.6526	18.6755	12.6566	24.3549	10.3233	.84858	.422678	3.68452
1966	87.253	2.8720	6.2288	18.7581	13.1978	25.0515	10.6622	.95041	.328373	3.91398
1967	90.610	3.1037	6.8517	18.6433	12.8125	25.2882	10.9736	1.06853	.370036	4.23442
1968	94.358	3.3267	7.5369	19.2363	12.9121	25.7358	11.3061	1.20591	.423489	4.56290
1969	98.568	3.5375	8.2906	19.7493	12.9455	25.9208	11.6612	1.36612	.410711	4.90109
1970	103.321	3.7459	9.1196	20.1033	12.8673	26.1378	12.0165	1.55348	.388946	5.24028
1971	108.695	3.9182	10.0316	20.6520	12.9057	26.4717	12.3961	1.77318	.365560	5.59131
1972	114.808	4.0941	11.0347	21.2673	12.9741	26.7904	12.8018	2.03156	.346466	5.95590
1973	121.749	4.2667	12.1382	21.6065	13.2410	27.1298	13.1866	2.33630	.333054	6.24629
1974	129.620	4.4732	12.3748	21.7241	13.3737	27.2443	13.4653	2.58161	.321927	6.48845
1975	137.522	4.6448	13.5151	21.8851	13.5341	27.5155	13.7145	2.73650	.308862	6.71731
1976	146.392	4.8677	13.2253	22.1319	13.7489	27.9855	13.8773	2.89340	.294502	6.90376
1977	154.750	5.1353	12.4889	22.2932	13.9120	28.2965	14.0053	3.05157	.279803	7.04181
1978	162.103	5.4931	12.1113	22.4302	14.0609	28.5700	14.0975	3.21025	.266176	7.16146
1979	168.722	5.9133	11.8990	22.5088	14.1741	28.7557	14.1531	3.36862	.253521	7.26173
1980	174.707	6.3686	11.8701	22.4419	14.1959	28.8143	14.1714	3.52582	.240977	7.45777
1981	180.209	6.8535	12.0332	22.3570	14.2061	28.8362	14.1796	3.68096	.230343	7.64323
1982	185.389	7.3532	12.4513	22.3415	14.2604	28.9729	14.1677	3.83311	.221300	7.81234
1983	190.497	7.8148	12.9976	22.5181	14.4379	29.1814	14.1357	3.98132	.219502	7.86050
1984	195.680	8.2468	13.8651	22.8933	14.7446	29.7008	14.0837	4.12465	.254393	7.89580
1985	201.298	8.6223	15.2409	23.8321	15.4183	31.1758	14.0120	4.26214	.293963	7.91815
1986	207.917	8.9309	13.7168	24.6886	16.0442	31.8812	13.9362	4.39284	.307019	7.93633
1987	212.702	9.2255	12.9400	25.3232	16.5306	32.6636	13.8329	4.51584	.333669	7.93683
1988	216.417	9.4387	13.2851	25.7396	16.8778	33.3857	13.7026	4.63024	.356828	7.91970
1989	220.263	9.6381	13.6559	26.0555	17.1616	34.0123	13.5461	4.73520	.375944	7.88509
1990	224.281	9.8324	13.9697	26.2898	17.3935	34.5441	13.3642	4.82990	.391577	7.83324
1991	228.418	10.0166	14.1734	26.5211	17.6250	35.0917	13.2278	4.94582	.405463	7.80575
1992	232.575	10.1716	14.3126	26.7227	17.8384	35.6004	13.1192	5.08430	.418636	7.79266
1993	236.716	10.3111	14.4148	26.9045	18.0400	36.0745	13.0375	5.24700	.431451	7.79392
1994	240.820	10.4612	14.5214	27.0818	18.2400	36.5304	12.9823	5.43589	.444350	7.80955
1995	244.880	10.6165	14.6442	27.2775	18.4539	36.9994	12.9532	5.65333	.459769	7.83966
1996	248.908	10.7674	14.8030	27.5088	18.6932	37.5051	12.9097	5.90207	.476313	7.85996
1997	252.944	10.9171	14.9984	27.7589	18.9471	38.0154	12.8458	6.18537	.494291	7.86655
1998	257.025	11.0509	15.2318	28.0281	19.2160	38.5281	12.7616	6.50701	.513780	7.85941
1999	261.206	11.1801	15.5049	28.3127	19.4973	39.0360	12.6575	6.87140	.534059	7.83859
2000	265.531	11.2706	15.7681	28.6094	19.7892	39.5333	12.5340	7.28369	.555716	7.80422

OEKONOMIEMODELL FUER DIE BUNDESREPUBLIK DEUTSCHLAND
REFERENZSZENARIO - SEKTORALE ERGEBNISSE

DATE 25/01/79 00.02.
PAGE 9

SK	KAPITALSTOCK (EINGESETZTE PRODUKTIONSMI	D	ABGAENGE VOM KAPITALSTOCK
DI	BEZUEGE V. INVESTITIONSGUETERN	VA	BEITRAG Z. BIP (WERTSCHOEPFUNG)
VOR	VORLEISTUNGSBEZUEGE	VLI	VORLEISTUNGSLIEFERUNGEN
CD	PRIVATE KONSUMNACHFRAGE	XD	EXPORTNACHFRAGE
OID	INVESTITIONSGUETERNACHFRAGE	FMD	IMPORTIERTE ENDPRODUKTE

	ENERG	ENERG	ENERG	ENERG	ENERG	ENERG	ENERG	ENERG	ENERG	ENERG
	SK	D	DI	VA	VOR	VLI	CD	XD	OID	FMD
1962	97.360	2.3500	8.9500	20.8236	19.7366	30.7628	9.4600	3.37000	.44367	1.01357
1963	103.960	2.6545	8.5025	22.2344	19.9342	32.0876	10.3922	3.43740	.50662	1.08019
1964	109.808	2.9784	8.0774	23.6083	20.0179	33.4338	11.4216	3.50615	.57572	1.15038
1965	114.907	3.3245	7.6735	24.9516	20.0042	34.5252	12.5591	3.57627	.64081	1.22417
1966	119.256	3.6478	8.1064	27.2509	20.6502	36.1278	13.7826	3.64780	.73603	1.29836
1967	123.715	3.9850	9.7277	27.8917	21.5617	37.7205	15.0275	3.73378	.74858	1.30376
1968	129.457	4.3175	11.6733	28.3487	22.3555	39.4872	16.3538	3.83513	.80367	1.29506
1969	136.813	4.6552	14.0079	28.9325	23.2734	41.0812	17.7635	3.95292	.87788	1.27000
1970	146.166	5.0195	16.8095	30.0111	24.6241	43.1786	19.2200	4.08845	.96341	1.22375
1971	157.956	5.3734	16.1111	32.6135	27.2938	46.4060	20.7568	4.24322	.97548	1.15642
1972	168.694	5.7176	16.4985	35.0012	29.8759	49.7892	22.3743	4.41902	1.02719	1.06544
1973	179.474	6.0648	16.5205	36.9417	31.4034	51.7808	23.7465	4.61787	1.07722	1.42312
1974	189.930	6.4131	16.1514	38.6493	32.8131	53.5413	24.6574	4.82238	1.11409	1.77350
1975	199.668	6.6597	15.3438	39.4294	33.4326	54.7247	25.5936	5.03249	1.10598	2.14013
1976	208.352	6.9874	14.5766	39.8052	33.7081	55.4265	26.4504	5.24817	1.06969	2.51338
1977	215.942	7.3653	17.4919	40.7559	34.4692	56.4482	27.3249	5.46935	1.08783	2.63930
1978	226.068	7.8502	19.9926	41.0842	34.7025	57.1460	28.2170	5.69593	1.09766	2.76954
1979	238.211	8.4419	20.8084	41.8576	35.3105	58.0187	29.1266	5.92784	1.07617	2.90413
1980	250.577	9.0199	20.7011	42.7020	35.9769	58.8281	30.0533	6.16495	1.03836	3.13400
1981	262.258	9.6083	20.5858	43.5163	36.6161	59.6076	31.0188	6.38586	1.01496	3.37829
1982	273.236	10.1645	20.6522	44.5165	37.4099	60.7738	32.0027	6.58808	1.01447	3.63529
1983	283.723	10.7081	21.6662	45.5766	38.2518	62.1073	33.0047	6.76925	1.06115	3.80368
1984	294.682	11.2106	23.2126	46.7454	39.1825	63.5681	34.0246	6.92720	1.13318	3.97726
1985	306.683	11.6435	25.3406	48.6052	40.6894	66.1901	35.0620	7.05997	1.24005	4.15607
1986	320.381	12.1274	24.0736	50.3396	42.0875	68.1417	36.1787	7.16587	1.26493	4.34760
1987	332.327	12.7248	24.3040	51.7548	43.2153	70.0998	37.3166	7.21962	1.32560	4.54513
1988	343.906	13.3411	25.5586	53.0804	44.2656	71.8969	38.4756	7.21962	1.39693	4.74875
1989	356.124	13.9851	26.7740	54.2593	45.1908	73.4998	39.6554	7.16547	1.45564	4.95848
1990	368.912	14.6670	27.8530	55.2930	45.9929	74.9101	40.8556	7.05799	1.49849	5.17438
1991	382.098	15.3694	28.7429	56.4581	46.9019	76.4009	42.1289	6.94859	1.52621	5.40325
1992	395.472	16.0425	29.5143	57.5915	47.7823	77.8223	43.4254	6.83741	1.54625	5.63899
1993	408.944	16.6624	30.1687	58.7093	48.6474	79.1951	44.7449	6.72460	1.56133	5.88163
1994	422.450	17.2693	30.7716	59.8385	49.5196	80.5616	46.0871	6.61028	1.57449	6.13123
1995	435.952	17.7484	31.2476	61.0157	50.4292	81.9818	47.4517	6.49460	1.58940	6.38782
1996	449.451	18.2712	31.8201	62.2800	51.4082	83.5078	48.8622	6.37769	1.61051	6.65472
1997	463.000	18.8160	32.4995	63.5971	52.4283	85.0959	50.2958	6.25971	1.63861	6.92894
1998	476.684	19.4110	33.3408	64.9652	53.4876	86.7448	51.7520	6.14077	1.67553	7.21052
1999	490.614	20.0630	34.3430	66.3791	54.5817	88.4479	53.2303	6.02103	1.71991	7.49947
2000	504.894	20.7753	35.4806	67.8191	55.6944	90.1822	54.7302	5.90061	1.76980	7.79581

OEKONOMIEMODELL FUER DIE BUNDESREPUBLIK DEUTSCHLAND DATE 25/01/79 00.02.
REFERENZSZENARIO - SEKTORALE ERGEBNISSE PAGE 10

SK	KAPITALSTOCK (EINGESETZTE PRODUKTIONSMI	D	ABGAENGE VOM KAPITALSTOCK
DI	BEZUEGE V. INVESTITIONSGUETERN	VA	BEITRAG Z. BIP (WERTSCHOEPFUNG)
VOR	VORLEISTUNGSBEZUEGE	VLI	VORLEISTUNGSLIEFERUNGEN
CD	PRIVATE KONSUMNACHFRAGE	XD	EXPORTNACHFRAGE
OID	INVESTITIONSGUETERNACHFRAGE	FMD	IMPORTIERTE ENDPRODUKTE

	BERGB	BERGB	BERGB	BERGB	BERGB	BERGB	BERGB	BERGB	BERGB	BERGB
	SK	D	DI	VA	VOR	VLI	CD	XD	OID	FMD
1962	3.0000	.079416	.24500	.83191	.50535	.94770	.102000	.27200	0.00000	0.00000
1963	3.1656	.086734	.28175	.86389	.51607	.98636	.105893	.30192	0.00000	0.00000
1964	3.3606	.094814	.32401	.87140	.51188	1.02702	.109597	.33513	0.00000	0.00000
1965	3.5898	.103573	.37261	.87277	.50411	1.05917	.113084	.37200	0.00000	0.00000
1966	3.8588	.111714	.42851	.89215	.50665	1.10263	.115694	.41292	0.00000	0.00000
1967	4.1756	.120419	.49278	.92746	.55742	1.06006	.116826	.44939	0.00000	0.00000
1968	4.5480	.129693	.56670	.97842	.62187	1.01994	.117893	.47935	0.00000	0.00000
1969	4.9850	.140032	.65170	.93736	.62961	.95396	.118893	.50092	0.00000	0.00000
1970	5.4967	.151850	.73065	.95322	.67622	.89524	.119587	.51261	0.00000	0.00000
1971	6.0755	.162623	.84024	.90759	.57966	.82470	.120211	.51346	0.00000	0.00000
1972	6.7531	.175510	.96628	.88410	.59860	.75626	.120763	.50319	0.00000	0.00000
1973	7.5439	.190654	.93294	.86811	.68286	.62746	.121380	.50822	0.00000	0.00000
1974	8.2861	.208893	.91983	.86224	.67736	.66219	.121318	.52855	0.00000	0.00000
1975	8.9971	.225462	.91100	.85204	.66848	.69198	.121321	.54949	0.00000	0.00000
1976	9.6826	.245816	.72880	.87773	.68774	.70874	.120907	.57105	0.00000	0.00000
1977	10.1656	.269887	.58304	.88689	.59401	.72398	.120556	.59323	0.00000	0.00000
1978	10.4788	.299150	.46543	.88600	.59241	.74241	.120267	.61605	0.00000	0.00000
1979	10.6460	.330786	.39847	.87632	.58395	.76130	.120038	.63951	0.00000	0.00000
1980	10.7137	.364916	.45261	.85893	.56951	.77525	.119870	.66361	0.00000	0.00000
1981	10.8014	.401329	.52050	.87550	.58154	.79327	.119847	.68837	0.00000	0.00000
1982	10.9206	.434400	.59857	.92535	.71941	.81976	.119884	.71379	0.00000	0.00000
1983	11.0848	.455319	.68836	.95346	.74029	.84251	.119982	.73987	0.00000	0.00000
1984	11.3078	.492181	.79161	.96169	.74571	.86116	.120141	.76661	0.00000	0.00000
1985	11.6072	.510322	.91035	.97667	.75634	.88857	.120362	.79404	0.00000	0.00000
1986	12.0073	.522287	1.04691	1.01284	.78333	.92364	.120850	.82213	0.00000	0.00000
1987	12.5319	.530193	1.20394	1.05966	.81847	.96645	.121404	.85091	0.00000	0.00000
1988	13.2056	.531465	1.32158	1.11004	.85627	1.00304	.122023	.88036	0.00000	0.00000
1989	13.9957	.533285	1.35839	1.16444	.89706	1.03847	.122710	.91050	0.00000	0.00000
1990	14.8209	.535933	1.37150	1.19991	.92318	1.06900	.123464	.94131	0.00000	0.00000
1991	15.6564	.540442	1.37161	1.23668	.95022	1.10078	.124444	.97281	0.00000	0.00000
1992	16.4876	.550136	1.37131	1.27373	.97742	1.13223	.125497	1.00499	0.00000	0.00000
1993	17.3088	.565261	1.37529	1.31120	1.00486	1.16358	.126625	1.03784	0.00000	0.00000
1994	18.1198	.585423	1.38939	1.34939	1.03278	1.19535	.127831	1.07138	0.00000	0.00000
1995	18.9238	.611058	1.41307	1.38862	1.06142	1.22811	.129115	1.10558	0.00000	0.00000
1996	19.7258	.639478	1.44586	1.42940	1.09116	1.26270	.130546	1.14045	0.00000	0.00000
1997	20.5321	.668813	1.48615	1.47141	1.12176	1.29861	.132061	1.17597	0.00000	0.00000
1998	21.3495	.700569	1.53546	1.51462	1.15320	1.33582	.133665	1.21216	0.00000	0.00000
1999	22.1844	.732473	1.59048	1.55896	1.18540	1.37419	.135359	1.24899	0.00000	0.00000
2000	23.0424	.763204	1.64858	1.60431	1.21830	1.41353	.137146	1.28646	0.00000	0.00000

SK KAPITALSTOCK (EINGESETZTE PRODUKTIONSMI
DI BEZUEGE V. INVESTITIONSGUETERN
VOR VORLEISTUNGSBEZUEGE
CD PRIVATE KONSUMNACHFRAGE
OID INVESTITIONSGUETERNACHFRAGE
D ABGAENGE VOM KAPITALSTOCK
VA BEITRAG Z. BIP (WERTSCHOEPFUNG)
VLI VORLEISTUNGSLIEFERUNGEN
XD EXPORTNACHFRAGE
FMD IMPORTIERTE ENDPRODUKTE

	STEINE	STEINE	STEINE	STEINE	STEINE	STEINE	STEINE	STEINE	STEINE	STEINE
	SK	D	DI	VA	VOR	VLI	CD	XD	OID	FMD
1962	11.4400	.34193	.92700	7.3372	6.5722	11.3758	1.08000	1.28000	.55343	.064962
1963	12.0251	.38170	.86520	7.7687	6.8754	12.0914	1.13870	1.36960	.60550	.094979
1964	12.5086	.42347	.98197	8.4647	7.4016	13.0977	1.19889	1.47917	.66407	.126538
1965	13.0671	.46912	1.27656	8.8981	7.6874	13.5878	1.26048	1.61229	.75502	.159624
1966	13.8745	.51050	1.51446	9.2416	7.8883	13.8564	1.32335	1.77352	.87249	.194212
1967	14.8785	.55469	1.36302	9.5843	8.5147	14.7069	1.38160	1.94074	.87740	.213557
1968	15.6868	.59684	1.38840	10.0781	9.3178	15.8430	1.44401	2.11263	.91379	.234284
1969	16.4784	.63908	1.46643	10.3013	9.9112	16.4995	1.51092	2.28768	.94620	.256524
1970	17.3057	.68564	1.48538	10.6697	10.6825	17.4740	1.57955	2.46416	.98581	.279866
1971	18.1055	.72440	1.43161	11.0615	11.5245	18.6228	1.65317	2.64017	.96824	.304927
1972	18.8127	.76759	1.38782	11.3942	12.3536	19.7262	1.73217	2.81367	.98257	.331871
1973	19.4329	.81181	1.42159	11.5962	12.5553	19.9509	1.81100	2.98249	1.01021	.362489
1974	20.0427	.86635	1.51715	11.7628	12.7183	20.0696	1.87775	3.16144	1.03628	.391600
1975	20.6935	.91185	1.53765	11.9034	12.8526	20.3806	1.94273	3.35112	1.03721	.421110
1976	21.4193	.95101	1.74045	12.1049	13.0522	20.5973	1.99767	3.54325	1.00774	.449088
1977	22.2087	.98696	1.71814	12.3803	13.3308	20.8249	2.04962	3.73695	1.00370	.462971
1978	22.9399	1.02700	1.57609	12.6083	13.5577	20.9848	2.09827	3.93127	.99830	.476210
1979	23.5890	1.06529	1.61194	12.7328	13.6727	21.0692	2.14332	4.12522	.97817	.488725
1980	24.1356	1.09967	1.51247	12.8155	13.7426	21.0854	2.18446	4.31773	.94238	.513199
1981	24.5484	1.12793	1.44329	12.8956	13.8096	21.0759	2.22680	4.50771	.92096	.538410
1982	24.8638	1.15553	1.44008	13.0151	13.9183	21.1260	2.26880	4.69403	.91954	.563994
1983	25.1483	1.18826	1.49829	13.1963	14.0928	21.2324	2.31041	4.87553	.96300	.576903
1984	25.4584	1.21724	1.63458	13.4174	14.3093	21.3952	2.35156	5.05105	1.03965	.589784
1985	25.8757	1.24034	1.91805	14.4359	15.3743	23.1947	2.39222	5.21941	1.13982	.602624
1986	26.5534	1.25818	2.16560	14.7711	15.7097	23.6945	2.43650	5.37948	1.14734	.616462
1987	27.4608	1.28730	2.33299	15.2141	16.1586	24.4036	2.48036	5.53010	1.18901	.630282
1988	28.5065	1.31147	2.46195	15.6470	16.5956	25.0971	2.52374	5.67020	1.24313	.644068
1989	29.6570	1.32797	2.55629	16.0193	16.9672	25.6890	2.56659	5.79872	1.29030	.657806
1990	30.8853	1.33241	2.60377	16.3276	17.2699	26.1749	2.60886	5.91470	1.32733	.671479
1991	32.1567	1.33079	2.60884	16.6244	17.5597	26.6368	2.65381	6.02708	1.35508	.685931
1992	33.4347	1.34098	2.60030	16.9055	17.8322	27.0724	2.69821	6.13556	1.37873	.700326
1993	34.6940	1.36120	2.58605	17.1750	18.0916	27.4889	2.74199	6.23987	1.39951	.714647
1994	35.9189	1.39207	2.57492	17.4417	18.3473	27.9009	2.78510	6.33971	1.41926	.728879
1995	37.1017	1.43645	2.57711	17.7398	18.6353	28.3755	2.82748	6.43480	1.44241	.743003
1996	38.2424	1.49160	2.60237	18.0630	18.9487	28.8968	2.87050	6.52489	1.47013	.757377
1997	39.3532	1.55503	2.65163	18.4070	19.2831	29.4575	2.91273	6.60971	1.50324	.771626
1998	40.4498	1.62238	2.72274	18.7698	19.6362	30.0539	2.95411	6.68903	1.54262	.785731
1999	41.5501	1.68845	2.80885	19.1425	19.9985	30.6699	2.99460	6.76261	1.58708	.799676
2000	42.6705	1.74882	2.90048	19.5203	20.3653	31.2982	3.03415	6.83023	1.63500	.813444

OEKONOMIEMODELL FUER DIE BUNDESREPUBLIK DEUTSCHLAND
REFERENZSZENARIO - SEKTORALE ERGEBNISSE

DATE 25/01/79 00.02.
PAGE 12

SK	KAPITALSTOCK (EINGESETZTE PRODUKTIONSMI	D	ABGAENGE VOM KAPITALSTOCK
DI	BEZUEGE V. INVESTITIONSGUETERN	VA	BEITRAG Z. BIP (WERTSCHOEPFUNG)
VOR	VORLEISTUNGSBEZUEGE	VLI	VORLEISTUNGSLIEFERUNGEN
CD	PRIVATE KONSUMNACHFRAGE	XD	EXPORTNACHFRAGE
OID	INVESTITIONSGUETERNACHFRAGE	FMD	IMPORTIERTE ENDPRODUKTE

	NAHRUN	NAHRUN	NAHRUN	NAHRUN	NAHRUN	NAHRUN	NAHRUN	NAHRUN	NAHRUN	NAHRUN
	SK	D	DI	VA	VOR	VLI	CD	XD	OID	FMD
1962	24.0700	.74263	1.99000	21.8910	31.1909	24.9131	33.8700	1.6700	1.33822	2.6246
1963	25.3174	.80546	1.89050	22.9330	32.1778	25.9932	35.1283	1.8412	1.42040	2.9227
1964	26.4024	.87515	1.79598	24.2762	33.5450	27.3296	37.0503	2.0345	1.50570	3.2915
1965	27.3232	.95229	1.87903	26.0940	35.5102	28.6484	39.7282	2.2532	1.54141	3.7507
1966	28.2500	1.01073	2.25484	27.5335	36.9025	29.8545	41.5894	2.5011	1.58927	4.1552
1967	29.4941	1.07999	2.14210	28.7812	38.4542	31.1672	43.3012	2.7887	1.61384	4.4950
1968	30.5562	1.14378	2.26942	30.2942	40.3491	32.9030	45.0452	3.1233	1.70268	4.8502
1969	31.6768	1.20452	2.47557	31.7547	42.1622	34.4701	46.8195	3.5137	1.75657	5.2207
1970	32.9479	1.26479	2.64780	33.2687	44.0344	36.1682	48.5259	3.9705	1.81803	5.5953
1971	34.3309	1.32002	2.76016	34.9774	46.1516	38.2754	50.2529	4.5065	1.83370	5.9837
1972	35.7710	1.38147	2.84312	36.8395	48.4570	40.5624	51.9982	5.1375	1.90668	6.3857
1973	37.2327	1.44033	2.85362	37.0924	48.6977	41.4550	53.2806	5.7197	1.97483	8.1084
1974	38.6460	1.49911	2.71094	37.0261	48.5193	42.0448	54.1273	6.2154	2.03824	9.7243
1975	39.8578	1.54007	2.57539	37.3994	48.9163	42.7089	54.8522	6.5883	2.04520	11.2668
1976	40.8931	1.58776	2.44562	38.4408	50.1839	43.4418	55.4486	6.9573	1.98755	12.7301
1977	41.7520	1.63793	2.32429	39.0224	50.8474	44.0621	56.1324	7.3191	1.93131	12.9592
1978	42.4384	1.70277	2.20808	39.5062	51.3812	44.6737	56.9067	7.6704	1.88504	13.2107
1979	42.9437	1.77460	2.09767	39.8439	51.7229	45.1953	57.7746	8.0079	1.83173	13.4859
1980	43.2667	1.84469	1.99279	39.9876	51.8121	45.5302	58.7401	8.3282	1.76238	14.1349
1981	43.4148	1.90884	1.89315	40.0247	51.7627	45.8320	59.8495	8.6280	1.72733	14.8303
1982	43.3991	1.96187	1.80717	40.0988	51.7613	46.4108	61.0676	8.9041	1.73137	15.5661
1983	43.2444	2.01052	1.95508	40.1635	51.7474	47.1473	62.4001	9.1534	1.81625	15.9881
1984	43.1890	2.04613	2.20104	40.9449	52.6553	48.2121	63.8531	9.3731	1.95895	16.4445
1985	43.3439	2.06261	2.52827	43.0057	55.2017	50.4190	65.4335	9.5606	2.14666	16.9373
1986	43.8096	2.06556	2.78574	44.1506	56.5650	51.7595	67.0794	9.7518	2.16369	17.4510
1987	44.5298	2.06352	2.97784	45.3238	57.9592	53.2115	68.6768	9.9468	2.23738	17.9560
1988	45.4441	2.04229	3.11314	46.4180	59.2473	54.5548	70.2201	10.1457	2.33203	18.4506
1989	46.5149	2.02128	3.21162	47.4130	60.4038	55.7719	71.7040	10.3487	2.41359	18.9333
1990	47.7053	2.00547	3.27349	48.3129	61.4350	56.8663	73.1230	10.5556	2.47674	19.4022
1991	48.9733	1.99191	3.29818	49.2618	62.5242	57.9959	74.5656	10.7667	2.52452	19.8807
1992	50.2796	1.99432	3.31571	50.1630	63.5489	59.0763	75.9370	10.9821	2.56534	20.3435
1993	51.6010	2.01141	3.32896	51.0219	64.5159	60.1162	77.2323	11.2017	2.60167	20.7890
1994	52.9185	2.04058	3.34005	51.8528	65.4438	61.1418	78.4465	11.4258	2.63693	21.2155
1995	54.2180	2.08762	3.35997	52.6797	66.3631	62.1982	79.5750	11.6543	2.68205	21.6215
1996	55.4903	2.14247	3.38521	53.5265	67.3036	63.3051	80.6532	11.8874	2.73574	22.0162
1997	56.7331	2.20184	3.41699	54.3610	68.2251	64.4279	81.6385	12.1251	2.79943	22.3878
1998	57.9482	2.26792	3.45958	55.1859	69.1308	65.5659	82.5268	12.3676	2.87440	22.7349
1999	59.1399	2.33794	3.51010	55.9917	70.0091	66.7084	83.3147	12.6150	2.95834	23.0560
2000	60.3121	2.40579	3.56066	56.7718	70.8517	67.8440	83.9990	12.8673	3.04827	23.3499

OEKONOMIEMODELL FUER DIE BUNDESREPUBLIK DEUTSCHLAND
REFERENZSZENARIO - SEKTORALE ERGEBNISSE

DATE 25/01/79 00.02.
PAGE 13

SK	KAPITALSTOCK (EINGESETZTE PRODUKTIONSMI	D	ABGAENGE VOM KAPITALSTOCK
DI	BEZUEGE V. INVESTITIONSGUETERN	VA	BEITRAG Z. BIP (WERTSCHOEPFUNG)
VOR	VORLEISTUNGSBEZUEGE	VLI	VORLEISTUNGSLIEFERUNGEN
CD	PRIVATE KONSUMNACHFRAGE	XD	EXPORTNACHFRAGE
OID	INVESTITIONSGUETERNACHFRAGE	FMD	IMPORTIERTE ENDPRODUKTE

	TEXTIL	TEXTIL	TEXTIL	TEXTIL	TEXTIL	TEXTIL	TEXTIL	TEXTIL	TEXTIL	TEXTIL
	SK	D	DI	VA	VOR	VLI	CD	XD	OID	FMD
1962	13.2000	.40175	1.03000	6.9917	8.3376	9.6315	7.8500	1.67000	.045787	.74941
1963	13.8282	.43303	.97850	7.3187	8.3120	9.6924	8.2555	1.77020	.047179	1.05985
1964	14.3737	.46892	.92957	7.6083	8.2308	9.7251	8.6752	1.87641	.049555	1.37964
1965	14.8344	.51072	.96701	7.9740	8.2177	9.7604	9.1091	1.98900	.055951	1.71057
1966	15.2907	.54417	1.06371	8.3435	8.1913	9.8125	9.5428	2.10834	.059967	2.04755
1967	15.8102	.58374	1.17008	8.6066	8.4215	10.1638	9.9291	2.26295	.067428	2.36312
1968	16.3965	.62508	1.28709	8.9205	8.6997	10.5928	10.3082	2.45907	.077951	2.68238
1969	17.0585	.66875	1.41580	9.2352	8.9766	10.9986	10.6779	2.70498	.085635	3.00148
1970	17.8056	.71637	1.55738	9.5955	9.2958	11.4734	11.0144	3.01154	.094055	3.31398
1971	18.6466	.75251	1.71311	10.0140	9.6689	12.0306	11.3363	3.39300	.103082	3.62365
1972	19.6072	.78758	1.88443	10.5141	10.1180	12.6875	11.6417	3.86802	.111154	3.92832
1973	20.7040	.82231	2.07144	10.7464	10.3153	12.9604	11.9288	4.37302	.112130	4.32573
1974	21.9532	.85971	2.06876	10.9057	10.4418	13.1308	12.1482	4.90264	.112238	4.68888
1975	23.1622	.87518	1.96532	11.0395	10.5432	13.2168	12.3715	5.45010	.109795	5.04244
1976	24.2524	.89835	1.86706	11.1136	10.5871	13.1936	12.5491	6.00722	.107801	5.36787
1977	25.2211	.92890	1.77370	11.3635	10.7979	13.2875	12.7288	6.56455	.104163	5.48892
1978	26.0659	.97485	1.68502	11.6983	11.0878	13.5333	12.9107	7.11160	.100756	5.61170
1979	26.7761	1.03474	1.60077	12.0182	11.3622	13.7448	13.0948	7.63707	.097738	5.73630
1980	27.3421	1.10013	1.59989	12.2559	11.5576	13.8767	13.2811	8.12924	.093844	5.97036
1981	27.8418	1.16653	1.61849	12.4638	11.7239	13.9754	13.4790	8.57634	.090585	6.21091
1982	28.2938	1.23421	1.65229	12.6647	11.8827	14.1055	13.6796	8.96704	.089617	6.45480
1983	28.7119	1.29651	1.73731	12.9407	12.1109	14.2678	13.8828	9.29085	.092068	6.59858
1984	29.1527	1.34723	1.85415	13.1654	12.2901	14.4064	14.0887	9.53861	.099719	6.74692
1985	29.6596	1.38500	1.98850	13.4011	12.4784	14.6583	14.2972	9.70289	.111598	6.89943
1986	30.2631	1.41222	2.05073	13.4982	12.5371	14.7518	14.5286	9.77835	.119920	7.06204
1987	30.9016	1.44370	2.13127	13.5586	12.5613	14.8724	14.7588	9.76206	.130831	7.22628
1988	31.5892	1.46418	2:16516	13.5360	12.5086	14.9362	14.9875	9.65359	.140082	7.38992
1989	32.2912	1.48302	2.16638	13.4417	12.3900	14.9567	15.2146	9.45515	.147682	7.55286
1990	32.9745	1.50250	2.13317	13.4018	12.3220	14.9781	15.4399	9.17150	.153191	7.71472
1991	33.6052	1.52369	2.05440	13.5914	12.4646	15.1547	15.6828	8.89635	.156793	7.88526
1992	34.1359	1.54674	1.96907	13.7338	12.5633	15.3148	15.9243	8.62946	.159348	8.05544
1993	34.5582	1.57356	1.93377	13.8092	12.6003	15.4193	16.1642	8.37058	.161315	8.22538
1994	34.9184	1.60430	1.90632	13.8561	12.6111	15.5106	16.4022	8.11946	.163065	8.39512
1995	35.2205	1.63769	1.88968	13.8819	12.6025	15.5981	16.6381	7.87588	.165331	8.56493
1996	35.4725	1.66846	1.88157	13.8973	12.5846	15.6969	16.8802	7.63960	.168219	8.73898
1997	35.6856	1.69271	1.87861	13.8998	12.5549	15.7957	17.1201	7.41041	.171868	8.91314
1998	35.8715	1.70863	1.87996	13.8998	12.5230	15.8992	17.3577	7.18810	.176552	9.08744
1999	36.0428	1.72101	1.88859	13.9007	12.4922	16.0076	17.5927	6.97246	.182062	9.26163
2000	36.2104	1.73101	1.90283	13.9045	12.4639	16.1200	17.8250	6.76328	.188162	9.43546

OEKONOMIEMODELL FUER DIE BUNDESREPUBLIK DEUTSCHLAND — DATE 25/01/79 00.02.
REFERENZSZENARIO - SEKTORALE ERGEBNISSE — PAGE 14

SK	KAPITALSTOCK (EINGESETZTE PRODUKTIONSMI	D	ABGAENGE VOM KAPITALSTOCK
DI	BEZUEGE V. INVESTITIONSGUETERN	VA	BEITRAG Z. BIP (WERTSCHOEPFUNG)
VOR	VORLEISTUNGSBEZUEGE	VLI	VORLEISTUNGSLIEFERUNGEN
CD	PRIVATE KONSUMNACHFRAGE	XD	EXPORTNACHFRAGE
OID	INVESTITIONSGUETERNACHFRAGE	FMD	IMPORTIERTE ENDPRODUKTE

	BEKL	BEKL	BEKL	BEKL	BEKL	BEKL	BEKL	BEKL	BEKL	BEKL
	SK	D	DI	VA	VOR	VLI	CD	XD	OID	FMD
1962	3.6300	.084797	.373000	7.13953	8.9369	4.66597	12.9540	.74700	.334500	.8248
1963	3.9182	.093158	.391550	7.38066	9.0940	4.71671	13.5172	.82170	.345298	1.0042
1964	4.2167	.103893	.411233	7.64463	9.2720	4.76739	14.1200	.90387	.355821	1.1955
1965	4.5240	.117120	.431794	7.90942	9.4434	4.77343	14.7656	.99426	.357328	1.4000
1966	4.8387	.127957	.453384	8.20236	9.6405	4.77861	15.4573	1.09368	.362865	1.6191
1967	5.1641	.142266	.476053	8.19315	9.6939	4.69211	16.1325	1.20305	.362735	2.0594
1968	5.4979	.156634	.499856	8.23891	9.8130	4.64465	16.8634	1.32336	.376945	2.5197
1969	5.8411	.170959	.524848	8.29662	9.9477	4.56196	17.6550	1.45569	.383980	3.0035
1970	6.1950	.188349	.551091	8.38136	10.1165	4.49647	18.4758	1.60126	.391896	3.5076
1971	6.5578	.204147	.578645	8.49959	10.3277	4.47754	19.3654	1.76139	.389532	4.0406
1972	6.9323	.220058	.607578	8.65705	10.5894	4.45752	20.3297	1.93753	.398174	4.6068
1973	7.3198	.235997	.637957	8.74213	10.6799	4.57532	21.1715	2.11190	.412446	5.4511
1974	7.7218	.251746	.659854	8.71676	10.6354	4.65663	21.7369	2.28086	.425894	6.2161
1975	8.1399	.262103	.703347	8.60299	10.4833	4.72068	22.1366	2.44052	.426831	6.9146
1976	8.5811	.274649	.719297	8.45352	10.2881	4.76532	22.4543	2.59741	.415089	7.5642
1977	9.0258	.288080	.683333	8.40753	10.2192	4.82542	22.7759	2.74954	.402602	8.0750
1978	9.4210	.306119	.649166	8.59155	10.4297	4.90420	23.1014	2.89487	.391995	8.5775
1979	9.7641	.326215	.616708	8.72447	10.5776	4.97027	23.4307	3.03134	.380334	9.0726
1980	10.0545	.346220	.585872	8.80560	10.6624	5.01657	23.7641	3.15693	.365456	9.7490
1981	10.2942	.367157	.556579	8.84778	10.7000	5.06003	24.1065	3.26968	.357667	10.4258
1982	10.4836	.388584	.528750	8.87632	10.7209	5.15188	24.4412	3.36777	.358457	11.0950
1983	10.6238	.409019	.502312	8.87541	10.7062	5.25651	24.7678	3.46506	.376065	11.5706
1984	10.7171	.428006	.477197	8.84222	10.6527	5.37071	25.0858	3.56131	.405553	12.0350
1985	10.7663	.444757	.472679	8.81881	10.6111	5.58673	25.3947	3.65628	.444782	12.4882
1986	10.7942	.457959	.496313	8.72534	10.4853	5.70734	25.7382	3.74972	.450832	12.9523
1987	10.8325	.470306	.521128	8.64749	10.3786	5.84769	26.0732	3.84138	.467987	13.4067
1988	10.8834	.476017	.547185	8.57266	10.2758	5.98210	26.3993	3.93101	.488549	13.8512
1989	10.9545	.478572	.574544	8.50367	10.1802	6.10484	26.7160	4.01836	.506170	14.2858
1990	11.0505	.477989	.603271	8.44442	10.0965	6.21638	27.0229	4.10319	.519688	14.7101
1991	11.1758	.474636	.633435	8.55792	10.2192	6.34630	27.3807	4.18526	.529732	15.1578
1992	11.3346	.469644	.665106	8.68838	10.3619	6.47327	27.7568	4.26431	.538168	15.6123
1993	11.5300	.464834	.698362	8.76092	10.4352	6.59180	28.1518	4.34012	.545587	16.0744
1994	11.7636	.460297	.733280	8.83053	10.5048	6.70972	28.5663	4.41246	.552737	16.5454
1995	12.0366	.458463	.759944	8.90035	10.5745	6.83226	29.0010	4.48110	.561958	17.0260
1996	12.3480	.458472	.808441	8.97450	10.6491	6.96263	29.4712	4.54582	.572996	17.5261
1997	12.6980	.460367	.816101	9.04935	10.7244	7.09733	29.9636	4.60644	.586199	18.0384
1998	13.0537	.464359	.819943	9.13026	10.8066	7.23672	30.4791	4.66274	.601836	18.5641
1999	13.4093	.470455	.823721	9.21730	10.8958	7.37990	31.0185	4.71454	.619414	19.1043
2000	13.7626	.478462	.829334	9.31000	10.9915	7.52560	31.5829	4.76169	.638295	19.6599

OEKONOMIEMODELL FUER DIE BUNDESREPUBLIK DEUTSCHLAND
REFERENZSZENARIO - SEKTORALE ERGEBNISSE

DATE 25/01/79 00.02.
PAGE 15

SK	KAPITALSTOCK (EINGESETZTE PRODUKTIONSMI	D	ABGAENGE VOM KAPITALSTOCK
DI	BEZUEGE V. INVESTITIONSGUETERN	VA	BEITRAG Z. BIP (WERTSCHOEPFUNG)
VOR	VORLEISTUNGSBEZUEGE	VLI	VORLEISTUNGSLIEFERUNGEN
CD	PRIVATE KONSUMNACHFRAGE	XD	EXPORTNACHFRAGE
OID	INVESTITIONSGUETERNACHFRAGE	FMD	IMPORTIERTE ENDPRODUKTE

	HOLZUP SK	HOLZUP D	HOLZUP DI	HOLZUP VA	HOLZUP VOR	HOLZUP VLI	HOLZUP CD	HOLZUP XD	HOLZUP OID	HOLZUP FMD
1962	17.5500	.52333	1.39000	12.8183	13.3735	17.7792	8.4600	1.7500	1.33303	.42899
1963	18.4167	.57262	1.32050	13.4720	13.7785	18.5104	8.9027	1.8725	1.43424	.52938
1964	19.1646	.62599	1.25448	14.1213	14.1581	19.3256	9.3785	2.0036	1.56179	.63857
1965	19.7930	.68443	1.44170	15.0012	14.7439	19.9915	9.8904	2.1438	1.69906	.75712
1966	20.5503	.73339	1.73004	15.8457	15.2670	20.6695	10.4412	2.2939	1.85399	.88611
1967	21.5470	.78736	1.70802	16.4652	16.1736	21.6579	10.9849	2.4851	1.94246	.97948
1968	22.4676	.84089	1.88744	17.2826	17.3079	22.9110	11.5563	2.7253	2.10750	1.08117
1969	23.5142	.89088	2.07882	17.9799	18.3579	23.9506	12.1569	3.0251	2.21675	1.18901
1970	24.7021	.94429	2.23558	18.7832	19.5525	25.1863	12.7629	3.3981	2.32443	1.30198
1971	25.9934	.98957	2.33133	19.7350	20.9445	26.7271	13.3987	3.8626	2.36911	1.42105
1972	27.3352	1.03905	2.41292	20.8288	22.5375	28.4009	14.0660	4.4419	2.48941	1.55005
1973	28.7090	1.08734	2.49023	21.5986	23.3196	29.2390	14.7573	4.9898	2.57170	1.85544
1974	30.1119	1.14456	2.53189	22.2130	23.9308	29.8927	15.3786	5.4721	2.66343	2.16491
1975	31.4992	1.18597	2.50622	22.7084	24.4113	30.4824	16.0164	5.8552	2.66629	2.48508
1976	32.8195	1.23155	2.84286	23.0613	24.7369	30.8581	16.6046	6.2260	2.58751	2.80533
1977	34.4308	1.28350	2.84583	23.4798	25.1311	31.2936	17.2036	6.5788	2.49478	2.97805
1978	35.9931	1.34885	2.85471	23.9062	25.5319	31.7456	17.8130	6.9077	2.41408	3.15729
1979	37.4990	1.42212	2.96315	24.2983	25.8942	32.1440	18.4323	7.2071	2.33182	3.34263
1980	38.9400	1.49802	2.75120	24.5804	26.1380	32.4094	19.0611	7.4713	2.23283	3.62974
1981	40.1932	1.57103	2.65847	24.9216	26.4432	32.6802	19.8004	7.6955	2.18193	3.95277
1982	41.2806	1.64711	2.63505	25.4669	26.9631	33.2126	20.6467	7.9263	2.18402	4.31436
1983	42.2686	1.72755	2.76364	26.2883	27.7724	33.9091	21.6107	8.1641	2.29878	4.61187
1984	43.3047	1.79961	2.99637	27.2479	28.72[illegible]6	34.7197	22.7052	8.4091	2.48664	4.94730
1985	44.5014	1.87226	3.35807	28.7231	30.2129	36.4460	23.9449	8.6613	2.72745	5.32481
1986	45.9872	1.93555	3.44447	29.6135	31.0820	37.3818	25.0086	8.9212	2.78328	5.66624
1987	47.4962	2.00469	3.71887	30.5125	31.9560	38.4735	25.8201	9.1888	2.89385	5.96033
1988	49.2103	2.06349	3.93225	31.2470	32.6541	39.4661	26.3489	9.4645	3.01189	6.19509
1989	51.0791	2.11952	4.08481	31.7851	33.1443	40.3246	26.5731	9.7484	3.11060	6.36085
1990	53.0444	2.16965	4.15832	32.1263	33.4274	41.0488	26.4811	10.0409	3.18547	6.45088
1991	55.0331	2.21565	4.15379	32.4808	33.7229	41.7892	26.3693	10.3120	3.24186	6.53361
1992	56.9702	2.26606	4.10923	32.7866	33.9666	42.4839	26.2053	10.5594	3.29045	6.60117
1993	58.8134	2.32345	4.04814	33.0515	34.1667	43.1400	25.9899	10.7812	3.33399	6.65330
1994	60.5381	2.39319	3.98869	33.2908	34.3393	43.7819	25.7243	10.9753	3.37614	6.68987
1995	62.1336	2.46908	3.93510	33.5341	34.5152	44.4537	25.4099	11.1399	3.43272	6.71135
1996	63.6006	2.55613	3.90773	33.9962	34.9148	45.2190	25.0863	11.2736	3.50024	6.72747
1997	64.9522	2.64934	3.87381	34.4593	35.3136	46.0085	24.7416	11.3750	3.58064	6.73517
1998	66.1767	2.74549	3.90065	34.8776	35.6647	46.8106	24.3769	11.4433	3.67535	6.73457
1999	67.3318	2.84050	3.96440	35.2704	35.9881	47.6219	23.9932	11.4776	3.78123	6.72570
2000	68.4557	2.93057	4.03480	35.6470	36.2935	48.4359	23.5915	11.4776	3.89478	6.70854

OEKONOMIEMODELL FUER DIE BUNDESREPUBLIK DEUTSCHLAND
REFERENZSZENARIO - SEKTORALE ERGEBNISSE

DATE 25/01/79 00.02.
PAGE 16

SK	KAPITALSTOCK (EINGESETZTE PRODUKTIONSMI	D	ABGAENGE VOM KAPITALSTOCK
DI	BEZUEGE V. INVESTITIONSGUETERN	VA	BEITRAG Z. BIP (WERTSCHOEPFUNG)
VOR	VORLEISTUNGSBEZUEGE	VLI	VORLEISTUNGSLIEFERUNGEN
CD	PRIVATE KONSUMNACHFRAGE	XD	EXPORTNACHFRAGE
OID	INVESTITIONSGUETERNACHFRAGE	FMD	IMPORTIERTE ENDPRODUKTE

	CHEMIE	CHEMIE	CHEMIE	CHEMIE	CHEMIE	CHEMIE	CHEMIE	CHEMIE	CHEMIE	CHEMIE
	SK	D	DI	VA	VOR	VLI	CD	XD	OID	FMD
1962	28.430	.57985	3.0700	14.899	17.8527	24.040	4.1730	7.5500	.145835	.16050
1963	30.920	.66939	2.9165	16.568	19.6150	26.105	4.6014	8.4560	.149227	.19709
1964	33.167	.77084	2.7707	18.195	21.2820	28.199	5.0627	9.5553	.153662	.23878
1965	35.167	.88607	2.6321	19.615	22.6683	30.160	5.5579	10.8930	.158906	.28600
1966	36.913	1.00240	2.5005	21.744	24.8268	32.678	6.0881	12.5270	.166628	.33919
1967	38.411	1.12992	2.3755	24.302	27.2147	35.499	6.6309	14.3434	.180174	.42122
1968	39.657	1.26492	2.5177	25.297	28.8828	38.489	7.2139	16.3515	.203947	.51368
1969	40.910	1.40602	3.4427	27.747	29.8916	41.199	7.8394	18.5589	.234393	.61747
1970	42.946	1.55056	4.4424	29.836	31.5259	44.430	8.4926	20.9716	.269388	.73208
1971	45.838	1.68123	6.2053	31.808	32.9650	48.202	9.1902	23.5930	.306174	.85945
1972	50.362	1.80209	7.3112	34.941	35.5696	52.789	9.9341	26.4242	.341327	1.00055
1973	55.871	1.90493	8.3816	39.704	39.2039	55.632	10.6805	28.9785	.359636	1.30342
1974	62.348	2.00157	8.7423	42.974	43.3743	58.399	11.3514	31.1036	.367229	1.61607
1975	69.089	2.07573	8.3052	45.661	46.9277	60.704	11.9993	32.6588	.358694	1.94121
1976	75.318	2.15738	7.8900	47.614	47.7154	61.704	12.5653	34.2699	.347170	2.26588
1977	81.051	2.26486	7.4955	48.812	48.7428	62.935	13.0858	35.9377	.339233	2.39842
1978	86.281	2.41936	7.1207	50.740	50.4873	64.479	13.5525	37.6628	.331541	2.52375
1979	90.983	2.62309	6.7647	53.043	52.5911	66.087	13.9580	39.4455	.321686	2.63994
1980	95.124	2.89542	6.4264	55.000	54.3369	67.370	14.2954	41.2862	.309406	2.81858
1981	98.655	3.19288	6.1051	56.717	55.8343	68.565	14.7076	43.1854	.300397	3.01841
1982	101.568	3.52465	5.7999	58.459	57.3439	70.210	15.1899	45.1432	.297676	3.24016
1983	103.843	3.86156	5.5099	60.065	58.7109	72.059	15.7480	47.1595	.305677	3.40639
1984	105.491	4.17416	5.2344	61.391	59.7919	73.919	16.3889	49.2346	.321805	3.59373
1985	106.551	4.44514	5.1676	62.929	61.0721	76.818	17.1206	51.3681	.349171	3.80470
1986	107.274	4.67075	6.7804	65.524	63.3636	79.259	17.8982	53.5598	.376446	4.02990
1987	109.383	4.85800	8.4932	68.992	66.4797	82.232	18.6931	55.8093	.411706	4.26319
1988	113.019	4.99610	9.6599	71.614	68.7611	84.745	19.5043	58.1161	.441884	4.50446
1989	117.692	5.09912	10.5467	74.071	70.8665	87.022	20.3312	60.4794	.466199	4.75362
1990	123.140	5.17435	11.0705	76.404	72.8383	89.100	21.1725	62.8986	.483068	5.01049
1991	129.036	5.23854	11.2838	78.868	74.9195	91.294	21.9705	65.4146	.493041	5.26130
1992	135.081	5.31829	11.3237	81.311	76.9653	93.403	22.6887	68.0312	.499347	5.49683
1993	141.087	5.42633	11.2907	83.751	78.9930	95.442	23.3172	70.7524	.503952	5.71389
1994	146.951	5.53388	11.2205	86.235	81.0463	97.476	23.8467	73.5825	.507787	5.90942
1995	152.638	5.69033	11.2202	88.799	83.1583	99.572	24.2690	76.5258	.513268	6.08055
1996	158.168	5.86227	11.2977	91.533	85.4133	101.828	24.6867	79.5868	.520929	6.25232
1997	163.603	6.05812	11.4844	94.397	87.7720	104.179	25.0868	82.7703	.531324	6.42138
1998	169.029	6.26929	11.7852	97.385	90.2275	106.620	25.4683	86.0811	.545004	6.58728
1999	174.545	6.49858	12.1858	100.489	92.7716	109.143	25.8301	89.5244	.561537	6.74958
2000	180.232	6.75122	12.6537	103.695	95.3893	111.727	26.1712	93.1053	.580165	6.90784

OEKONOMIEMODELL FUER DIE BUNDESREPUBLIK DEUTSCHLAND
REFERENZSZENARIO - SEKTORALE ERGEBNISSE

SK	KAPITALSTOCK (EINGESETZTE PRODUKTIONSMI	D	ABGAENGE VOM KAPITALSTOCK
DI	BEZUEGE V. INVESTITIONSGUETERN	VA	BEITRAG Z. BIP (WERTSCHOEPFUNG)
VOR	VORLEISTUNGSBEZUEGE	VLI	VORLEISTUNGSLIEFERUNGEN
CD	PRIVATE KONSUMNACHFRAGE	XD	EXPORTNACHFRAGE
OID	INVESTITIONSGUETERNACHFRAGE	FMD	IMPORTIERTE ENDPRODUKTE

	MERZ	MERZ	MERZ	MERZ	MERZ	MERZ	MERZ	MERZ	MERZ	MERZ
	SK	D	DI	VA	VOR	VLI	CD	XD	OID	FMD
1962	33.820	.82853	3.34000	13.3095	16.4591	27.2067	.285000	5.6500	.64050	0.00000
1963	36.331	.95581	3.29535	13.7789	16.4198	27.6060	.291262	6.0455	.60489	0.00000
1964	38.671	1.09271	3.30890	14.4334	16.5762	28.0411	.297622	6.4687	.57424	0.00000
1965	40.887	1.24141	3.83002	15.0313	16.6386	28.2579	.304079	6.9215	.58928	0.00000
1966	43.476	1.38655	4.65314	15.9129	16.9786	28.9690	.310636	7.4060	.63817	0.00000
1967	46.742	1.53333	4.18783	16.3188	17.6151	29.9306	.319304	7.9491	.62507	0.00000
1968	49.397	1.67006	4.32611	17.1154	18.6909	31.4636	.328199	8.5585	.66030	0.00000
1969	52.053	1.80881	4.76635	17.9378	19.8180	32.8821	.337327	9.2432	.72075	0.00000
1970	55.010	1.95914	5.24748	18.8820	21.1053	34.4237	.346007	10.0135	.78209	0.00000
1971	58.299	2.09458	5.34398	19.9587	22.5699	36.2126	.354903	10.8813	.75757	0.00000
1972	61.548	2.25096	5.68176	21.2142	24.2708	38.1557	.364020	11.8606	.74453	0.00000
1973	64.979	2.41545	6.15131	21.8747	24.6978	39.1978	.373318	12.5723	.77414	0.00000
1974	68.715	2.59637	6.99846	22.4570	25.2749	40.0123	.380462	12.9494	.79406	0.00000
1975	73.117	2.77589	7.28886	23.1350	25.9553	40.6456	.387694	12.9494	.78290	0.00000
1976	77.630	2.93257	7.38821	23.8476	26.6700	41.2136	.393451	12.9624	.76370	0.00000
1977	82.086	3.08263	7.05541	24.2413	27.0243	41.7384	.399233	12.9883	.79465	0.00000
1978	86.058	3.24817	6.50214	24.3439	27.0527	42.0680	.405037	13.0273	.81285	0.00000
1979	89.312	3.42005	5.96420	24.3969	27.0257	42.2704	.410863	13.0794	.80228	0.00000
1980	91.856	3.60633	5.36778	24.6019	27.1663	42.4220	.416708	13.1448	.77266	0.00000
1981	93.618	3.80171	4.87861	24.8105	27.3100	42.6424	.422712	13.2237	.74743	0.00000
1982	94.695	3.99809	4.83284	25.0400	27.4753	43.0545	.428581	13.3162	.74229	0.00000
1983	95.530	4.22728	5.10174	25.4670	27.8553	43.9037	.434308	13.4228	.77053	0.00000
1984	96.404	4.44697	5.51676	25.9760	28.3221	44.9760	.439884	13.5436	.82284	0.00000
1985	97.574	4.64815	6.40772	27.1728	29.5332	47.2898	.445301	13.6790	.90496	0.00000
1986	99.333	4.81965	7.00230	27.8957	30.2229	48.4332	.451325	13.8295	.93315	0.00000
1987	101.516	4.99537	7.53100	28.6752	30.9690	49.8104	.457200	13.9954	.99117	0.00000
1988	104.152	5.13570	8.15466	29.4356	31.6897	51.1445	.462918	14.1774	1.05648	0.00000
1989	107.171	5.24279	8.57797	30.0983	32.3006	52.2834	.468471	14.3758	1.11203	0.00000
1990	110.506	5.30031	8.84950	30.6488	32.7872	53.1989	.473852	14.5915	1.15316	0.00000
1991	114.055	5.32024	8.96719	31.1492	33.2171	54.0090	.479654	14.7885	1.17928	0.00000
1992	117.702	5.36251	9.00744	31.5770	33.5669	54.6945	.485285	14.9659	1.19702	0.00000
1993	121.347	5.41954	8.97954	31.9485	33.6544	55.2867	.490738	15.1231	1.20873	0.00000
1994	124.907	5.50940	8.92535	32.2917	34.1098	55.8312	.496005	15.2592	1.21767	0.00000
1995	128.323	5.63164	8.87310	32.6390	34.3675	56.3946	.501079	15.3736	1.22578	0.00000
1996	131.564	5.79044	8.86009	33.0120	34.6503	57.0140	.506201	15.4659	1.23850	0.00000
1997	134.634	5.96676	8.88954	33.4034	34.9503	57.6738	.511121	15.5355	1.25681	0.00000
1998	137.557	6.15558	8.97321	33.8170	35.2711	58.3825	.515833	15.5821	1.28264	0.00000
1999	140.374	6.32709	9.08566	34.2719	35.6327	59.1339	.520328	15.6054	1.31487	0.00000
2000	143.133	6.48509	9.21322	34.7471	36.0124	59.8993	.524602	15.6054	1.35183	0.00000

SK	KAPITALSTOCK (EINGESETZTE PRODUKTIONSMI	D	ABGAENGE VOM KAPITALSTOCK
DI	BEZUEGE V. INVESTITIONSGUETERN	VA	BEITRAG Z. BIP (WERTSCHOEPFUNG)
VOR	VORLEISTUNGSBEZUEGE	VLI	VORLEISTUNGSLIEFERUNGEN
CD	PRIVATE KONSUMNACHFRAGE	XD	EXPORTNACHFRAGE
OID	INVESTITIONSGUETERNACHFRAGE	FMD	IMPORTIERTE ENDPRODUKTE

	MVERAR	MVERAR	MVERAR	MVERAR	MVERAR	MVERAR	MVERAR	MVERAR	MVERAR	MVERAR
	SK	D	DI	VA	VOR	VLI	CD	XD	OID	FMD
1962	14.300	.29575	1.76000	12.7205	15.0173	14.8354	5.5900	3.3600	5.6173	.21437
1963	15.764	.34767	1.70371	13.3146	15.3992	15.5621	5.8542	3.4608	5.6438	.26280
1964	17.120	.40711	1.77021	13.9471	15.8035	16.2739	6.1301	3.5646	5.7181	.31512
1965	18.483	.47480	2.02756	14.6256	16.2367	16.9276	6.4182	3.6716	5.9109	.37374
1966	20.036	.54322	2.39189	15.4844	16.8422	17.8702	6.7188	3.7817	6.1685	.43808
1967	21.885	.61880	2.43217	15.8468	17.5959	18.7106	7.0010	3.9519	6.3380	.57971
1968	23.698	.69346	2.52606	16.5227	18.7295	19.8224	7.2947	4.1890	6.8693	.74337
1969	25.631	.76427	2.84514	17.1667	19.8664	20.8141	7.6004	4.5032	7.4274	.91994
1970	27.712	.83817	3.06898	17.8810	21.1264	21.8983	7.9029	4.9085	8.0238	1.10934
1971	29.942	.91792	3.27989	18.5975	22.4339	23.2099	8.2172	5.4238	8.3280	1.29363
1972	32.304	1.00247	3.44914	19.4221	23.9211	24.5834	8.5439	6.0747	8.7376	1.49384
1973	34.751	1.08898	3.62685	20.1504	24.7823	25.3673	8.8404	6.6417	9.0381	1.63749
1974	37.289	1.18162	3.80504	20.6703	25.3851	25.9457	9.0471	7.0845	9.2912	1.77090
1975	39.912	1.27387	4.02939	20.9191	25.6536	26.4081	9.2134	7.3678	9.2262	1.87963
1976	42.668	1.37045	4.14979	21.0225	25.7434	26.7686	9.3549	7.6331	8.9793	1.97332
1977	45.447	1.47430	4.11091	21.2010	25.9244	27.1867	9.5074	7.8773	8.7880	2.00217
1978	48.084	1.59189	4.04061	21.3536	26.0734	27.5826	9.6717	8.0979	8.5601	2.03011
1979	50.533	1.71828	3.94888	21.4493	26.1526	27.9184	9.8480	8.2923	8.2589	2.05451
1980	52.763	1.85154	3.79564	21.4539	26.1205	28.1516	10.0371	8.4581	7.8823	2.13519
1981	54.707	1.99081	3.72241	21.5719	26.2263	28.4067	10.2192	8.6230	7.6063	2.22272
1982	56.439	2.12915	3.75967	21.7530	26.4083	28.8578	10.3865	8.7869	7.5478	2.32615
1983	58.069	2.26753	3.93029	22.2841	27.0142	29.5087	10.5382	8.9494	7.8292	2.39565
1984	59.732	2.40057	3.58279	22.9938	27.8344	30.2914	10.6735	9.1105	8.4620	2.49265
1985	61.014	2.52206	4.13206	24.1961	29.2477	31.9137	10.7917	9.2700	9.3639	2.61106
1986	62.624	2.63070	4.57857	24.8737	30.0234	32.7844	10.9107	9.4275	9.8519	2.69625
1987	64.672	2.72705	5.14108	25.6907	30.9650	33.8228	11.0120	9.5831	10.5481	2.79761
1988	67.086	2.80832	5.55759	26.4459	31.8293	34.8119	11.0948	9.7364	11.1997	2.89346
1989	69.836	2.88229	5.91892	27.0796	32.5451	35.6893	11.1588	9.8873	11.7280	2.97654
1990	72.872	2.93927	6.18174	27.5777	33.0961	36.4446	11.2036	10.0357	12.1060	3.04394
1991	76.115	2.98908	6.33972	28.0204	33.5790	37.1806	11.2430	10.1812	12.3470	3.09880
1992	79.465	3.05217	6.42584	28.3987	33.9835	37.8622	11.2628	10.3237	12.5157	3.14407
1993	82.839	3.11588	6.44430	28.7315	34.3322	38.5019	11.2629	10.4631	12.6368	3.18174
1994	86.167	3.19761	6.43357	29.0449	34.6567	39.1259	11.2433	10.5991	12.7389	3.21425
1995	89.403	3.30469	6.42459	29.3807	35.0071	39.7770	11.2041	10.7316	12.8718	3.24616
1996	92.523	3.42983	6.43945	29.7610	35.4092	40.4824	11.1509	10.8604	13.0520	3.28012
1997	95.533	3.56884	6.49326	30.1773	35.8529	41.2205	11.0784	10.9853	13.2894	3.31618
1998	98.457	3.71834	6.59834	30.6352	36.3447	41.9929	10.9870	11.1061	13.5990	3.35597
1999	101.337	3.87153	6.75282	31.1232	36.8705	42.7898	10.8771	11.2227	13.9659	3.39823
2000	104.219	4.02880	6.95135	31.6275	37.4143	43.5983	10.7493	11.3349	14.3742	3.44159

OEKONOMIEMODELL FUER DIE BUNDESREPUBLIK DEUTSCHLAND
REFERENZSZENARIO - SEKTORALE ERGEBNISSE

DATE 25/01/79 00.02.
PAGE 19

SK	KAPITALSTOCK (EINGESETZTE PRODUKTIONSMI		D	ABGAENGE VOM KAPITALSTOCK
DI	BEZUEGE V. INVESTITIONSGUETERN		VA	BEITRAG Z. BIP (WERTSCHOEPFUNG)
VOR	VORLEISTUNGSBEZUEGE		VLI	VORLEISTUNGSLIEFERUNGEN
CD	PRIVATE KONSUMNACHFRAGE		XD	EXPORTNACHFRAGE
OID	INVESTITIONSGUETERNACHFRAGE		FMD	IMPORTIERTE ENDPRODUKTE

	FAHRZ	FAHRZ	FAHRZ	FAHRZ	FAHRZ	FAHRZ	FAHRZ	FAHRZ	FAHRZ	FAHRZ
	SK	D	DI	VA	VOR	VLI	CD	XD	OID	FMD
1962	8.6000	.18829	.92700	11.4687	17.1316	8.2012	7.9600	7.8200	7.0004	.8350
1963	9.3387	.22119	.88065	12.4498	18.2715	8.9339	8.8155	8.5238	6.8601	1.0429
1964	9.9982	.25678	.83662	13.2861	19.1585	9.6143	9.7036	9.2909	6.8070	1.2600
1965	10.5780	.29537	.79479	14.5120	20.5623	10.3295	10.6160	10.1271	7.6489	1.5650
1966	11.0774	.33272	.75505	16.1894	22.5412	11.1739	11.5429	11.0386	8.8421	1.9392
1967	11.4997	.37259	.79943	16.9554	23.3794	11.5393	12.3182	12.0504	8.8891	2.3086
1968	11.9266	.41261	.98148	17.9708	24.5401	12.0538	13.0210	13.1751	9.3884	2.7424
1969	12.4954	.45033	1.15381	19.0498	25.7627	12.5267	13.6322	14.4268	10.0868	3.2089
1970	13.1989	.49007	1.30611	20.1924	27.0450	13.0713	14.1062	15.8214	10.8755	3.6841
1971	14.0150	.52555	1.53304	21.3754	28.3542	13.8145	14.5610	17.3771	11.3727	4.1307
1972	15.0225	.55859	1.63391	22.6305	29.7307	14.5934	14.9936	19.1149	11.8707	4.5832
1973	16.0978	.58887	1.65993	23.5437	30.8399	15.1108	15.4010	20.3892	12.1720	4.7335
1974	17.1688	.61969	1.52802	24.0458	31.4056	15.4708	15.6842	21.0688	12.3654	4.8453
1975	18.1772	.63920	1.54662	24.1888	31.5000	15.7348	16.0378	21.0688	12.4200	4.9519
1976	19.0846	.66192	1.46929	24.9017	32.3335	15.0884	16.4009	22.5436	12.1920	5.0201
1977	19.8920	.69208	1.39583	25.4537	32.9538	16.4181	16.8396	23.8211	11.8260	5.1946
1978	20.5957	.73262	1.32603	25.9579	33.5085	16.7314	17.3594	24.8534	11.5452	5.4026
1979	21.1891	.77918	1.25973	26.3553	33.9222	16.9935	17.9665	25.5990	11.2695	5.6353
1980	21.6697	.83365	1.19675	26.7011	34.2670	17.2060	18.6687	26.3547	10.9321	6.0412
1981	22.0328	.89248	1.13691	27.1245	34.7089	17.4332	19.3649	27.1203	10.7622	6.4875
1982	22.2772	.95070	1.08096	27.7993	35.4687	17.9016	20.0384	27.8951	10.9778	7.0074
1983	22.4066	1.00555	1.07020	28.7526	36.5781	18.4583	20.6850	28.6789	11.5461	7.4291
1984	22.4712	1.05103	1.19293	29.8710	37.8901	19.0750	21.3004	29.4709	12.4871	7.9112
1985	22.6131	1.08711	1.36134	31.3268	39.6211	20.0116	21.8806	30.2709	14.0083	8.4875
1986	22.8873	1.11369	1.55325	32.2275	40.6416	20.6092	22.4601	31.0781	14.4685	8.8941
1987	23.3269	1.13565	1.70261	33.2327	41.7872	21.2756	22.9987	31.8920	15.2127	9.3422
1988	23.8939	1.14845	1.81623	34.2405	42.9295	21.9345	23.4926	32.7121	16.0511	9.7984
1989	24.5616	1.15806	1.90169	35.1621	43.9566	22.5496	23.9383	33.5377	16.7792	10.2261
1990	25.3053	1.16662	1.95664	35.9740	44.8408	23.1141	24.3325	34.3682	17.3353	10.6125
1991	26.0953	1.17719	1.98321	36.7519	45.6773	23.6819	24.7519	35.2028	17.7212	10.9808
1992	26.9013	1.18956	1.98835	37.4862	46.4570	24.2327	25.1659	36.0410	18.0153	11.3346
1993	27.7001	1.20482	1.97983	38.2020	47.2041	24.7740	25.5743	36.8819	18.2555	11.6800
1994	28.4751	1.22381	1.96577	38.9200	47.9517	25.3191	25.9763	37.7250	18.4903	12.0248
1995	29.2171	1.25114	1.95812	39.6710	48.7350	25.8865	26.3716	38.5693	18.7747	12.3784
1996	29.9240	1.27858	1.95561	40.4765	49.5805	26.4880	26.7728	39.4141	19.1401	12.7508
1997	30.6011	1.30860	1.96579	41.3310	50.4802	27.1165	27.1667	40.2587	19.5963	13.1393
1998	31.2583	1.34238	1.99196	42.2431	51.4446	27.7741	27.5527	41.1022	20.1669	13.5479
1999	31.9078	1.37920	2.03399	43.2042	52.4624	28.4569	27.9304	41.9439	20.8391	13.9743
2000	32.5626	1.41781	2.08889	44.1953	53.5104	29.1577	28.2992	42.7827	21.5747	14.4116

OEKONOMIEMODELL FUER DIE BUNDESREPUBLIK DEUTSCHLAND DATE 25/01/79 00.02.
REFERENZSZENARIO - SEKTORALE ERGEBNISSE PAGE 20

SK	KAPITALSTOCK (EINGESETZTE PRODUKTIONSMI	D	ABGAENGE VOM KAPITALSTOCK
DI	BEZUEGE V. INVESTITIONSGUETERN	VA	BEITRAG Z. BIP (WERTSCHOEPFUNG)
VOR	VORLEISTUNGSBEZUEGE	VLI	VORLEISTUNGSLIEFERUNGEN
CD	PRIVATE KONSUMNACHFRAGE	XD	EXPORTNACHFRAGE
OID	INVESTITIONSGUETERNACHFRAGE	FMD	IMPORTIERTE ENDPRODUKTE

	MASCH	MASCH	MASCH	MASCH	MASCH	MASCH	MASCH	MASCH	MASCH	MASCH
	SK	D	DI	VA	VOR	VLI	CD	XD	OID	FMD
1962	34.500	.94904	3.40000	32.255	37.216	26.8394	8.8000	17.8800	22.5827	2.9248
1963	36.951	1.06437	3.23000	34.122	38.575	28.2045	9.4089	19.4445	21.9706	2.9148
1964	39.117	1.19191	3.06850	35.688	39.531	29.4372	10.0268	21.0973	21.4852	2.9279
1965	40.993	1.33377	2.91508	37.232	40.411	30.5434	10.6501	22.8378	22.9843	3.1790
1966	42.574	1.46159	2.97508	41.079	43.690	32.6048	11.3013	24.6648	25.5298	3.5566
1967	44.088	1.60273	3.25896	43.139	45.994	34.4474	11.9269	26.6791	26.7533	4.3594
1968	45.744	1.73885	4.01054	46.264	49.448	36.9452	12.5761	28.9024	29.6049	5.4379
1969	48.016	1.86469	4.89039	49.862	53.426	39.5115	13.2491	31.3591	33.4846	6.7658
1970	51.042	1.99826	5.83708	52.785	56.697	42.0384	13.9184	34.0769	37.7823	8.2737
1971	54.880	2.11027	6.57159	56.439	60.772	45.2331	14.6090	37.0870	39.7736	9.4668
1972	59.342	2.21893	7.00167	60.189	64.970	48.5823	15.3209	40.4248	42.0612	10.7713
1973	64.124	2.32519	7.03397	62.617	67.542	50.3143	16.0538	43.3893	43.2779	11.3525
1974	68.833	2.43871	6.78714	64.225	69.226	51.5372	16.7048	45.8480	43.7510	11.7830
1975	73.182	2.52043	6.44779	65.064	70.080	52.3508	17.3677	47.6820	43.4563	12.0709
1976	77.109	2.62606	6.12540	65.599	70.605	52.9927	17.9705	49.5575	42.5377	12.2294
1977	80.608	2.76190	5.81913	67.010	72.071	53.9779	18.5781	51.4737	43.1413	12.5366
1978	83.666	2.94711	5.52817	68.379	73.490	54.8937	19.1897	53.4297	43.5856	12.8149
1979	86.247	3.16250	5.25176	69.356	74.486	55.6193	19.8042	55.4244	43.0996	12.9059
1980	88.336	3.39343	4.98917	69.898	75.014	56.1011	20.4207	57.4566	41.9234	13.1947
1981	89.932	3.63432	4.74951	70.656	75.773	56.6760	21.0461	59.5251	41.0198	13.5369
1982	91.047	3.86580	4.81859	72.102	77.267	57.8035	21.6650	61.6283	41.0720	14.0864
1983	92.000	4.07693	5.13175	74.731	80.026	59.5145	22.2757	63.7647	42.7578	14.6729
1984	93.054	4.24909	5.57856	77.984	83.450	61.5483	22.8764	65.9327	45.6858	15.5400
1985	94.484	4.37632	6.42915	82.550	88.271	64.8463	23.4654	68.1305	50.5621	16.8490
1986	96.537	4.45945	7.31715	85.044	90.873	66.7087	24.0821	70.3561	51.8628	17.3662
1987	99.394	4.52812	7.98516	88.182	94.157	68.9345	24.6860	72.6075	54.6008	18.2095
1988	102.852	4.56369	8.53105	91.463	97.590	71.1684	25.2752	74.8825	57.8519	19.1717
1989	106.819	4.59334	8.99957	94.408	100.659	73.1820	25.8479	77.1789	60.6065	20.0232
1990	111.225	4.62984	9.35318	96.916	103.258	74.9313	26.4024	79.4943	62.6448	20.7123
1991	115.948	4.68467	9.57517	99.048	105.453	76.5467	26.9628	81.6406	63.9385	21.2366
1992	120.839	4.76510	9.66770	100.834	107.277	77.9959	27.4945	83.6000	64.8127	21.6610
1993	125.742	4.86668	9.64462	102.356	108.817	79.3211	27.9955	85.3556	65.4191	22.0188
1994	130.519	4.98818	9.53836	103.710	110.177	80.5807	28.4636	86.8920	65.9184	22.3459
1995	135.070	5.14395	9.40488	104.979	111.444	81.8453	28.8967	88.1954	66.4458	22.6727
1996	139.331	5.31731	9.26927	106.281	112.744	83.1759	29.3075	89.2537	67.2260	23.0547
1997	143.283	5.51042	9.17481	107.612	114.073	84.5544	29.6801	90.0570	68.2957	23.4967
1998	146.947	5.72002	9.14374	109.018	115.480	85.9988	30.0130	90.5973	69.7710	24.0259
1999	150.371	5.94164	9.18775	110.456	115.919	87.4855	30.3045	90.8691	71.6006	24.6305
2000	153.617	6.16734	9.29639	111.858	118.318	88.9770	30.5534	90.8691	73.6671	25.2830

OEKONOMIEMODELL FUER DIE BUNDESREPUBLIK DEUTSCHLAND
REFERENZSZENARIO - SEKTORALE ERGEBNISSE

DATE 25/01/79 00.02.
PAGE 21

SK	KAPITALSTOCK (EINGESETZTE PRODUKTIONSMI		D	ABGAENGE VOM KAPITALSTOCK
DI	BEZUEGE V. INVESTITIONSGUETERN		VA	BEITRAG Z. BIP (WERTSCHOEPFUNG)
VOR	VORLEISTUNGSBEZUEGE		VLI	VORLEISTUNGSLIEFERUNGEN
CD	PRIVATE KONSUMNACHFRAGE		XD	EXPORTNACHFRAGE
OID	INVESTITIONSGUETERNACHFRAGE		FMD	IMPORTIERTE ENDPRODUKTE

	BAUGEW	BAUGEW	BAUGEW	BAUGEW	BAUGEW	BAUGEW	BAUGEW	BAUGEW	BAUGEW	BAUGEW
	SK	D	DI	VA	VOR	VLI	CD	XD	OID	FMD
1962	21.000	.43028	3.59000	33.3380	27.8438	11.6449	7.4800	.67100	42.4379	0.00000
1963	24.260	.52028	3.50550	36.2021	30.6531	12.4758	8.1288	.68106	48.2560	0.00000
1964	27.245	.62592	3.54990	40.3608	34.6454	13.2749	8.6708	.69128	54.2992	0.00000
1965	30.169	.75681	4.51487	42.0429	36.5861	13.8855	9.0753	.70165	57.0018	0.00000
1966	34.027	.91001	5.46974	42.3459	37.3565	14.4573	9.3169	.71217	57.4147	0.00000
1967	38.587	1.09322	5.33228	43.2158	39.2387	15.5150	9.6144	.73532	59.1700	0.00000
1968	42.826	1.29077	5.42932	44.9511	42.0062	16.7929	10.0178	.77209	62.3323	0.00000
1969	46.964	1.48680	5.65246	44.4895	42.7876	17.9493	10.5384	.82420	61.3134	0.00000
1970	51.130	1.69026	5.53604	45.1335	44.6725	19.2908	11.1166	.89426	60.0267	0.00000
1971	54.976	1.91674	5.25924	46.1148	46.9744	21.1770	11.7821	.98592	57.9783	0.00000
1972	58.318	2.17401	4.99628	46.6323	48.8865	23.1225	12.5464	1.10423	58.3285	0.00000
1973	61.141	2.43756	4.94744	46.4607	48.7867	23.5425	13.3127	1.23398	59.6712	0.00000
1974	63.650	2.71830	5.31070	46.0245	48.4081	23.8171	13.9895	1.37589	61.5151	0.00000
1975	66.243	2.99584	5.04517	46.5904	49.0839	24.1126	14.6482	1.53067	61.6958	0.00000
1976	68.292	3.25122	5.13606	46.7625	49.3463	24.3389	15.2227	1.69905	59.6139	0.00000
1977	70.177	3.48490	5.01519	46.8740	49.5452	24.5854	15.7624	1.88170	56.8632	0.00000
1978	71.707	3.70701	4.96093	46.7861	49.5335	24.8233	16.2619	2.07927	54.4804	0.00000
1979	72.961	3.90731	4.86924	46.5509	49.3656	25.0259	16.7161	2.29240	52.2517	0.00000
1980	73.923	4.09457	4.79786	46.1575	49.0289	25.1699	17.1201	2.52164	49.7623	0.00000
1981	74.626	4.24679	4.70458	45.6533	48.5730	25.2880	17.5116	2.75867	48.4360	0.00000
1982	75.084	4.36903	4.72256	45.1819	48.1506	25.6592	17.8767	3.00144	47.9193	0.00000
1983	75.438	4.49369	4.89609	44.7067	47.7224	26.0540	18.2134	3.24755	49.8124	0.00000
1984	75.840	4.57030	5.35615	44.2876	47.3528	26.4740	18.5197	3.49437	54.6121	0.00000
1985	76.626	4.60573	6.58738	49.2960	52.7946	27.5603	18.7939	3.73897	60.1147	0.00000
1986	78.608	4.62775	7.01491	50.0735	53.7154	28.0676	19.1043	3.97827	60.7112	0.00000
1987	80.995	4.64971	7.50530	51.4888	55.3245	28.6687	19.4196	4.20901	62.9554	0.00000
1988	83.850	4.66623	7.89142	52.9231	56.9592	29.2405	19.7399	4.42788	65.3363	0.00000
1989	87.076	4.68761	8.19887	54.0980	58.3194	29.7453	20.0652	4.63156	67.3073	0.00000
1990	90.587	4.69011	8.36540	55.0072	59.3971	30.1816	20.3957	4.81682	68.8484	0.00000
1991	94.262	4.72265	8.42787	55.8344	60.3895	30.6236	20.7471	4.98059	70.1739	0.00000
1992	97.967	4.79356	8.42946	56.6183	61.3381	31.0376	21.0942	5.12005	71.4723	0.00000
1993	101.603	4.89013	8.39828	57.3731	62.2581	31.4287	21.4365	5.23269	72.7621	0.00000
1994	105.111	5.03768	8.39290	58.1266	63.1796	31.8104	21.7735	5.31641	74.0799	0.00000
1995	108.467	5.22092	8.42575	59.0900	64.3325	32.2123	22.1048	5.36958	75.8376	0.00000
1996	111.671	5.43601	8.55224	60.1673	65.6131	32.6421	22.4411	5.39106	77.8176	0.00000
1997	114.788	5.67365	8.77322	61.3599	67.0239	33.0866	22.7713	5.38027	80.0561	0.00000
1998	117.887	5.92594	9.08330	62.6542	68.5503	33.5448	23.0948	5.33723	82.5335	0.00000
1999	121.045	6.17134	9.45212	63.9969	70.1345	34.0099	23.4114	5.26251	85.1546	0.00000
2000	124.325	6.41449	9.86170	65.3742	71.7619	34.4759	23.7205	5.15726	87.9010	0.00000

OEKONOMIEMODELL FUER DIE BUNDESREPUBLIK DEUTSCHLAND DATE 25/01/79 00.02.
REFERENZSZENARIO - SEKTORALE ERGEBNISSE PAGE 22

SK	KAPITALSTOCK (EINGESETZTE PRODUKTIONSMI	D	ABGAENGE VOM KAPITALSTOCK
DI	BEZUEGE V. INVESTITIONSGUETERN	VA	BEITRAG Z. BIP (WERTSCHOEPFUNG)
VOR	VORLEISTUNGSBEZUEGE	VLI	VORLEISTUNGSLIEFERUNGEN
CD	PRIVATE KONSUMNACHFRAGE	XD	EXPORTNACHFRAGE
OID	INVESTITIONSGUETERNACHFRAGE	FMD	IMPORTIERTE ENDPRODUKTE

	HANDEL	HANDEL	HANDEL	HANDEL	HANDEL	HANDEL	HANDEL	HANDEL	HANDEL	HANDEL
	SK	D	DI	VA	VOR	VLI	CD	XD	OID	FMD
1962	57.520	1.2168	6.6800	50.042	22.6513	31.4175	33.920	2.7960	5.6893	0.00000
1963	62.983	1.4002	6.3460	52.485	22.9493	32.6646	35.652	2.8876	5.5428	0.00000
1964	67.929	1.6223	6.2839	55.184	23.2973	33.9654	37.422	2.9987	5.4531	0.00000
1965	72.591	1.8823	7.1894	58.371	23.7808	35.0787	39.228	3.1314	6.1310	0.00000
1966	77.898	2.1321	8.6273	61.922	24.3324	36.3608	41.066	3.2880	7.0221	0.00000
1967	84.393	2.4032	8.8980	63.323	25.3502	37.1863	42.419	3.4908	7.2780	0.00000
1968	90.888	2.6752	9.6890	65.299	26.6281	38.3505	43.814	3.7468	7.9413	0.00000
1969	97.902	2.9106	10.2587	67.220	27.9182	39.2347	45.253	4.0652	8.7517	0.00000
1970	105.250	3.1322	11.0490	69.297	29.3088	40.3101	46.645	4.4582	9.6030	0.00000
1971	113.166	3.3567	11.4352	71.609	30.8382	41.8592	48.078	4.9412	10.2418	0.00000
1972	121.245	3.6067	11.7372	74.058	32.4696	43.5265	49.555	5.5341	10.8548	0.00000
1973	129.375	3.8725	12.0133	76.439	33.3497	45.0288	50.644	6.0506	11.1871	0.00000
1974	137.516	4.1433	12.3780	77.839	33.8748	46.1866	51.002	6.4540	11.3748	0.00000
1975	145.751	4.4137	11.7591	78.533	34.0898	47.0891	50.921	6.7122	11.4372	0.00000
1976	153.096	4.7103	11.1711	78.893	34.1595	47.6987	50.893	6.9538	11.2606	0.00000
1977	159.557	5.0369	10.6126	79.985	34.5443	48.4941	51.116	7.1763	10.9477	0.00000
1978	165.133	5.3828	10.0819	81.161	34.9630	49.2978	51.592	7.3773	10.7209	0.00000
1979	169.832	5.7445	9.5778	81.939	35.2081	49.9891	52.327	7.5543	10.4944	0.00000
1980	173.665	6.1257	9.0989	82.286	35.2673	50.4765	53.332	7.7054	10.2219	0.00000
1981	176.638	6.4707	9.0410	83.035	35.4975	51.0135	54.658	7.8576	10.0745	0.00000
1982	179.209	6.7701	9.8708	85.685	36.5370	52.2358	56.287	8.0108	10.2612	0.00000
1983	182.310	7.0396	10.8444	88.536	37.6557	53.6394	58.243	8.1650	10.7601	0.00000
1984	186.114	7.2440	12.1446	91.984	39.0223	55.2335	60.555	8.3202	11.5757	0.00000
1985	191.015	7.3783	13.7718	96.863	40.9867	57.9101	63.259	8.4762	12.9697	0.00000
1986	197.408	7.4592	14.9867	100.474	42.4055	59.6860	66.195	8.6330	13.2711	0.00000
1987	204.936	7.4883	16.4042	104.563	44.0181	61.7083	69.267	8.7905	13.8883	0.00000
1988	213.852	7.4522	17.6098	108.795	45.6822	63.6565	72.480	8.9487	14.6641	0.00000
1989	224.009	7.4284	18.7017	112.950	47.3047	65.4693	75.841	9.1076	15.3378	0.00000
1990	235.283	7.4303	19.6377	116.988	48.8696	67.1431	79.358	9.2670	15.8454	0.00000
1991	247.490	7.5026	20.4394	121.150	50.4779	68.8669	83.140	9.4268	16.1830	0.00000
1992	260.427	7.6529	21.1622	125.333	52.0861	70.5419	87.103	9.5871	16.4235	0.00000
1993	273.936	7.8762	21.8372	129.587	53.7145	72.1840	91.254	9.7477	16.6063	0.00000
1994	287.897	8.1945	22.5317	133.935	55.3940	73.8367	95.602	9.9085	16.7791	0.00000
1995	302.234	8.6300	23.3230	138.605	57.1560	75.5564	100.157	10.0695	16.9876	0.00000
1996	316.927	9.1415	24.2282	143.559	59.0450	77.3949	104.980	10.2306	17.2677	0.00000
1997	332.014	9.7095	25.2825	148.795	61.0402	79.3151	110.035	10.3918	17.6278	0.00000
1998	347.587	10.3166	26.4931	154.343	63.1514	81.3204	115.333	10.5528	18.0916	0.00000
1999	363.768	10.9557	27.8783	160.195	65.3753	83.4022	120.886	10.7138	18.6459	0.00000
2000	380.591	11.6072	29.3945	165.318	67.6973	85.5423	126.706	10.8745	19.2554	0.00000

OEKONOMIEMODELL FUER DIE BUNDESREPUBLIK DEUTSCHLAND
REFERENZSZENARIO - SEKTORALE ERGEBNISSE

DATE 25/01/79 00.02.
PAGE 23

SK	KAPITALSTOCK (EINGESETZTE PRODUKTIONSMI	D	ABGAENGE VOM KAPITALSTOCK
DI	BEZUEGE V. INVESTITIONSGUETERN	VA	BEITRAG Z. BIP (WERTSCHOEPFUNG)
VOR	VORLEISTUNGSBEZUEGE	VLI	VORLEISTUNGSLIEFERUNGEN
CD	PRIVATE KONSUMNACHFRAGE	XD	EXPORTNACHFRAGE
OID	INVESTITIONSGUETERNACHFRAGE	FMD	IMPORTIERTE ENDPRODUKTE

	TRANSP	TRANSP	TRANSP	TRANSP	TRANSP	TRANSP	TRANSP	TRANSP	TRANSP	TRANSP
	SK	D	DI	VA	VOR	VLI	CD	XD	OID	FMD
1962	96.460	2.81333	7.6500	21.1237	14.4740	25.4272	7.1900	3.8300	.29343	.40698
1963	101.307	3.09240	7.1493	21.9201	15.1682	26.4478	7.5177	4.0550	.27988	.44388
1964	105.364	3.40279	6.4344	22.6492	15.8273	27.4996	7.8086	4.3085	.26924	.48002
1965	108.395	3.74021	6.8994	22.9620	16.2039	28.2471	8.0571	4.5939	.29149	.51476
1966	111.554	4.04221	8.2792	23.3040	16.6070	29.1277	8.2851	4.9155	.33116	.54925
1967	115.791	4.37122	7.4513	24.3523	17.4351	30.5393	8.4524	5.2513	.36989	.62610
1968	118.871	4.71584	6.7062	25.3637	18.2440	32.1623	8.5942	5.6014	.44005	.70238
1969	120.862	4.95136	7.1175	26.0561	18.8295	33.5300	8.7093	5.9655	.53519	.77733
1970	123.028	5.17660	7.9279	27.3235	19.8375	35.2765	8.7788	6.3433	.64425	.84854
1971	125.779	5.35516	8.3665	28.6364	20.8876	37.4172	8.8193	6.7345	.72639	.91670
1972	128.791	5.54365	8.6817	30.0430	22.0155	39.6957	8.8930	7.1386	.81475	.98811
1973	131.929	5.72486	8.9286	30.8353	22.6582	40.9701	9.0007	7.5401	.84183	1.13639
1974	135.132	5.86383	8.8455	31.4351	23.1623	41.9638	9.0875	7.9360	.85520	1.28037
1975	138.114	5.92452	9.6732	31.9547	23.6097	42.7645	9.2092	8.3229	.85415	1.42788
1976	141.863	5.98149	9.5682	32.2919	23.9242	43.3271	9.3048	8.6974	.83895	1.57013
1977	145.449	6.00870	9.1089	32.7862	24.3570	44.0538	9.4103	9.0562	.83779	1.60766
1978	148.550	6.04370	8.6888	33.2549	24.7728	44.7420	9.5260	9.3958	.83564	1.64731
1979	151.195	6.09956	8.3921	33.6588	25.1424	45.3365	9.6524	9.7129	.82129	1.68919
1980	153.487	6.15782	7.9888	33.9498	25.4291	45.7725	9.7897	10.0043	.79662	1.78071
1981	155.318	6.24127	7.7213	34.2823	25.7484	46.2591	9.9381	10.2944	.77918	1.87640
1982	156.798	6.32403	7.6632	34.9536	26.3244	47.3086	10.0909	10.5826	.78411	1.97516
1983	158.137	6.41715	7.9625	35.8032	27.0379	48.5321	10.2483	10.8684	.81780	2.02810
1984	159.683	6.51895	8.5558	36.7496	27.8285	49.9132	10.4105	11.1509	.87588	2.08254
1985	161.720	6.57560	9.4314	38.2953	29.0782	52.3323	10.5775	11.4297	.97430	2.13854
1986	164.575	6.60720	10.3261	39.3043	29.9258	53.8972	10.7680	11.7040	1.00374	2.19993
1987	168.294	6.66870	10.9992	40.4172	30.8571	55.6591	10.9646	11.9732	1.05735	2.26325
1988	172.625	6.68064	11.4795	41.4843	31.7582	57.3635	11.1672	12.2366	1.11963	2.32855
1989	177.424	6.68719	11.8393	42.4623	32.5956	58.9448	11.3763	12.4936	1.17293	2.39593
1990	182.576	6.68900	12.0549	43.3450	33.3639	60.3934	11.5920	12.7435	1.21228	2.46546
1991	187.942	6.67085	12.1111	44.2667	34.1662	61.8839	11.8294	12.9856	1.23717	2.54042
1992	193.382	6.69134	12.1202	45.1543	34.9462	63.3332	12.0745	13.2193	1.25390	2.61790
1993	198.811	6.76079	12.1174	46.0225	35.7151	64.7585	12.3276	13.4441	1.26554	2.69802
1994	204.167	6.85329	12.1015	46.8934	36.4900	66.1946	12.5891	13.6592	1.27542	2.78087
1995	209.415	6.99580	12.1273	47.7978	37.2950	67.6938	12.8592	13.8641	1.28653	2.86658
1996	214.547	7.16217	12.2007	48.7661	38.1540	69.2990	13.1447	14.0582	1.30283	2.95671
1997	219.585	7.34090	12.3283	49.7740	39.0485	70.9744	13.4397	14.2409	1.32502	3.05003
1998	224.573	7.53559	12.5302	50.8226	39.9796	72.7212	13.7447	14.4118	1.35524	3.14666
1999	229.567	7.74919	12.8061	51.9040	40.9412	74.5312	14.0600	14.5703	1.39250	3.24674
2000	234.624	7.94064	13.1004	53.0092	41.9266	76.3890	14.3860	14.7160	1.43437	3.35042

OEKONOMIEMODELL FUER DIE BUNDESREPUBLIK DEUTSCHLAND DATE 25/01/79 00.02.
REFERENZSZENARIO - SEKTORALE ERGEBNISSE PAGE 24

SK	KAPITALSTOCK (EINGESETZTE PRODUKTIONSMI	D	ABGAENGE VOM KAPITALSTOCK
DI	BEZUEGE V. INVESTITIONSGUETERN	VA	BEITRAG Z. BIP (WERTSCHOEPFUNG)
VOR	VORLEISTUNGSBEZUEGE	VLI	VORLEISTUNGSLIEFERUNGEN
CD	PRIVATE KONSUMNACHFRAGE	XD	EXPORTNACHFRAGE
OID	INVESTITIONSGUETERNACHFRAGE	FMD	IMPORTIERTE ENDPRODUKTE

	WOHNUN	WOHNUN	WOHNUN	WOHNUN	WOHNUN	WOHNUN	WOHNUN	WOHNUN	WOHNUN	WOHNUN
	SK	D	DI	VA	VOR	VLI	CD	XD	OID	FMD
1962	356.300	3.98321	20.2700	10.1213	5.7329	.0272627	15.6800	.152000	0.00000	0.00000
1963	372.587	4.19137	24.3240	10.5982	6.5510	.0267868	16.9765	.153330	0.00000	0.00000
1964	392.719	4.41008	27.9002	10.9305	7.3602	.0266009	18.1200	.154480	0.00000	0.00000
1965	416.210	4.65179	25.1102	11.0997	8.1306	.0259637	19.0631	.155445	0.00000	0.00000
1966	436.668	4.78463	22.5992	11.1814	8.9001	.0252238	19.6669	.156223	0.00000	0.00000
1967	454.482	4.92276	20.3392	11.5518	9.1478	.0261415	19.7999	.157264	0.00000	0.00000
1968	469.899	5.00491	18.3053	11.8564	9.3410	.0272249	20.3316	.158575	0.00000	0.00000
1969	483.199	5.10312	16.4748	12.1036	9.4869	.0282397	21.2860	.160160	0.00000	0.00000
1970	494.571	5.23497	14.8273	12.4426	9.7025	.0293256	22.3826	.162029	0.00000	0.00000
1971	504.163	5.33865	13.3446	13.4103	10.4034	.0308423	23.6851	.164189	0.00000	0.00000
1972	512.169	5.41819	14.8066	14.3054	11.0408	.0324888	25.2215	.166652	0.00000	0.00000
1973	521.558	5.47296	17.7579	14.3462	11.0819	0.0000000	25.3367	.169256	0.00000	0.00000
1974	533.853	5.50895	21.3215	14.3889	11.1245	0.0000000	25.4232	.172007	0.00000	0.00000
1975	549.665	5.50639	22.6415	14.5028	11.2224	0.0000000	25.6367	.174909	0.00000	0.00000
1976	566.800	5.47700	21.5264	14.6318	11.3321	0.0000000	25.8772	.177970	0.00000	0.00000
1977	582.850	5.40700	19.3738	14.8340	11.4987	0.0000000	26.2478	.181196	0.00000	0.00000
1978	596.817	5.39696	17.4364	15.1124	11.7246	0.0000000	26.7534	.184593	0.00000	0.00000
1979	608.856	5.37506	15.6928	15.4705	12.0129	0.0000000	27.4009	.188170	0.00000	0.00000
1980	619.174	5.35272	14.1235	15.9141	12.3681	0.0000000	28.1994	.191933	0.00000	0.00000
1981	627.945	5.35722	13.7721	16.3025	12.6809	0.0000000	28.9003	.195820	0.00000	0.00000
1982	636.359	5.36291	13.6552	16.6192	12.9385	0.0000000	29.4742	.199834	0.00000	0.00000
1983	644.652	5.35736	14.9694	16.8599	13.1374	0.0000000	29.9120	.203981	0.00000	0.00000
1984	654.264	5.34664	15.9063	17.0201	13.2737	0.0000000	30.2067	.208264	0.00000	0.00000
1985	664.823	5.33242	16.1259	17.0969	13.3452	0.0000000	30.3533	.212690	0.00000	0.00000
1986	675.617	5.31213	15.4826	17.2030	13.4396	0.0000000	30.5522	.217263	0.00000	0.00000
1987	685.787	5.29755	14.5277	17.3097	13.5347	0.0000000	30.7520	.221988	0.00000	0.00000
1988	695.017	5.25146	13.4572	17.4170	13.6305	0.0000000	30.9527	.226872	0.00000	0.00000
1989	703.223	5.17854	12.4291	17.5249	13.7268	0.0000000	31.1544	.231920	0.00000	0.00000
1990	710.474	5.07142	11.5226	17.6334	13.8238	0.0000000	31.3570	.237138	0.00000	0.00000
1991	716.925	5.06166	10.9049	17.7548	13.9311	0.0000000	31.5813	.242533	0.00000	0.00000
1992	722.768	5.06950	10.5540	17.8565	14.0309	0.0000000	31.7883	.248111	0.00000	0.00000
1993	728.253	5.10643	10.3819	17.9682	14.1230	0.0000000	31.9774	.253880	0.00000	0.00000
1994	733.528	5.16459	10.3010	18.0600	14.2075	0.0000000	32.1483	.259846	0.00000	0.00000
1995	738.665	5.50694	10.5170	18.1413	14.2838	0.0000000	32.3007	.266017	0.00000	0.00000
1996	743.675	5.92683	10.7841	18.2212	14.3591	0.0000000	32.4503	.272402	0.00000	0.00000
1997	748.532	6.39970	11.0992	18.2905	14.4263	0.0000000	32.5811	.279007	0.00000	0.00000
1998	753.231	6.84023	11.3478	18.3494	14.4853	0.0000000	32.6928	.285843	0.00000	0.00000
1999	757.739	7.23366	11.5004	18.3975	14.5359	0.0000000	32.7852	.292918	0.00000	0.00000
2000	762.006	7.60165	11.5745	18.4349	14.5781	0.0000000	32.8581	.300241	0.00000	0.00000

OEKONOMIEMODELL FUER DIE BUNDESREPUBLIK DEUTSCHLAND
REFERENZSZENARIO - SEKTORALE ERGEBNISSE

DATE 25/01/79 00.02.
PAGE 25

SK	KAPITALSTOCK (EINGESETZTE PRODUKTIONSMI	D	ABGAENGE VOM KAPITALSTOCK
DI	BEZUEGE V. INVESTITIONSGUETERN	VA	BEITRAG Z. BIP (WERTSCHOEPFUNG)
VOR	VORLEISTUNGSBEZUEGE	VLI	VORLEISTUNGSLIEFERUNGEN
CD	PRIVATE KONSUMNACHFRAGE	XD	EXPORTNACHFRAGE
OID	INVESTITIONSGUETERNACHFRAGE	FMD	IMPORTIERTE ENDPRODUKTE

	STAAT	STAAT	STAAT	STAAT	STAAT	STAAT	STAAT	STAAT	STAAT	STAAT
	SK	D	DI	VA	VOR	VLI	CD	XD	OID	FMD
1962	175.19	1.79471	13.6400	27.3750	29.173	4.5257	1.48000	.280000	0.00000	0.00000
1963	187.04	1.87522	16.3680	29.0720	31.860	4.8306	1.53798	.273700	0.00000	0.00000
1964	201.53	1.96672	19.6416	29.6612	33.428	5.0970	1.59645	.269595	0.00000	0.00000
1965	219.20	2.07552	23.5699	29.7375	34.466	5.3114	1.65532	.267573	0.00000	0.00000
1966	240.70	2.17531	23.1834	29.5008	35.166	5.5137	1.71445	.267573	0.00000	0.00000
1967	261.71	2.28744	27.8201	29.3617	38.569	8.1945	1.76747	.265789	0.00000	0.00000
1968	287.24	2.40993	32.8686	29.4991	42.755	11.2486	1.82204	.262245	0.00000	0.00000
1969	317.70	2.54692	32.3485	29.5639	47.365	14.6420	1.87822	.257000	0.00000	0.00000
1970	347.50	2.71384	30.9674	29.6956	52.716	18.5473	1.93221	.250147	0.00000	0.00000
1971	375.75	2.91836	29.4191	31.5652	62.276	24.2047	1.98772	.241808	0.00000	0.00000
1972	402.25	3.12840	27.9481	33.2264	73.132	30.9829	2.04477	.232136	0.00000	0.00000
1973	427.07	3.37838	26.5507	34.6545	76.318	32.1563	2.10371	.225462	0.00000	0.00000
1974	450.24	3.68530	25.2232	35.8947	79.094	33.1495	2.15139	.221517	0.00000	0.00000
1975	471.78	3.97554	23.9620	36.9620	81.492	33.9951	2.20045	.220132	0.00000	0.00000
1976	491.77	4.26555	22.7639	37.8739	83.549	34.7015	2.24204	.221233	0.00000	0.00000
1977	510.27	4.54865	21.6257	38.6567	85.324	35.3136	2.28466	.224828	0.00000	0.00000
1978	527.34	4.82321	20.5444	39.3935	86.999	35.8893	2.32835	.231011	0.00000	0.00000
1979	543.07	5.07360	19.5172	40.0164	88.424	36.3711	2.37312	.239962	0.00000	0.00000
1980	557.51	5.28221	18.5414	40.5327	89.616	36.7590	2.41901	.251960	0.00000	0.00000
1981	570.77	5.44077	17.6143	40.9568	90.604	37.0704	2.46779	.264054	0.00000	0.00000
1982	582.94	5.58078	16.7336	42.9900	95.156	38.6710	2.51785	.276201	0.00000	0.00000
1983	594.09	5.66030	16.3037	44.7430	99.092	40.0542	2.56920	.288354	0.00000	0.00000
1984	604.74	5.67023	19.1910	46.1985	102.373	41.2085	2.62191	.300465	0.00000	0.00000
1985	618.26	5.65834	22.5088	47.5645	105.459	42.3701	2.67600	.312483	0.00000	0.00000
1986	635.11	5.62635	23.8003	48.8679	108.410	43.4081	2.73620	.324358	0.00000	0.00000
1987	653.28	5.57265	26.2250	50.1994	111.427	44.4757	2.79811	.336034	0.00000	0.00000
1988	673.94	5.50414	28.2817	51.5327	114.451	45.5330	2.86179	.347460	0.00000	0.00000
1989	696.71	5.42484	29.9553	52.8759	117.500	46.5817	2.92728	.358578	0.00000	0.00000
1990	721.25	5.35824	31.3318	54.2341	120.586	47.6258	2.99466	.369336	0.00000	0.00000
1991	747.23	5.36731	32.5273	55.6912	123.896	48.7435	3.06783	.379677	0.00000	0.00000
1992	774.39	5.38703	33.6440	57.1794	127.278	49.8744	3.14320	.389549	0.00000	0.00000
1993	802.64	5.43482	34.7209	58.7044	130.747	51.0234	3.22086	.398898	0.00000	0.00000
1994	831.93	5.52426	35.7991	60.2682	134.305	52.1946	3.30088	.407674	0.00000	0.00000
1995	862.20	5.82429	37.0726	61.8762	137.967	53.3961	3.38334	.415827	0.00000	0.00000
1996	893.45	6.20251	38.4346	63.5301	141.735	54.6319	3.47003	.423312	0.00000	0.00000
1997	925.69	6.66553	39.9102	65.2339	145.618	55.9012	3.55943	.430085	0.00000	0.00000
1998	958.93	7.21005	41.5128	66.9819	149.604	57.1996	3.65163	.436106	0.00000	0.00000
1999	993.23	7.77432	43.1811	68.7743	153.707	58.5303	3.74672	.441339	0.00000	0.00000
2000	1028.64	8.41209	44.9734	70.6255	157.921	59.8903	3.84482	.445753	0.00000	0.00000

OEKONOMIEMODELL FUER DIE BUNDESREPUBLIK DEUTSCHLAND DATE 25/01/79 00.02.
REFERENZSZENARIO - SEKTORALE ERGEBNISSE PAGE 26

SK	KAPITALSTOCK (EINGESETZTE PRODUKTIONSMI	D	ABGAENGE VOM KAPITALSTOCK
DI	BEZUEGE V. INVESTITIONSGUETERN	VA	BEITRAG Z. BIP (WERTSCHOEPFUNG)
VOR	VORLEISTUNGSBEZUEGE	VLI	VORLEISTUNGSLIEFERUNGEN
CD	PRIVATE KONSUMNACHFRAGE	XD	EXPORTNACHFRAGE
OID	INVESTITIONSGUETERNACHFRAGE	FMD	IMPORTIERTE ENDPRODUKTE

	DIENST	DIENST	DIENST	DIENST	DIENST	DIENST	DIENST	DIENST	DIENST	DIENST
	SK	D	DI	VA	VOR	VLI	CD	XD	OID	FMD
1962	47.610	.68973	5.7000	39.688	28.4690	35.252	31.9800	2.8940	1.96940	3.2984
1963	52.620	.79281	6.7404	41.454	29.9780	37.923	33.1277	2.9881	2.30769	3.4434
1964	58.568	.91369	8.0835	43.955	32.0465	40.521	34.4375	3.1225	2.66386	3.6071
1965	65.743	1.05374	9.7062	46.045	33.8427	42.826	35.9249	3.3021	2.80543	3.7917
1966	74.395	1.18411	11.6474	48.295	35.7842	45.235	37.6079	3.5332	2.94587	3.9994
1967	84.858	1.33043	11.6864	49.717	37.4215	47.105	39.0928	3.7864	2.92672	4.3745
1968	95.214	1.46699	12.2681	51.428	39.3218	49.471	40.5361	4.0641	2.99081	4.7584
1969	106.016	1.61040	12.3281	52.982	41.1499	51.752	41.9287	4.3689	2.95810	5.1491
1970	116.733	1.78813	12.5604	54.643	43.1086	54.369	43.1761	4.7038	2.93357	5.5335
1971	127.506	1.99651	12.8026	57.074	45.7340	58.509	44.3512	5.0723	2.86957	5.9186
1972	138.312	2.25253	13.0949	59.704	48.5923	62.969	45.4460	5.4781	2.96281	6.3022
1973	149.154	2.52413	11.7854	61.643	50.1351	65.253	46.5668	5.8616	3.09997	6.5867
1974	158.415	2.80849	11.3139	63.235	51.4558	67.171	47.4230	6.2133	3.27215	6.8385
1975	166.921	3.08571	11.3935	64.578	52.5755	68.785	48.2949	6.5239	3.31879	7.0964
1976	175.229	3.38498	11.8303	65.595	53.4302	69.991	49.1322	6.8240	3.22248	7.3531
1977	183.734	3.69893	12.3981	66.714	54.3684	71.290	50.1290	7.1106	3.07807	7.6138
1978	192.433	4.04086	13.1102	67.935	55.3918	72.634	51.2940	7.3808	2.95735	7.9042
1979	201.502	4.34743	13.9797	69.178	56.4336	73.892	52.6374	7.6318	2.84529	8.2270
1980	211.135	4.61853	14.1977	70.237	57.3261	74.931	54.1713	7.8607	2.71298	8.8249
1981	220.714	4.87122	14.1508	71.340	58.2552	75.940	55.7693	8.0926	2.65647	9.4561
1982	229.993	5.07418	14.0527	73.169	59.7791	78.209	57.3945	8.3273	2.65353	10.1154
1983	238.982	5.27170	14.6945	75.300	61.5506	80.572	59.0466	8.5646	2.79674	10.5421
1984	248.405	5.46163	15.6506	77.476	63.3615	82.931	60.7250	8.8045	3.02113	10.9803
1985	258.594	5.66036	16.9489	80.120	65.5565	86.096	62.4294	9.0466	3.27802	11.4302
1986	269.882	5.87469	15.2541	82.227	67.3142	88.534	64.2694	9.2908	3.26066	11.9121
1987	279.262	6.09588	14.8213	84.537	69.2400	91.212	66.1415	9.5370	3.32171	12.4076
1988	287.987	6.24035	15.2558	85.822	71.1471	93.789	68.0453	9.7850	3.41018	12.9166
1989	297.012	6.41051	15.8348	89.038	72.9994	96.244	69.9804	10.0345	3.48592	13.4893
1990	306.437	6.59657	16.4354	91.189	74.8003	98.581	71.9465	10.2854	3.54461	13.9758
1991	316.275	6.79215	17.0121	93.459	76.7009	101.029	74.0359	10.5374	3.59554	14.5442
1992	326.495	6.96329	17.5534	95.719	78.5956	103.444	76.1609	10.7903	3.64712	15.1280
1993	337.086	7.11110	18.0422	97.979	80.4915	105.842	78.3212	11.0438	3.69895	15.7273
1994	348.017	7.25696	18.4915	100.260	82.4062	108.262	80.5163	11.2979	3.75245	16.3420
1995	359.251	7.41519	18.9211	102.604	84.3753	110.755	82.7458	11.5521	3.82857	16.9723
1996	370.757	7.57130	19.3398	104.979	86.3722	113.357	84.9132	11.8062	3.91628	17.5984
1997	382.525	7.73431	19.7475	107.345	88.3624	116.028	86.9677	12.0600	4.01719	18.2090
1998	394.539	7.94400	20.1798	109.693	90.3410	118.768	88.8979	12.3133	4.12957	18.8011
1999	406.774	8.18372	20.6081	112.017	92.3010	121.570	90.6932	12.5657	4.24901	19.3716
2000	419.198	8.42525	20.9981	114.300	94.2294	124.417	92.3435	12.8170	4.37261	19.9172

Anhang E: Aufteilung des Sektors Handwerk

Die Aggregation der Input-Output-Matrizen wird in zwei Stufen durchgeführt. In der ersten Stufe wird von 56 auf 20 Sektoren, die den hier verwendeten 19 Sektoren ohne Handwerksanteil und dem Sektor Handwerk entsprechen, aggregiert.

Im zweiten Schritt wird dann der Sektor Handwerk auf die anderen 19 Sektoren verteilt. Dazu wird zunächstein Gewichtungsvektor $GEW_i \quad i \in \{1,....,19\}$ berechnet. Er gibt den Anteil von jedem der 19 Sektoren wieder und wurde aus der Umsatzstatistik des Handwerks[1)] berechnet.

Es wird dann eine Matrix $AEN_{ij} \quad i,j \in \{1,...,19\}$ ermittelt, die die Korrekturwerte der A-Matrix enthält. Ist n die Zeilen- bzw. Spaltennummer des zu verteilenden Sektors und A_{ij} die A-Matrix, so gilt:

$$AEN_{ij} = GEW_i * A_{nj} + GEW_j * A_{in} + GEW_i * GEW_j * A_{nn}$$

Die neue Matrix mit dem verteilten Handwerkssektor ist dann:

$$A_{ij} = A_{ij} + AEN_{ij}$$

Anhang F: Kapitalstockprogramm MIKRO

Im folgenden ist die für die Schätzung des sektoralen Kapitalstocks wesentliche Passage des Kapitalstockprogramms wiedergegeben. Die Variablenbezeichnung entspricht soweit nicht angegeben der Variablenliste.

```
      SUM(1)=0
      DO 282 L=1,MIMA
      JLEB=LEB(L)*3/2
      DO 282 L2=1,JLEB
C---INVESTITIONEN RUECKWAERTS SCHAETZEN UND EINSETZEN
      L3=150-L2
      IF(NTEST(L).EQ.0) GO TO 284
      X(L3,L)=SI1950(L)*(A(L)**L2)
      GO TO 285
  284 X(L3,L)=SI1950(L)-L2*W(L)
      X(L3,L)=AMAX1(0.,X(L3,L))
  285 RFACT=L3-150
      RFACT=1.5+RFACT/LEB(L)
      IF(RFACT.GT.1) RFACT=1.
      IF(RFACT.LT.0)  RFACT=0.
  282 SKAP(1,L)=X(L3,L)*RFACT+SKAP(1,L)
      DO 283 L=1,MIMA
  283 SUM(1)=SUM(1)+SKAP(1,L)

C-SEKTORALER KAPITALSTOCK 1950-1975 BERECHNEN UNDINSKAP SPEICHERN
      PRINT 311,REG,GION
  311 FORMAT (1H1,//,10X,2A10,*SEKTORALER KAPITALSTOCK 1950 - 1975*,/
     *,10X,55(1H-),/,//,10X,*SUMME*,10X,*MITTLERE KAPITALLEBENSDAUER JE
     *SEKTOR*,/)
      Q(1)=SUM(1)/GDP(1)
      DO 319 K=2,NT
      KK=K-1
      KKK=K+148
      SUM(K)=0
      DO 313 L=1,MIMA
      L4=K+148-LEB(L)/2
      L5=K+149-3*LEB(L)/2
      SKAP(K,L)=SKAP(KK,L)+X(KKK,L)
      DO 312 LL=L5,L4
  312 SKAP(K,L)=SKAP(K,L)-X(LL,L)/LEB(L)
  313 SUM(K)=SUM(K)+SKAP(K,L)
  319 Q(K)=SUM(K)/GDP(K)
C--X-FELD ABSPEICHERN
```

LEB(L)	=	Lebensdauer der vom Sektor L bezogenen Investitionsgüter
NTEST	=	0 bedeutet linearer Trend, sonst exponentieller Trend
X(I,J)	=	Investitionen des Sektors J im "Jahr" I
SKAP(I;J)	=	Kapitalstock des Sektors J im "Jahr" I
NT	=	25 (entspricht den Jahren 1950 - 175

Anhang G: Vergangenheitsvergleich

Für den Vergleich der Modellergebnisse mit den Daten bieten sich zwei Quellen an:

- Die volkswirtschaftliche Gesamtrechnung im Statistischen Jahrbuch zu Preisen von 1962
- die Input-Output-Tabellen und Investitionsflußmatrizen des DIW in Preisen von 1962

Vergleicht man zunächst die beiden Datenquellen untereinander so stellt man Unterschiede fest. Der gesamtwirtschaftliche private Konsum stimmt 1962 in beiden Quellen überein, für 1966 weist dagegen die Input-Output-Tabelle 252.098 Mill. DM und das Statistische Jahrbuch 247.390 Mill. DM jeweils zu Preisen von 1962 aus. Der Unterschied erklärt sich aus der Methode der Preisbereinigung. Bei den Input-Output-Tabellen wurde eine zeilenweise Preisbereinigung durchgeführt. Dabei wurde für jede der 56 Zeilen ein Preisindex ermittelt. (Bei den Exporten wurde diese Methode noch modifiziert: Sie wurde mit einem vom Inland abweichenden Vektor von Preisindices bereinigt, da das Statistische Bundesamt Preismeßziffern für Außenhandelsgüter ausweist)[1].

Die Preisbereinigung beim Statistischen Bundesamt ist dagegen eine andere. Es handelt sich "um Preisindices mit wechselnder Wägung, denen der Warenkorb des jeweiligen Berichtsjahres zugrundeliegt ....". Die Preisentwicklung gegenüber dem jeweiligen Vorjahr läßt sich aus ihnen - wegen der wechselnden Wägung - nur mit Einschränkung ablesen. Der Preisindex für das Bruttosozialprodukt stellt die Preisentwicklung der von der Wirtschaft erbrachten Produktionsleistungen dar, die als

---

1) Vgl. R. Stäglin, H. Wessels, u.a.: Input-Output-Rechnung .... a.a.O., S. 17f
sowie: Statistisches Bundesamt: Fachserie M, Preise, Löhne, Wirtschaftsrechnungen, Reihe 1, Preise und Preisindices für Außenhandelsgüter, jährlich.

Differenz aller von der Volkswirtschaft erzeugten Waren und Dienstleistungen und der Summe aller Vorleistungen, zu denen auch eingeführte Güter gehören, errechnet wird (unter Berücksichtigung des Saldos der Erwerbs- und Vermögenseinkommen zwischen Inländern und der übrigen Welt). Auf die Preise der Güter, die in die letzte inländische Verwendung (privater Verbrauch, Staatsverbrauch, Anlageinvestitionen und Vorratsveränderung) eingehen, wirkt sich neben der im Sozialprodukt zum Ausdruck kommenden Preisentwicklung der Produktionsleistungen der Inländer auch die häufig hiervon abweichende Preisentwicklung der eingeführten Waren und Dienstleistungen aus".[2)]

Da im Simulationsmodell die Input-Output-Matrizen des DIW verwendet wurden und die sektoralen Wachstumsraten für den privaten Verbrauch und die Staatsausgaben sowie den Export für den Vergangenheitszeitraum aus den DIW-Tabellen errechnet werden, müssen die Eingabe- bzw. Ausgabewerte der Modellvariablen mit den Daten des DIW verglichen werden. Dabei wäre aber nur ein Vergleich an drei Zeitpunkten - 1962, 1966, 1972 - möglich, so daß zusätzlich ein Vergleich mit den Daten des Statistischen Bundesamtes durchgeführt wurde. Die angegebenen Abweichungen zu den Daten des Statistischen Bundesamtes resultieren also zum einen aus der anderen Preisbereinigung bei den Eingabedaten und zum anderen aus Ungenauigkeiten bei der Modellsimulation. Dabei ist zu beachten, daß das Modell kein Konjunkturmodell ist, sondern für langfristige Entwicklungen konzipiert wurde.

Es fällt auf, daß bei den Exporten und Importen die Abweichung besonders hoch liegt. Dies liegt daran, daß die Exportberechnung beim DIW neben der anderen Preisbereinigung zusätzlich noch Unterschiede bei der Bewertung des Transithandels aufweist. Bei den DIW-Exportdaten wird der Transithandel nur mit seiner Handelsleistung berücksichtigt. Er liegt daher zum Vergleich zu den Daten des Statistischen Bundesamtes um den Warenwert niedriger. Da bei den Importen genauso ver-

2) Statistisches Bundesamt: Statistisches Jahrbuch 1975, Wiesbaden 1975, S. 497

fahren wird, ist der Außenbeitrag im Vergleich zum Statistischen Bundesamt beim DIW derselbe, wenn man von den Differenzen aufgrund der unterschiedlichen Preisbereinigung absieht. In laufenden Preisen stimmt der Außenbeitrag also exakt überein.

Für den Vergleich mußten die Originaldaten modifiziert werden. Weil im Simulationsmodell die Lagerhaltung nur um ihres dynamischen Effektes implementiert ist, nicht aber mit dem Anspruch, die tatsächlichen Gegebenheiten der Lagerveränderungen zu simulieren, wurden bei der Szenarioerstellung für den privaten Konsum, der Staatskonsum, die Investitionen und die Exporte, die sektorale Lagerveränderung auf diese vier Komponenten anteilig verteilt. So ist z.B. der Sollwert für den privaten Konsum im Sektor Landwirtschaft in 1972:

7564,0	entsprechend I-O-Tabelle 1972 in Preisen von 1962
+ 61,43	auf privaten Konsum entfallender Anteil der Vorratsveränderung (insgesamt 84) verteilt auf 7564 (C) 568 (G) 498 (I) 1712 (X)
7625,4	Zwischensumme (vgl. aggregierte I-O-Tabelle)
+ 3432,0	entsprechend Importmatrix 1972 in Preisen von 1962
11057,4	Sollwert

Die gesamtwirtschaftlichen modifizierten Daten ergeben sich aus den sektoralen Werten durch Summation[1].

---

1) Eine entsprechende Aufteilung der gesamten Vorratsveränderung auf Konsum, Staatsausgaben, Investitionen und Exporte kann zu anderen Werten führen!

Die beiden nachfolgenden Tabellen geben einen Vergleich zwischen den Modellwerten

- DCM = Gesamtwirtschaftlicher Konsum
- DGM = Gesamtwirtschaftlicher Staatskonsum
- DIM = Gesamte Investitionen
- DXM = Gesamte Exporte
- DMM = Gesamte Importe
- VM = Bruttoinlandsprodukt

(alle Angaben in Mrd. DM zu Preisen von 1962)
und den zugehörigen Daten (modifiziert) des Statistischen Bundesamtes (jeweils Spalte DAT) wieder.
Die Spalte FEHL gibt jeweils die prozentuale Abweichung der Modellwerte von den Daten wieder.

OEKONOMIEMODELL FUER DIE BUNDESREPUBLIK DEUTSCHLAND
REFERENZSZENARIO - SEKTORALE ERGEBNISSE

DATE 25/01/79 00.02.
PAGE 27

	DCM	DAT	FEHL	DGM	DAT	FEHL	DIM	DAT	FEHL
	R1	R1	R1	R1	R2	R2	R1	R3	R3
1962	207.754	207.151	.3	53.470	53.9783	-.9	90.852	94.661	-4.0
1963	219.064	213.545	2.6	57.748	57.4631	.5	96.410	96.499	-.1
1964	231.236	225.938	2.3	59.480	57.4069	3.6	102.576	108.526	-5.5
1965	244.299	243.047	.5	60.670	60.6650	.0	108.994	114.472	-4.8
1966	256.533	249.011	3.0	61.276	61.1984	.1	114.862	114.103	.7
1967	267.189	248.976	7.3	62.716	62.5657	.2	118.513	103.601	14.4
1968	278.544	264.411	5.3	65.037	63.9944	1.6	126.837	114.451	10.8
1969	290.616	286.057	1.6	67.617	67.4233	.3	132.190	128.879	2.6
1970	302.512	304.930	-.8	70.479	70.4470	.0	137.907	143.162	-3.7
1971	314.916	317.324	-.8	73.651	74.4927	-1.1	139.359	147.485	-5.5
1972	327.927	329.931	-.6	76.873	77.2831	-.5	143.978	151.219	-4.8
1973	338.317	340.705	-.7	80.140	80.8950	-.9	147.914	153.010	-3.3
1974	345.757	338.124	2.3	83.446	83.9555	-.6	151.298	139.192	8.7
1975	352.666	344.397	2.4	86.784	86.4783	.4	151.250	132.087	14.5
1976	358.859	1.000	35785.9	90.645	1.0000	8964.5	147.226	1.000	14622.6
1977	365.701	1.000	36470.1	95.087	1.0000	9408.7	143.920	1.000	14292.0
1978	373.199	1.000	37219.9	100.174	1.0000	9917.4	140.984	1.000	13998.4
1979	381.371	1.000	38037.1	105.984	1.0000	10498.4	137.114	1.000	13611.4
1980	390.246	1.000	38924.6	110.224	1.0000	10922.4	131.990	1.000	13099.0
1981	399.786	1.000	39878.6	114.368	1.0000	11336.8	128.906	1.000	12790.6
1982	409.743	1.000	40874.3	118.394	1.0000	11739.4	128.775	1.000	12777.5
1983	420.146	1.000	41914.6	122.277	1.0000	12127.7	134.223	1.000	13322.3
1984	431.031	1.000	43003.1	125.994	1.0000	12499.4	145.242	1.000	14424.2
1985	442.450	1.000	44145.0	129.522	1.0000	12852.2	160.630	1.000	15963.0
1986	454.455	1.000	45345.5	133.149	1.0000	13214.9	163.976	1.000	16297.6
1987	466.269	1.000	46526.9	136.877	1.0000	13587.7	171.566	1.000	17056.6
1988	477.857	1.000	47685.7	140.710	1.0000	13971.0	180.101	1.000	17910.1
1989	489.188	1.000	48818.8	144.649	1.0000	14364.9	187.296	1.000	18629.6
1990	500.248	1.000	49924.8	148.700	1.0000	14770.0	192.725	1.000	19172.5
1991	511.943	1.000	51094.3	152.863	1.0000	15186.3	196.608	1.000	19560.8
1992	523.653	1.000	52265.3	157.143	1.0000	15614.3	199.734	1.000	19873.4
1993	535.367	1.000	53436.7	161.543	1.0000	16054.3	202.392	1.000	20139.2
1994	547.078	1.000	54607.8	166.067	1.0000	16506.7	204.927	1.000	20392.7
1995	558.779	1.000	55777.9	170.716	1.0000	16971.6	208.105	1.000	20710.5
1996	570.687	1.000	56968.7	175.495	1.0000	17449.6	212.016	1.000	21101.6
1997	582.528	1.000	58152.8	180.410	1.0000	17941.0	216.770	1.000	21577.0
1998	594.294	1.000	59329.4	185.462	1.0000	18446.2	222.534	1.000	22153.4
1999	605.982	1.000	60498.2	190.655	1.0000	18965.5	229.106	1.000	22810.6
2000	617.590	1.000	61659.0	195.993	1.0000	19499.3	236.241	1.000	23524.1

	DXM	DAT	FEHL	DMM	DAT	FEHL	VM	DAT	FEHL
	R1	R4	R4	R1	R5	R5	R1	R6	R6
1962	64.246	69.020	-6.9	59.313	64.710	-8.3	361.95	360.100	1.
1963	69.060	74.353	-7.1	63.569	69.360	-8.3	381.93	372.500	3.
1964	74.418	82.709	-10.0	67.685	77.280	-12.4	403.25	397.300	1.
1965	80.392	89.606	-10.3	72.321	88.290	-18.1	421.65	419.500	1.
1966	87.072	97.998	-11.1	77.180	90.610	-14.8	443.03	431.700	3.
1967	94.593	105.008	-9.9	85.434	89.350	-4.4	457.18	430.800	6.
1968	103.046	121.904	-15.5	94.135	102.460	-8.1	475.94	462.300	3.
1969	112.539	137.851	-18.4	103.633	119.810	-13.5	491.37	500.400	-2.
1970	123.204	149.691	-17.7	113.898	138.830	-18.0	509.88	529.400	-4.
1971	135.196	158.108	-14.5	125.158	152.210	-17.8	535.05	545.200	-2.
1972	148.705	170.188	-12.6	137.250	165.120	-16.9	561.80	563.500	-0.
1973	160.691	200.020	-19.7	147.266	182.130	-19.1	580.46	592.400	-2.
1974	170.392	224.629	-24.1	159.335	190.900	-16.5	595.05	595.000	0.
1975	177.215	204.008	-13.1	171.252	192.170	-10.9	606.91	574.800	6.
1976	185.584	1.000	18458.4	182.515	1.000	18151.6	615.02	1.000	61402.
1977	193.792	1.000	19279.2	190.954	1.000	18995.4	625.16	1.000	62416.
1978	201.758	1.000	20075.8	199.250	1.000	19825.0	635.13	1.000	63413.
1979	209.405	1.000	20840.5	207.134	1.000	20613.4	644.27	1.000	64327.
1980	216.994	1.000	21599.4	215.570	1.000	21457.0	651.18	1.000	65018.
1981	224.573	1.000	22357.3	223.723	1.000	22272.3	658.35	1.000	65735.
1982	232.162	1.000	23116.2	231.777	1.000	23077.7	671.66	1.000	67066.
1983	239.753	1.000	23875.3	236.529	1.000	23552.9	687.76	1.000	68676.
1984	247.323	1.000	24632.3	241.756	1.000	24075.6	706.15	1.000	70515.
1985	254.852	1.000	25385.2	247.956	1.000	24695.6	739.21	1.000	73821.
1986	262.360	1.000	26135.0	254.554	1.000	25355.4	760.51	1.000	75951.
1987	269.811	1.000	26881.1	262.032	1.000	26103.2	784.68	1.000	78368.
1988	277.192	1.000	27619.2	270.288	1.000	26928.8	807.52	1.000	80652.
1989	284.498	1.000	28349.8	278.939	1.000	27793.9	828.41	1.000	82741.
1990	291.722	1.000	29072.2	287.761	1.000	28676.1	847.31	1.000	84631.
1991	298.835	1.000	29783.5	295.615	1.000	29461.6	866.73	1.000	86573.
1992	305.814	1.000	30481.4	303.404	1.000	30240.4	885.35	1.000	88435.
1993	312.640	1.000	31164.0	311.048	1.000	31004.8	903.37	1.000	90237.
1994	319.297	1.000	31829.7	318.483	1.000	31748.3	921.34	1.000	92034.
1995	325.772	1.000	32477.2	325.722	1.000	32472.2	940.00	1.000	93900.
1996	332.054	1.000	33105.4	332.837	1.000	33183.7	959.96	1.000	95896.
1997	338.137	1.000	33713.7	339.808	1.000	33880.8	980.72	1.000	97972.
1998	344.017	1.000	34301.7	345.703	1.000	34570.3	1002.31	1.000	100131.
1999	349.696	1.000	34869.6	353.553	1.000	35255.3	1024.61	1.000	102361.
2000	355.179	1.000	35417.9	360.389	1.000	35938.9	1047.37	1.000	104637.

Anhang H: Variablenbezeichnung

Bezeichnung Allg.	EDV	Bedeutung
A_{ij}		Vorleistungslieferung des Sektors i an Sektor j
a_{ij}	A1(I,J)	Vertikale Koeffizienten der Input-Output-matrix
	ABTG	Korrekturgröße für $\overline{FD1}$, $\overline{FD2}$ und $\overline{FD3}$ / Außenbeitrag
	AINV(I,J)	Leontief-Inverse zur Input-Output-Matrix
	AC(I)	Hilfsgröße, s. Gleichung (4.28)
	B(I,J)	Investitionsflußstrukturmatrix
C_i	CD(I)	Sektorale private Konsumnachfrage
	CD1(I)	Sektorale Wachstumsrate für private Pro-Kopf-Konsumnachfrage
c_i^b	CD2(I)	Sektorale marginale Pro-Kopf-Konsumquote bei keynesianischem Ansatz
c_i^a	CD3(I)	Sektoraler privater Basiskonsum pro Kopf / sektoraler privater absoluter Pro-Kopf-Konsum
	CI1(I)	Sektorale Investitionen aufgrund von Nachfrageüberhängen
	CI2(I)	Sektorale Desinvestitionen aufgrund von Angebotsüberschüssen
	CI3(I)	Sektorale Investitionen aufgrund von Änderungen des Kapitalkoeffizienten
	CPCT(I)	Sektorale Pro-Kopf-Konsumnachfrage des Vorjahres
D_i	D(I)	Sektorale Abgänge vom Kapitalstock
D_{ij}		Kapitalabgänge aus dem Kapitalstock des Sektors j von Gütern aus Sektor i
	DCM	Gesamte private Konsumnachfrage
M_i^V	DEL(I)	Gesamte sektorale Vorleistungsimporte des Sektors i
	DESUM	Summe der Angebotsüberschüsse im Vorjahr
	DESUP	Summe der Nachfrageüberhänge im Vorjahr
	DET(I)	Sektoraler Nachfrageüberhang bzw. Angebotsüberschuß im Vorjahr

Bezeichnung Allg.	EDV	Bedeutung
	DE2(I)	Zusätzliche sektorale Vorleistungsimporte bei maximaler Kapitalüberauslastung
	DGM	Staatskonsum
I_i, I_i^d	DI(I)	Sektorale Investitonen (nach inv. Sektor)
	DIDIN(I)	Sektorale zu GODIN(I) gehörige Bruttowertschöpfung
	DIM	Gesamte Investitionen
	DISIN(I)	Sektorale zu GOSIN(I) gehörige Bruttowertschöpfung
	DIT(I)	Sektorale Investitionen des Vorjahres
	DMMV	Gesamte Vorleistungsimporte
	DMME	Gesamte Endnachfrageimporte
	DM	Gesamte Abgänge vom Kapitalstock
	DPS(I)	gesamte Produktion zur Befriedigung von Vorleistungslieferungen und Endnachfrage
	DQ(I)	Änderung des sektoralen Kapitalkoeffizienten
	DT(I)	Sektorale Abgänge vom Kapitalstock im Vorjahr
	EII	Gesamte importierte Investitonen
	EVRF(I)	Sektoraler Reduktionsfaktor für die Bruttowertschöpfung (berechnet)
F_i	FDD(I)	Gesamte auf inländische Produktion gerichtete sektorale Endnachfrage
ΔF_i		Zusätzliches sektorales Angebot zur Deckung der Endnachfrage
ΔF_i^i		Zusätzlicher, sektoraler, inländisch wirksamer Anteil von ΔF_i
	FDDIN(I)	Sektorales Nachfrageüberhangintegral
	FDDLT(I)	Sektorale Lebensdauer für Nachfrageüberhänge
	FDDW(I)	Sektoraler, inländisch wirksamer Anteil von FDDIN (I)
F_i^{ds}	FDS(I)	Sektorale Lieferungen zur Befriedigung der Endnachfrage
	FDSIN(I)	Sektorales Angebotsüberschußintegral
	FDSLT(I)	Sektorale Lebensdauer für Angebotsüberhänge
	FDSVM(I)	Sektorales zusätzliches Angebot zur Befriedigung der Endnachfrage bei maximaler Kapitalüberauslastung

Bezeichnung Allg.	EDV	Bedeutung
	FDSW(I)	Sektoraler inländisch wirksamer Anteil von FDSIN(I)
	FD1(I)	Sektoraler Prozentsatz der Importe für den privaten Konsum, Bezugsgröße: inländische Lieferungen für private Konsumnachfrage
	FD2(18)	Prozentsatz der Importe für den Staatskonsum, Bezugsgröße: inländische Lieferungen für den Staatskonsum (andere Indices ohne B.)
	FD3(I)	Prozentsatz der zu importierenden Investitionen nach Herkunftssektor
	FD4(I) (FD1(I))	Indikatorgröße: sektorales Verhältnis der Investitionen zu den Kapitalabgängen
	FD5(I) (FD3(I))	Indikatorgröße: sektorales Verhältnis der Investitionen zum Kapitalstock
M_i^f	FMD(I)	Sektorale Fertigwarenimporte zur Deckung der Endnachfrage
G_i	GD(I)	Staatskonsum (nur Index 18 belegt!)
	GD1(18)	Fester Anteil des Staatskonsums/Wachstumsrate des festen Anteils des Staatskonsums (andere Indices ohne Bedeutung)
	GD2(18)	Wachstumsrate des veränderlichen Anteils des Staatskonsums (andere Indices ohne Bedeutung)
	GODIN(I)	Sektorale zum Ausgleich von FDDW(I) benötigte Bruttoproduktionswerte
	GOSIN(I)	Sektorale zum Ausgleich von FDSW(I) überschüssige Bruttoproduktionswerte
	HGD1(18)	Staatskonsum des Vorjahres/fester Anteil des Staatskonsums (andere Indices ohne Bedeutung)
	HGD2(18)	Veränderlicher Teil des Staatskonsums aus dem Vorjahr
I_{ij}		Investitionsnachfrage des Sektors j von Sektor i
	IWELT	Steuergröße, s. Gleichung (4.83)
K_{ij}		Kapitalstock des Sektors j an Gütern des Sektors i

Bezeichnung Allg.	EDV	Bedeutung
L		Gesamtwirtschaftliches Arbeitsangebot
	L5	Startjahr des jeweiligen Abschreibungszeitraumes
	L4	Endjahr des jeweiligen Abschreibungszeitraumes
M_{ij}		Matrix der Vorleistungsimporte
	OBER	Oberer Begrenzungswert der Investitionsquote
	OHI(I)	Inländisch zu produzierende sektorale Investitionen (nach Herkunftssektor)
I_i^o	OID(I)	Sektorale Investitionen nach Herkunftssektor
P_i		Sektorales Aufkommen
	POI,YI, ENDE	Hilfsgrößen, s. Gleichung (4.74)
	POP	Bevölkerung in Mill. Pers.
q_{ij}		Kapitalkoeffizienten für das Anlagevermögen des Sektors j von Gütern des Sektors i, s. Gleichung (3.25)
q_i	Q(I)	Sektoraler Kapitalkoeffizient
	QM	Gesamtwirtschaftlicher Kapitalkoeffizient
r		Gesamtwirtschaftlicher Arbeitskoeffizient
r_j		Sektorale Hilfsgröße, s. Gleichung (4.53) (Reduktionsfaktor)
	RGD	Hilfsgröße, s. Gleichung (5.95)/Anteil des Staatskonsums am BIP
	RCD	Anteil des privaten Konsums am BIP
	RID	Anteil der Investitionen am BIP
	RMD	Anteil der Importe am BIP
	RXD	Anteil der Exporte am BIP
	RYPC	Pro-Kopf-Bruttoinlandsprodukt des Vorjahres
	S(I,J)	Höhe der Abschreibung im Abschreibungszeitraum

Bezeichnung Allg.	EDV	Bedeutung
K_i	SKT(I)	Sektoraler Kapitalstock
	SKO(I)	Sektoraler Korrekturfaktor für Wachstumsrate des privaten Pro-Kopf-Konsums bzw. marginale Pro-Kopf-Konsumquote
	SKM	Gesamter Kapitalstock
	SKT(I)	Sektoraler Kapitalstock des Vorjahres
L_i	SLK(I)	Sektorale Lebensdauer der Investitonen nach investierendem Sektor
	TKINI(I)	Anteil der sektoralen Investitionen an den Vorjahresinvestitionen, oberer Begrenzungswert
	TKINR(I)	Anteil der sektoralen Investitionen an den Vorjahresinvestitionen, unterer Begrenzungswert
	TR(I)	Sektorale Transferleistungen zur Entwicklungshilfe (im Referenzszenario ohne Bedeutung)
	UNTE	Unterer Begrenzungswert der Investitionsquote
V_i	V(I)	Sektorale Bruttowertschöpfung, Beitrag zum BIP
	VA(I)	1. Durch Kapitalüberauslastung zusätzlich erzielbarer maximaler sektoraler Bruttoproduktionswert 2. Sektorale Bruttowertschöpfung nach Ausgleich von Angebot und Nachfrage
	VAM(I)	Durch Kapitalüberauslastung maximal erzielbare sektorale zusätzliche Bruttowertschöpfung
	VAR(I)	Sektoraler Korrekturfaktor für inländische Vorleistungslieferungen
p_{ij}	VIMP(I,J)	Verhältnis zwischen inländischen und ausländischen Vorleistungslieferungen
	VIR(I)	Sektoraler Vorleistungsimportreduktionsfaktor
	VIRM	Maximaler Vorleistungsimportreduktionsfaktor

Bezeichnung Allg.	EDV	Bedeutung
	VLI(I)	Sektorale Vorleistungslieferungen Sektorale Vorleistungsbezüge
	VLL(I)	Sektorale zusätzliche Vorleistungslieferungen bei maximaler Kapitalüberauslastung
	VM	Bruttoinlandsprodukt (wird als Bruttosozialprodukt angenommen)
	VOR(I)	Sektorale Vorleistungsbezüge
	VRF(I)	Sektoraler Reduktionsfaktor für die Bruttowertschöpfung (Szenario)
X_i	XD(I)	Sektorale Exportnachfrage
	XDT(I)	Sektorale Exportnachfrage im Vorjahr
	XMA	Gesamte Investitionen vor Makroausgleich
	XRED	Investitionsänderungswert im Makroausgleichsmodul
	XXM	Hilfsgröße, s. Gleichung (4.84)
	XXXT(I)	Korrekturgröße der Wachstumsrate der sektoralen Exportnachfrage
	YDT	Bruttoinlandsprodukt des Vorjahres
Y	YD	Bruttoinlandsprodukt
Z_i	Z(I)	Sektoraler Bruttoproduktionswert

Literaturverzeichnis

Barna, T. (Hrsg.) The structural interdependence of the economy. Proceedings of an international conference on Input-Output-Analysis (Varenna 1954), New York 1955

Barna, T. (Hrsg.) Structural interdependence and economic development. Proceedings of an international Conference on Input-Output-Analysis, (Genf 1961), London 1963

Baumgart, E.R. Revidierte Investitionsmatrizen für die Bundesrepublik Deutschland 1962 und 1966, in DIW Vierteljahresheft 1/1974, Berlin

Baumgart, E.R. Investitionsmatrix für die Bundesrepublik Deutschland 1972 in DIW Vierteljahresheft 4/1976, Berlin

Bossel, H. Concepts and Tools of Computer-Assisted Policy Analysis, Vol. 1 - Basic concepts, Basel 1977

Brown, M., u.a. Essays in modern Capital Theory, Amsterdam 1976

Brown, M. Habit persistance and lags in consumer behavior, Econometrica 20, 1952

Chenery, H.B., Clark, P.G. Interindustry economics, New York 1959

Chiang, A. Fundamental Methods of Mathematical Economics, Tokyo 1974

Cornfield, J. u.a. Full employment patterns, 1950. Monthly Labour Review 64 (1947)

Dakin, E.F., Dewey, E.R. Cycles - The Essence of Prediction, New York 1947

Dernburg, T.F., Mc Dougall, D.M. Lehrbuch der makro-ökonomischen Theorie, Stuttgart 1974

DIW-Wochenbericht 48/76 Auswirkungen des Baus und des Betriebs eines Steinkohlekraftwerks auf Produktion und Erwerbstätigenzahl, Berlin 2. Dezember 1976

DIW-Wochenbericht 26-27/76 Auswirkungen des Baus eines Kernkraftwerks auf Produktion und Erwerbstätigenzahl, Berlin 1. Juli 1976

Dorfman, R., u.a. Linear Programming and Economic Analysis, Tokio 1958

Duesenberry, J.S. Income, Saving and the Theory of Consumer Behavior, Cambridge (Mass.) 1949

Dutton, J.M., Starbuck, W.H. Computer-Simulation of human behavior, New York 1971

Evans, W.D., Hoffenberg, M. The nature and uses of interindustry--relations data and methods, in NBER, Vol. 18, Princeton 1955

Forrester, J.W. Principles of Systems, Cambridge 1968 (deutsche Ausgabe: Grundzüge einer Systemtheorie, Wiesbaden 1972)

Franzmeyer, F. Die aggregative Ermittlung des industriellen Anlagevermögens, DIW-Sonderheft 86, Berlin 1970

Frerichs, W. Ein disaggregiertes Prognosesystem für die Bundesrepublik Deutschland - 1. Die Staatssektoren, Meisenheim 1975

Friede, G. Substitutionsansatz zur Schätzung alternativer Möglichkeiten der wirtschaftlichen Entwicklung, in: H. Matthöfer (Hrsg.): Argumente in der Energiediskussion - Band 2 Energiebedarf und Energiebedarfsforschung, Villingen 1977

Friedman, M. A Theory of Consumption Function, Princeton 1957

Gastinel, N. Lineare numerische Analysis, Berlin 1972

Gerfin, H. Langfristige Wirtschaftsprognose, Tübingen 1964

Giersch, H. Allgemeine Wirtschaftspolitik - Grundlagen, Wiesbaden 1961

Gilboy, E.W. Consumption and Input-Output-Analysis in: Barna, T.: The structural interdependence of the economy, New York 1955

Görgens, E. Wandlungen der industriellen Produktionsstruktur im wirtschaftlichen Wachstum, Berlin 1975

Goldsmith, R.W. A Perpetual Inventory of National Wealth, in: Studies in Income and Wealth, Vol. 14, New York 1951

Graff, P. Die Wirtschaftsprognose, Tübingen 1977

Harbordt, S. Computersimulation in den Sozialwissenschaften, Reinbek 1974

Harcourt, G.C. — Some Cambridge Controversities in the Theory of Capital, Journal of Economic Literature, 7

Hawkins, D. — Some conditions of macroeconomic stability, Econometrica 16 (1948)

Helmstädter, E. — Der Kapitalkoeffizient, Stuttgart 1969

Henschel, H. — Die wichtigsten Verfahren bei Wirtschaftsprognosen, in: Wirtschaft und Struktur, Heft 3/1978

Hoffman, W.G. — Das Wachstum der deutschen Wirtschaft seit der Mitte des 19. Jahrhunderts, Berlin 1965

Holley, I.L. — A dynamic Model, Econometrica 20 (1952), sowie Econometrica 21 (1953)

Hübl, L., Pestel, E., Mesarovic, M.,u.a. — Anpassung des Mesarovic-Pestel-Weltmodells zur Anwendung auf forschungs- und technologierelevante Fragestellungen aus der Sicht der Bundesrepublik Deutschland, unveröffentlichter Forschungsbericht des Instituts für angewandte Systemforschung und Prognose e.V., Hannover 1977

Hudson, E.A., Jørgenson, D.W. — U.S. Energy Policy and Economic Growth, 1975-2000, Harvard Institute of Economic Research, Discussion Paper 372, 1974

Jaksch, H.J. — Beiträge zur Theorie der Wirtschaftsplanung, Dissertation, Frankfurt/M. 1958

Jaksch, H.J. — Eine Typisierung dynamischer Input-Output-Modelle, Zeitschrift für Nationalökonomie 24 (1964)

Jørgenson, D.W., Houthakker, H.S. — Energy Resources and Economic Growth: Final Report to the Energy Policy Project, Draft, September 1973, Data Resources Inc., Lexington Mass.

Kirner, W. — Zeitreihen für das Anlagevermögen der Wirtschaftsbereiche in der Bundesrepublik Deutschland, DIW-Beiträge zur Strukturforschung, Heft 5/1968, Berlin

Krelle, W. — Volkswirtschaftliche Gesamtrechnung einschließlich Input-Output-Analyse mit Zahlen für die Bundesrepublik Deutschland, Berlin 1959

Krelle, W. — Erfahrungen mit einem ökonometrischen Prognosemodell für die Bundesrepublik Deutschland, Meisenheim 1974

Krelle, W. — Ein Prognosesystem für die wirtschaftliche Entwicklung der Bundesrepublik Deutschland, Meisenheim 1969

Kübler, K. — Ein disaggregiertes Prognosesystem für die Bundesrepublik Deutschland - 2. Die Unternehmenssektoren, Meisenheim 1977

Kurihara, K.K. — Post-Keynsian Economics, New Brunswick 1954

Kuznets, S. — Concept and Assumptions in Long-Term-Projections of national product, in: NBER, Long-Range Economic Projection Studies in Income and Wealth, Vol. 16, Princeton 1954

Lehmann, G. — Wirtschaftswachstum im Gleichgewicht, Stuttgart 1975

Leontief, W.W. — Interrelations of Prices, Output, Savings and Investment, Review of Economics and Statistics (1937)

Leontief, W.W. — Studies in the Structure of the American Economy, New York 1953

Leontief, W.W. — Input-Output-Economics, New York 1966

Lützel, H. — Das reproduzierbare Anlagevermögen in Preisen von 1962, Wirtschaft und Statistik 1971 (10)

Matthöfer, H. — Argumente in der Energiediskussion - Band 2 Energiebedarf und Energiebedarfsforschung, Villingen 1977

Meißner, W.
Tschirschwitz, M. — Wirtschaftswachstum im Gleichgewicht, in: Zeitschrift für Wirtschafts- und Sozialwissenschaften, 1/1977, Berlin

Mertens, D.
Kirner, W. — Input-Output-Rechnung: Investitionsverflechtung in der Bundesrepublik Deutschland 1950-1970, DIW Heft 1/1967, Berlin

Mesarovic, M.
Macko, D.
Takahara, Y. — Theory of Hierarchical Multilevel Systems, New York 1970

Mesarovic, M.
Pestel, E. — Multilevel computer model of world development system, IIASA-Symposium proceedings SP-74-1, Laxenburg 1974

Mesarovic, M.
Takahara, Y. — General Systems Theory: Mathematical Foundations, New York 1975

Meyer, U.
Schumann, J. — Ansätze zur Weiterentwicklung des dynamischen Input-Output-Modells, Diskussionspapier, Arbeitstagung 1977 des Vereins für Sozialpolitik

Modigliani, F. Fluctuations in the saving-income ratio. A problem in economics forecasting, in: NBER, Studies in Income and Wealth, Bd. II, New York 1949

Modigliani, F., Brumberg, R.E. Utility analysis and the consumtpion function: An interpretation of cross-section data, in: K.K. Kurihara (Hrsg.): Post--Keynsian Economics, New Brunswick 1954

Moore, H.L. The statistical Complement of Pure Economics, in: Quarterly Journal of Economics, Vol. 22 (1908)

Morishima, M. Prices, Interest and Profits in a dynamic Leontief System, Econometrica 26 (1958)

Morishima, M. Equilibrium, Stability and Growth, Oxford 1964

Morishima, M. The Working of Econometric Models, Cambridge 1972

Oest, W., u.a. Vorstudie zur Systemanalyse der Technologieveränderung in der Bundesrepublik Deutschland, unveröffentlichter Forschungsbericht des Instituts für angewandte Systemforschung und Prognose e.V., Bd. I, Hannover 1977

Paulsen, A. Allgemeine Volkswirtschaftslehre, Bd. III, Berlin 1969

Pestel, E. u.a. Das Deutschland-Modell, Stuttgart 1978

Popper, L. Logik der Forschung, Tübingen 1973

Rettig, R., Voggenreiter, D. Makroökonomische Theorie, Tübingen 1977

Rothschild, K.W. Wirtschaftsprognose, Methoden und Probleme, Berlin 1969

Ruggels, R. Long-Range Economic Projection, in: Studies in Income and Wealth, Vol. 16, NBER, Princeton 1954

Samuelson, P. Interest rate, determinations and oversimplyfying parables: Assumming up, in: M. Brown, K. Sato, P. Zarembka (Hrsg.): Essays in modern Capital Theory, Amsterdam 1976

Schumann, J. Input-Output-Analyse, Berlin 1968

Seetzen, J. Angewandte Systemanalyse, Jahresbericht 1976, Anlagenband V - Systemanalytische Methoden, Köln 1977

Solow, R.M. — On the Structure of Linear Models, Econometrica 20 (1952)

Solow, R.M. — Competitive Valuation in a dynamic Input-Output-System, Econometrica 27 (1959)

Stäglin, R. u.a. — Input-Output-Rechnung für die Bundesrepublik Deutschland 1954,1958,1962,1966, DIW-Beiträge zur Strukturforschung, Heft 27, Berlin 1973

Statistisches Amt der Europäischen Gemeinschaften — Methodologie der Gemeinschaften der Input-Output-Tabellen 1965, Sonderreihe 1-1970

Statistisches Bundesamt — Statistisches Jahrbuch, verschiedene Jahrgänge, Wiesbaden

Ströbele, W. — Das Wachstum der Weltwirtschaft, Berlin 1976

Takayama, A. — Mathematical Economics, Hinsdale 1974

Waugh, F.V. — Inversion of the Leontief Matrix by Power Series, Econometrica 4, 1950

Weiß, J.P. — Projektion von Input-Output-Tabellen für die Bundesrepublik Deutschland für die Jahre 1980 und 1985, DIW, Berlin 1976

Wurtele, Z. — A note on some stability properties in Leontief's dynamic models, Econometrica 27 (1959)